乡村文化传承
与旅游业融合发展研究

李旺珍◎著

汕頭大學出版社

图书在版编目（CIP）数据

乡村文化传承与旅游业融合发展研究 / 李旺珍著 .
汕头：汕头大学出版社，2024.8. -- ISBN 978-7-5658-
5390-6

Ⅰ.G127；F592.7

中国国家版本馆 CIP 数据核字第 2024EQ6058 号

乡村文化传承与旅游业融合发展研究
XIANGCUN WENHUA CHUANCHENG YU LÜYOUYE RONGHE FAZHAN YANJIU

著　　者：李旺珍
责任编辑：郭　炜
责任技编：黄东生
封面设计：寒　露
出版发行：汕头大学出版社
　　　　　广东省汕头市大学路 243 号汕头大学校园内　邮政编码：515063
电　　话：0754-82904613
印　　刷：河北万卷印刷有限公司
开　　本：710 mm×1000 mm　1/16
印　　张：16
字　　数：216 千字
版　　次：2024 年 8 月第 1 版
印　　次：2024 年 11 月第 1 次印刷
定　　价：98.00 元
ISBN 978-7-5658-5390-6

前　言

　　文化是一个国家、一个民族的灵魂，文化兴则国运兴，文化强则民族强。党的二十大报告提出，要"扎实推动乡村产业、人才、文化、生态、组织振兴"。乡村文化振兴是乡村振兴的内在要求，只有传承好、发展好、利用好乡村文化，才能为乡村振兴与民族复兴提供源源不断的精神动能。近年来，乡村旅游作为一种新兴的旅游形式，受到了越来越多的关注。乡村文化是乡村旅游的立足点和灵魂，乡村旅游以乡村文化为内涵，天然具有保护和传承乡村文化基因的作用。乡村旅游不仅提供了一种远离都市喧嚣、回归自然的休闲方式，也是乡村经济发展和文化传承的重要途径。乡村旅游不仅是一种旅游业态，更是一种文化和生活方式的展现。随着城市化进程的加快，人们越来越向往自然和原始的生活环境，乡村旅游正好满足了这一需求。它不仅能够缓解都市人的生活压力，而且促进了乡村地区的经济发展和文化保护。乡村旅游的发展带动了当地的就业，增加了农户的收入，有助于缩小城乡差距，实现区域经济的均衡发展。此外，通过乡村旅游，传统文化、手工艺品、乡土风情得以保存和传承，使更多人了解和欣赏乡村文化的独特魅力。

　　全书共分为八章，分别围绕乡村文化与旅游业融合发展的不同方面进行深入探讨。第一章定义乡村文化，并探讨其基础、功能、特点与主要形态。这为理解乡村文化的多样性和复杂性提供了基础。第二章讨论乡村旅游的概念、类型、发展历程。这有助于揭示乡村旅游在旅游业中的地位和作用。第三章分析乡村文化的各个要素，如聚落、民俗、农耕、建筑和山水等。第四章探讨乡村文化与旅游业之间的互动关系，包括乡村文化对旅游业发展的推动作用，以及旅游业对乡村文化传承的促进作用。第五章讨论在文旅融合的背景下，如何开发和保护乡村旅游资源。第六章探讨乡村旅游形象的定位、塑造和传播，强调品牌形象在乡村旅游发展中的重要性。第七章分析乡村旅游市场的结构，以及乡村旅游产品和营销的创新策略。第八章提出乡村旅游可持续发展的策略，包括乡村旅游顶层设计的加强、产业业态的更新、运营主体的充实和发展模式的创新。

全书旨在通过综合分析乡村文化与旅游业的融合发展，为读者提供全面的理论框架和实践指导，促进乡村旅游的可持续发展。由于时间仓促，水平有限，不足之处在所难免，恳请广大读者、专家批评指正。

编者

2024 年 5 月

目 录

第一章　乡村文化概述……………………………………………………1

　　第一节　乡村文化的定义与基础……………………………………1

　　第二节　乡村文化的功能与特点……………………………………8

　　第三节　乡村文化的主要形态………………………………………16

第二章　乡村旅游与旅游业………………………………………………26

　　第一节　旅游业及其理论基础………………………………………26

　　第二节　乡村旅游的概念与类型……………………………………38

　　第三节　乡村旅游的发展历程………………………………………44

第三章　乡村文化的要素分析……………………………………………51

　　第一节　乡村聚落文化………………………………………………51

　　第二节　乡村民俗文化………………………………………………57

　　第三节　乡村农耕文化………………………………………………67

　　第四节　乡村建筑文化………………………………………………75

　　第五节　乡村山水文化………………………………………………82

第四章　乡村文化与旅游业的互动关系…………………………………91

　　第一节　乡村文化推动旅游业发展…………………………………91

　　第二节　旅游业促进乡村文化传承…………………………………100

　　第三节　乡村文化与旅游业协同发展………………………………108

第五章　文旅融合下乡村旅游资源的开发与保护·············122

　　第一节　乡村旅游资源概述····························122

　　第二节　乡村旅游资源的规划························132

　　第三节　乡村旅游资源的开发························147

　　第四节　乡村旅游资源的保护························161

第六章　文旅融合下乡村旅游形象建设·············167

　　第一节　乡村旅游形象的定位························167

　　第二节　乡村旅游形象的塑造························179

　　第三节　乡村旅游形象的传播························189

第七章　文旅融合下乡村旅游市场的开拓·············200

　　第一节　乡村旅游市场结构分析························200

　　第二节　乡村旅游产品创新····························205

　　第三节　乡村旅游产品营销创新························214

第八章　文旅融合下乡村旅游的可持续发展策略·············221

　　第一节　乡村旅游顶层设计的加强························221

　　第二节　乡村旅游产业业态的更新························226

　　第三节　乡村旅游运营主体的充实························232

　　第四节　乡村旅游发展模式的创新························238

参考文献·············244

第一章　乡村文化概述

第一节　乡村文化的定义与基础

乡村文化不仅仅是一种生活方式的体现，还蕴含着历史、社会及经济背景，反映了人与自然、人与社会之间的复杂关系。乡村文化是维护乡村社会秩序的重要内生力量。[①] 本节对乡村文化定义与基础加以剖析，旨在揭示这一文化形态如何与乡村社区人们的日常生活、传统习俗及农耕活动紧密相连，为理解乡村文化在现代旅游业发展中的作用提供全面的视角。

一、乡村文化的定义

乡村文化是乡民在长期的农业生产生活实践中形成的带有地域性、乡土性的物质文明和精神文明的总称。[②] 乡村文化是一种丰富多彩、历史

[①] 赵旭东，孙笑非．中国乡村文化的再生产——基于一种文化转型观念的再思考 [J]．南京农业大学学报（社会科学版），2017(1)：119-127，148.

[②] 王江萍，孙璐，王竞永．武汉乡村振兴战略实施路径与方法研究 [M]．武汉：武汉大学出版社，2022：133.

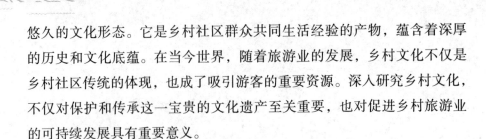

悠久的文化形态。它是乡村社区群众共同生活经验的产物，蕴含着深厚的历史和文化底蕴。在当今世界，随着旅游业的发展，乡村文化不仅是乡村社区传统的体现，也成了吸引游客的重要资源。深入研究乡村文化，不仅对保护和传承这一宝贵的文化遗产至关重要，也对促进乡村旅游业的可持续发展具有重要意义。

乡村文化是中华文化的重要组成部分，其文化价值、教育价值和经济价值等，必然在未来的乡村社会发展中得到释放和彰显，其独有的内涵、特质和魅力必然在乡村振兴战略实施中得以体现和证明。[①]乡村文化涵盖了广泛的领域，包括社会结构、传统习俗、生活方式、艺术、信仰等。乡村文化是乡村社区成员共同价值观和经验的集合，这些元素在长期的社会互动中形成并传承下来。

乡村文化通常与农业密切相关，因为历史上的乡村社会主要从事农业生产。农耕活动、与农业相关的节日和仪式，以及与自然周期相联系的习俗，是乡村文化的核心。许多乡村社区会庆祝收割节、播种节等，这些节日不仅标志着农业生产的关键时刻，也是乡村社区成员相互交流、传承文化的重要时机。乡村文化还包含一系列传统艺术，如民间音乐、舞蹈、戏剧和手工艺。这些艺术不仅是乡村居民日常生活的一部分，也是他们表达身份、记录历史和传达情感的方式。民间音乐和舞蹈往往反映了乡村社区的历史、传说和日常生活。社会结构和组织方式也是乡村文化的重要方面。乡村社会往往基于紧密的社区网络，家庭和邻里关系在乡村社会中具有重要作用。这种社会结构促进了资源共享、相互帮助和社会凝聚力的形成。在许多乡村社区中，邻里之间互相帮助、共同完成农业劳作是一种常见的现象。除此之外，乡村文化还深受地方信仰的影响。许多乡村社区有自己的宗教信仰，这些信仰不仅影响着社区成员的日常生活，也成了乡村文化的核心部分。

值得注意的是，随着现代化和城市化的推进，乡村文化正面临前所

---

① 赵淑清.再造乡村文化 助力乡村振兴 [J].人民论坛，2018(5)：138-139.

未有的变革。一些传统习俗和生活方式逐渐消失，被现代化的生活方式取代。因此，保护和传承乡村文化成了一个重要的课题。这不仅涉及保护传统艺术和社会结构，也包括对乡村文化内涵的现代诠释和创新。

二、乡村文化的基础

乡村文化的基础包括历史根源、社会结构、经济基础、传统习俗、乡村文化与环境相互作用等（图 1-1）。乡村文化不是静态的文化形态，而是不断发展的动态系统。随着社会、经济的发展和环境的变化，乡村文化也在不断地适应环境和发展。了解乡村文化的基础，对于深入理解乡村社会的运作机制以及促进乡村文化的传承和发展具有重要意义。

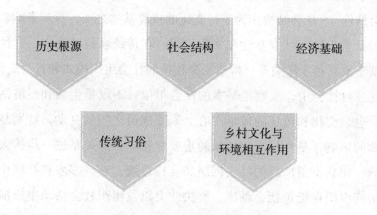

图 1-1　乡村文化的基础

（一）历史根源

乡村文化的历史根源是乡村文化具有多样性和复杂性的关键原因。乡村文化的起源可追溯到农业革命时期，这一时期人类从游牧生活向农业生活转变。农业的发展不仅改变了人类的生活方式，也为乡村社会的形成和发展奠定了基础。随着农业的发展，人们开始聚集在一起耕种和生活，形成了早期的乡村社区。这些社区的形成是乡村文化发展的起点。

乡村社区逐渐发展出一套适应农业生活的社会规范和文化传统。不同区域的乡村文化有所不同。在中国，乡村文化深受儒家思想的影响，强调家族、社区和孝道的价值。儒家思想强调社会秩序和道德规范，这些观念深入人心，并在乡村社区中得到体现。乡村文化包含丰富的传统知识和习俗。这些知识和习俗通常是口头传承的，与农业活动密切相关。传统的农业技术、土地管理方法和自然资源的利用等，都是乡村文化的一部分。此外，乡村社区中的民间艺术也是乡村文化的重要组成部分，反映了乡村社区的历史、信仰和生活方式。

（二）社会结构

为了确保群体的持续存在，文化还必须具备繁殖和相互扶持所必需的社会结构。[①]社会结构作为乡村文化的重要基础之一，深刻影响着乡村社区的日常生活、社会互动和文化传承。在传统乡村社会中，这种结构通常基于家庭和亲缘关系，构建一套独特的社会组织模式和行为规范。

在乡村社会中，家庭是基本的社会单位，不仅是生活和经济活动的核心，也是文化和传统的传承中心。家庭成员之间的互动，特别是长辈对晚辈的影响，是乡村文化传承的重要途径。亲缘关系进一步扩大了这种影响，建立了更广泛的社会网络和支持系统。在许多乡村社区中，家族和宗族组织在维护社会秩序、解决冲突以及组织社会活动中扮演着关键角色。乡村社会的另一特点是邻里之间的紧密联系和互助合作。这种基于地理位置的社会网络不仅提供了日常生活的互助机制，如共同劳作、节日庆典和应对突发事件，也加强了社区成员之间的凝聚力。在很多乡村社区中，邻里互助是一种重要的社会资本，它有助于维护和加强社区的内部联系。

乡村社会的运作依赖一套复杂的社会规范和行为准则。这些规范通常是非正式的，通过社会化过程传承给每一代人。它们包括对公共资源

---

① 邹荣. 宁夏乡村文旅协同发展概述 [M]. 银川：阳光出版社，2021：36.

的使用、劳动分配、社交互动等方面的期望和禁忌。这些规范在日常生活中随处可见，如农耕时的相互帮助、节日时的集体庆祝，以及婚丧嫁娶等仪式的组织。随着现代化和城市化的进程，乡村社会结构正在经历变化。传统的家庭和亲缘关系正在受到外部经济和社会因素的影响，这对乡村文化的传承和发展提出了新的挑战。例如，年轻一代可能选择离开乡村去城市寻求工作和教育机会，从而改变了乡村社会的人口结构和社会网络。此外，全球化和技术的发展也为乡村社会带来了新的机遇和挑战，如通过网络技术保持分散的家庭成员之间的联系，或者通过电子商务促进乡村产品的销售。

（三）经济基础

乡村文化的经济基础特别是农业经济，对于理解和分析乡村社会及其文化特征至关重要。农业不仅是乡村地区的经济支柱，也深刻影响着乡村生活的各个方面。在乡村文化中，农业经济的重要性不容小觑。农业生产不仅提供了乡村居民的基本生计，还塑造了他们的生活节奏和社会组织。农业作为一种生活方式，其影响远远超出了单纯的经济活动范畴。农作物的种植和收割周期决定了乡村社区的工作安排和节日庆典。农业活动的周期性和季节性特征对乡村文化产生了深远的影响。播种和收割是农业生产中的关键时刻，围绕这些活动，许多乡村社区发展出了丰富的节庆和仪式。这些文化活动不仅是庆祝丰收和感谢神灵的方式，也是加强社区凝聚力和传承文化的重要场合。在这些活动中，传统的歌曲、舞蹈和故事得以保留和传播。

随着现代化和全球化进程的加深，乡村经济特别是农业经济正在经历深刻的转型。这种转型不仅改变了农业生产方式，也对乡村社会和文化产生了影响。机械化和工业化农业的兴起减少了人们对传统农业技能的依赖，可能导致一些传统知识和技能的消失。此外，市场经济的引入使得乡村社区更加依赖外部市场，可能改变乡村社会的结构和价值观。

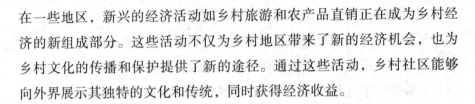

在一些地区，新兴的经济活动如乡村旅游和农产品直销正在成为乡村经济的新组成部分。这些活动不仅为乡村地区带来了新的经济机会，也为乡村文化的传播和保护提供了新的途径。通过这些活动，乡村社区能够向外界展示其独特的文化和传统，同时获得经济收益。

（四）传统习俗

乡村文化中的传统习俗体现了乡村社会的历史、价值观和生活方式。这些习俗深植于农业生产的土壤，与社会规范紧密相连，形成了乡村文化独特的面貌。在乡村文化中，农业活动不仅是经济生产的基础，也是许多传统习俗和节庆活动的核心。播种和收割季节常常伴随着特定的庆典和仪式，这些活动既是对劳动的庆祝，也是社区成员间互动和交流的机会。这种与农业周期相结合的庆祝方式，不仅加强了乡村社区的凝聚力，也成为文化传承的重要场合。乡村社区的传统技艺是其文化特色的重要体现。从编织、陶艺到木工，这些技艺不仅为社区成员提供了维持生活的手段，也成为他们文化身份的象征。这些技艺通常在家庭和社区内部通过实践和示范进行传承，成为连接过去与现在的桥梁。

乡村社区的传统习俗体现了一套深植于日常生活的社会规范和行为模式。这些规范涵盖了从农业劳作到日常交往的各个方面，形成了社区成员共同遵守的行为准则。例如，共同劳作的习俗不仅是农业生产的需要，也是社区成员间互助合作的体现。节日庆典在乡村文化中占据重要地位，是社区成员共同参与和享受的活动。这些庆典活动通常包括共同的餐食、游戏和各种传统表演，是增强社区联系和传承文化的重要时刻。通过这些庆典活动，乡村社区能够加强内部联系，向下一代传递重要的文化价值。在现代化的进程中，乡村社区的传统习俗面临着诸多挑战和变化。一些传统习俗可能因生活方式的改变而逐渐淡出人们的日常生活，但也有一些习俗在适应现代环境的过程中得到了新的发展。乡村过去的传统习俗和文化进入现代，就必须适应新时代的环境条件，并随着社会生活发展的节奏而兴衰。[①] 乡村社区正努力在保护传统和接受现代化之间找到平衡点，使得传统习俗能够在新时代继续发挥其独特的作用。

（五）乡村文化与环境相互作用

乡村文化与自然环境之间密切的相互作用是其独特魅力的源泉。这种相互作用不仅塑造了乡村社区的经济活动和社会结构，也深刻影响了社区成员的文化形态和价值观。理解这种相互作用对于保护乡村文化的丰富性和多样性至关重要，特别是在当今环境变化和社会转型的背景下。

乡村地区的地理特征对当地的农业活动有着直接的影响。不同的地形条件要求社区发展出适应特定环境的农业技术。例如，山区的乡村文化常常围绕梯田农业展开，这种农业形式不仅适应陡峭的地形，也成为当地文化的一个标志。类似地，在平原地区，广阔的土地促进了大规模的耕作，形成了不同的社会和文化特征。气候条件也在很大程度上影响着乡村社区的生活方式和文化习俗。不同的气候条件决定了农作物的种类和种植周期，进而影响了节庆活动和社会节奏。例如，地中海气候区的乡村文化可能会以葡萄栽培和相关的节庆活动为特色，而热带气候区的乡村文化则可能围绕多雨季节和相关的水利活动展开。

乡村地区可利用的自然资源对当地文化的发展具有重要影响。资源的丰富性或稀缺性不仅决定了乡村社区的经济基础，也影响了社区成员对自然的认识和利用方式。森林丰富的地区可能发展出以木材加工为特色的乡村文化，而水资源丰富的地区则可能形成以渔业为中心的文化特征。随着环境问题的日益突出，乡村社区在环境保护和文化可持续性方面面临着新的挑战。保护自然环境不仅是维持生态平衡的需要，也是保护乡村文化多样性的重要方面。乡村社区逐渐意识到传统生活方式与环境保护之间的关系，开始探索如何在保持传统文化的基础上促进生态和文化的可持续发展。

---

① 王声跃，王奕. 乡村地理学 [M]. 昆明：云南大学出版社，2015：195.

第二节 乡村文化的功能与特点

乡村文化承载着一代又一代人的记忆，反映了乡村社区的核心价值和生活方式。它在维系社区凝聚力、促进文化传承、提供教育与启蒙、推动经济发展以及保护生态环境等方面发挥着不可替代的作用。乡村文化具有鲜明的地域性和多样性，随着时间的推移和社会的发展而不断适应和演变，展现出独特的魅力和生命力。了解乡村文化的功能与特点，对于深入挖掘乡村文化的价值、促进乡村旅游业的发展以及推动文化与旅游业的有效融合至关重要。

一、乡村文化的功能

乡村文化不仅仅是对过往的记忆和传统的延续，更是现代社会中不可或缺的精神财富和社会资本。乡村文化的功能具体如图 1-2 所示。

图 1-2 乡村文化的功能

（一）增强社区凝聚力

乡村文化在增强社区凝聚力方面发挥着不可替代的作用。它不仅是乡村社区内部稳定的基石，也是对外展示乡村特色和魅力的重要途径。这种凝聚力源于共享的历史、传统和价值观，它在乡村社区的日常生活中以多种形式体现。共同的乡村文化背景使社区成员具有强烈的归属感和认同感。

传统节庆和仪式在乡村文化中占有重要位置，这些活动不仅是文化传承的途径，也是社区成员团结互助的体现。通过共同参与这些活动，社区成员之间的联系被加强，共同的记忆和经验被创造。乡村文化中的故事和传说是增强社区凝聚力的重要因素。这些故事往往围绕乡村的历史、自然环境和重要人物展开，不仅传递了知识和价值观，还增强了社区成员对自己根源的理解和尊重。乡村文化中的共同劳动如耕作、渔猎和节日准备等，是加强社区凝聚力的重要方式。这种共同劳动不仅提高了工作效率，更重要的是加强了邻里之间的联系和相互依赖。在现代社会中，受城市化和全球化的影响，乡村文化在维护和增强社区凝聚力方面的作用变得尤为重要。它不仅有助于保持乡村传统和特色，还能抵御外来文化的同质化影响，保持乡村社区的独特性和活力。

乡村文化的这种凝聚力对于乡村社区的稳定和发展至关重要。它不仅维系了社区的内部联系，还促进了对外部世界的开放和交流。通过强化社区凝聚力，乡村文化为乡村社区提供了一种持久的动力，使其能够在不断变化的环境中保持活力和适应性。

（二）促进文化传承

作为历史和传统的载体，乡村文化不仅承载着一代代人的生活方式和经验，也传递着知识、技能、价值观和生活哲学。乡村文化的这种传承功能对于维护文化多样性和促进社会和谐具有深远意义。

在乡村文化中，口头传说和民间故事是文化传承的重要途径。这些传说和故事往往包含了丰富的历史信息、民族智慧和道德教育，是连接过去与现在、老一辈与年轻一代的桥梁。它们不仅让年轻一代了解自己的根源和历史，还帮助他们形成对生活的理解和对世界的认识。民间艺术和手工技艺是乡村文化传承的重要组成部分。这些技艺往往代代相传，包含了丰富的文化内涵和技术知识。通过学习和练习这些艺术和技艺，年轻一代不仅能够掌握实用的技能，还能深入理解乡村文化的独特性和价值。传统节庆和仪式在乡村文化传承中同样占据重要位置。这些活动通常涉及一系列复杂的仪式和习俗，是文化传承的重要途径。通过参与这些活动，年轻一代不仅能够学习和体验传统习俗，还能加深对自身文化背景的认识和尊重。乡村文化中蕴含的生活智慧和道德准则对年轻一代的成长和人格塑造有着重要影响。这些文化元素帮助他们形成正确的价值观念，学会尊重自然和他人，以及理解社会的多样性和复杂性。

乡村文化的传承不仅是对过去的记忆和敬意，更是对未来的投资和培养。它为年轻一代提供了一个学习和成长的平台，帮助他们建立起对自己文化的认同感和自豪感。在现代社会，乡村文化的这种传承功能变得尤为重要。维护和促进这种传承，不仅是对乡村文化的保护，也是对保护社会整体文化多样性和可持续发展的贡献。

（三）提供教育与启蒙

乡村文化在教育和启蒙方面的功能，对于个人和社会都具有深远的影响。它不仅帮助个人形成全面的人格和能力，还为社会培养了具有文化认同感和责任感的公民。在当今快速变化的社会中，基于传统和社区的教育模式为现代教育提供了宝贵的补充，有助于培养更加全面、均衡的下一代。

乡村社区是一个自然的教育环境，其中生活的方方面面都蕴含着丰富的教育资源。孩子们在日常生活中，通过观察和参与成年人的活动，学习到了如何种植和收获作物、如何处理日常琐事，以及如何在社区中与人交往。这些实践经验不仅教会孩子们基本的生存技能，还培养了他们对自然环境的敬畏和对社区传统的尊重。乡村文化中的民间故事、传说和谚语等口头传统，为孩子们提供了丰富的想象空间和思考材料。这些故事往往包含了深刻的道德教育和生活智慧，帮助孩子们形成了对善良、正义、勤劳和尊重的基本理解。通过这些故事，孩子们学会了辨别对错，形成了初步的价值观和世界观。乡村的节庆活动和仪式是教育与启蒙的重要途径。在这些活动中，孩子们有机会了解和参与到传统的仪式中，如传统的舞蹈、歌唱和手工艺制作。这不仅提升了他们的文化认同感，还增强了他们对自己社区历史和文化的理解。

（四）推动经济发展

乡村文化在推动经济发展方面的作用日益凸显，特别是在当今全球旅游业迅速发展的背景下，乡村文化的独特性和吸引力为当地经济带来了新的生机和增长点。第一，乡村文化是乡村旅游业的核心资源。传统的民俗活动、节庆、乡土建筑，以及当地的特色农业实践等，都成为吸引游客的亮点。游客们被这些独特的文化体验所吸引，愿意为此支付费用，从而直接促进了当地的经济增长。乡村旅游不仅带动了住宿、餐饮、交通等相关行业的发展，还促进了当地手工艺品和农产品的销售，增加了农民和手工艺人的收入。第二，乡村文化的保护和传承活动本身也是一种经济活动。随着人们对文化遗产保护意识的提高，越来越多的资金和资源被投入乡村文化的保护项目中。这些项目不仅为当地居民提供了就业机会，还有助于提升整个区域的品牌价值和吸引力。第三，乡村文化能够激发新的商业模式和创业机会。结合传统文化和现代技术的农业实践，如有机农业、农庄体验等，不仅保留了乡村文化的精髓，也适应现代市场的需求。这些创新的商业模式不仅增加了乡村地区的经济活力，还提高了当地居民的生活水平。

（五）保护生态环境

乡村文化在保护生态环境方面发挥着重要作用，尤其是在当今全球面临环境危机的背景下，这一作用变得更加明显。乡村文化中蕴含的生态智慧和对自然的尊重，为实现可持续发展提供了重要启示。

乡村文化中蕴含了村民在与自然的和谐相处中获得的大量自然知识

11

和劳作经验，这对于地区的生态保护有很大的帮助。①在乡村文化的众多实践中，传统农耕文化是生态保护的一个典型例子。这种文化实践强调与自然的和谐相处，比如轮作休耕、保持土壤肥力和使用自然肥料等。这些古老的农耕方法不仅保护了土地的生产力，也减少了对环境的负面影响。在现代农业普遍采用化肥和农药的情况下，这些传统的农耕方法提供了一种可持续和环境友好的替代方案。传统渔猎文化体现了对生态环境的深刻理解和尊重。在许多乡村社区中，渔猎活动不仅是为了生存，更是一种与自然共存的生活方式。这些社区通常遵循严格的规则和习俗，以确保不过度捕捞或猎杀，保持生态平衡和物种多样性。乡村文化中还普遍存在对自然景观的崇敬，如对山林、河流和其他自然景观的保护。这种崇敬不仅体现在乡村神话和传说中，也反映在日常生活和文化实践中。例如，很多乡村社区会避免破坏自然景观，起到了保护自然环境的作用。

二、乡村文化的特点

乡村文化的特点体现了其独特性和对所处环境的深刻反映，这些特点不仅展示了乡村文化的多样性和丰富性，还揭示了其在现代社会中的重要价值和意义（图1-3）。

图1-3　乡村文化的特点

---

① 怀康. 乡村振兴视域下的乡村旅游与乡土文化传承研究 [M]. 北京：中国原子能出版社，2021：99.

（一）地域性

乡村文化的特点中，地域性是最为显著和根本的特征。地域性指的是乡村文化深深植根于其特定的地理位置和自然环境，由此形成的文化特征具有独特的地理和环境标志。这种地域性使得每个乡村都有其独特的文化表达方式，体现了不同地区的自然环境、历史背景和社会结构的差异。

乡村文化是在特定的地理空间范围内产生的一种文化形态，有突出的地域文化色彩。[①]"五里不同风、十里不同俗"，乡村文化的地域性体现在多个方面。其一，在物质文化层面，如建筑风格、服饰和饮食习惯，地域性特征十分明显。山区的乡村建筑往往适应陡峭地形，而海边的乡村则展现出不同的建筑风格，以适应湿润气候和风浪。在饮食习惯上，不同地域的乡村会根据当地可获取的农产品和食材发展出独特的饮食文化。其二，在非物质文化层面，如语言、艺术、信仰和习俗等方面，地域性同样显著。不同地区的乡村文化在方言、民谣、神话传说、节庆活动等方面都有各自的特点。沿海地区的乡村可能会有庆祝海神节的习俗，而山区的乡村则可能发展出独特的山歌和舞蹈。其三，地域性还体现在乡村社区的生活方式和社会组织中。不同地理环境下，乡村社区的经济活动、社会结构和生活节奏都会有所不同。比如，以农业为主的乡村和以渔业为主的乡村，在日常生活和社会组织上会展现出不同的特点。其四，乡村文化的地域性还与其历史背景密切相关。不同地域的历史事件、社会变迁和文化交流都会对当地乡村文化产生深刻影响。因此，每个乡村的文化都是其历史发展和地理环境的综合体现。

（二）多样性

乡村文化的多样性是中华文化强大的基因库，对于维护全球文化多样性和促进文化间的交流与理解具有重要意义。尊重和保护这种多样性，

[①] 秦枫.文化资源概论[M].2版.合肥：中国科学技术大学出版社，2021：37.

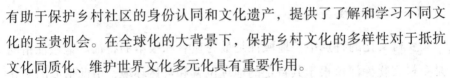

有助于保护乡村社区的身份认同和文化遗产，提供了了解和学习不同文化的宝贵机会。在全球化的大背景下，保护乡村文化的多样性对于抵抗文化同质化、维护世界文化多元化具有重要作用。

在生活习俗和传统上，乡村文化的多样性表现得尤为明显。不同地区的乡村有着截然不同的节庆活动、婚丧嫁娶习俗、饮食习惯和农耕方式。一个地区的乡村可能以庆祝丰收节为主要传统节日，而另一个地区的乡村则可能有独特的节日习俗。这种多样性不仅丰富了乡村文化的内涵，也为外界提供了了解和体验不同文化的机会。乡村文化的多样性还体现在艺术表达和口头传统上。各个乡村因其地理位置和历史背景，形成了各具特色的民间艺术、音乐、舞蹈和口头文学。这些艺术形式不仅是文化传承的重要载体，也是乡村社区表达自我、讲述自己故事的方式。在信仰和宗教方面，乡村文化的多样性同样显著。不同乡村可能崇拜不同的神祇或有着不同的宗教仪式，这些信仰和仪式往往与当地的自然环境和历史故事紧密相连，反映了当地居民对自然和生活的理解。方言也是乡村文化多样性的重要体现。即使在同一国家内，不同地区的乡村也有完全不同的方言，这些方言差异不仅体现了乡村文化的多样性，也是对该地区历史和社会发展的记录。

（三）传统性与连续性

乡村文化的传统性与连续性对于维护社区身份认同和历史连续性具有重要意义，不仅帮助乡村社区保持其独特性，也使社区成员更具归属感和认同感。这一特征不仅反映了乡村社区对过去的尊重和继承，也表明了文化传承在乡村生活中的重要地位。

传统性主要指乡村文化中长期以来形成并沿袭下来的习俗、信仰、艺术形式和生活方式。这些传统元素通常代表了乡村社区的历史、价值观念和社会结构。传统的节庆活动、婚丧仪式、民间艺术和手工艺，都是乡村文化传统性的体现。这些传统不仅为乡村社区成员提供了一种与祖先连接的方式，也帮助年轻一代深入理解历史和文化。连续性则是指这些传统文化元素能够在历代人口中得到延续和发扬。在乡村社区中，文化传承通常是自然而然的过程，老一辈向下一代传授知识和技能，确保文化的连续性。传承的内容不仅涵盖了具体的技能和知识，还包括了价值观、生活哲学和对自然的理解。传统性与连续性并不意味着乡村文化是僵化不变的。相反，乡村文化在传承的过程中也会进行适度的适应和调整。这种调整是对外部变化的响应，如新技术的引入、新观念的接受以及社会经济条件的变化。因此，乡村文化虽然强调传统的保持，但也表现出一定的灵活性和适应性。

（四）适应性与变迁性

乡村文化的适应性与变迁性是其动态发展的体现，这不仅反映了乡村文化的活力，也是其丰富性和多样性的来源。尽管乡村文化深植于传统和历史，但它并非静止不变，而是能够根据时代的变迁和社会的需要进行适应和调整。

适应性体现在乡村文化对新情况、新技术和新观念的接受和整合。随着全球化和现代化的进程，乡村社区接触到了更广泛的世界观和生活方式，这些新元素逐渐被融入传统文化。现代通信技术的普及使得乡村社区能够更容易地与外部世界交流，从而吸收和借鉴外来的文化元素。乡村文化也在不断地寻找新的表达方式和传承方法，以适应现代社会的需求。

变迁性是指乡村文化在长期发展过程中呈现出的动态变化。这些变化可能源于内部的社会经济发展，也可能是对外部环境变化的响应。随着经济发展和城市化进程，许多乡村社区的生活方式和社会结构发生了变化，这些变化反过来又影响了乡村的文化形态。此外，乡村文化中的某些元素可能因为新的社会条件而逐渐淡出，而新的文化形式和实践又在这个过程中产生。

这种适应性和变迁性使得乡村文化能够在不断变化的环境中生存和

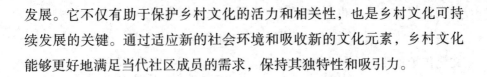

发展。它不仅有助于保护乡村文化的活力和相关性，也是乡村文化可持续发展的关键。通过适应新的社会环境和吸收新的文化元素，乡村文化能够更好地满足当代社区成员的需求，保持其独特性和吸引力。

第三节　乡村文化的主要形态

乡村文化的主要形态涵盖了一系列丰富多彩的文化和社会实践，它们共同构成了乡村文化的独特风貌，体现了乡村社区的历史、传统和生活哲学。在现代社会中，保护这些乡村文化形态的完整性对于维护文化多样性和促进社区可持续发展具有重要意义（图1-4）。

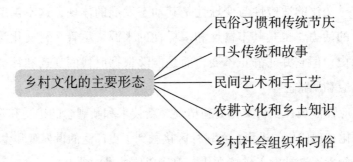

民俗习惯和传统节庆

口头传统和故事

乡村文化的主要形态　民间艺术和手工艺

农耕文化和乡土知识

乡村社会组织和习俗

图1-4　乡村文化的主要形态

一、民俗习惯和传统节庆

乡村文化的主要形态之一是民俗习惯和传统节庆，这些文化实践在乡村社区中扮演着至关重要的角色，它们不仅是文化传承的媒介，也是社区凝聚和身份认同的重要来源。

民俗习惯和传统节庆在乡村社区中具有多重社会功能。它们是社区成员共同经历和记忆的源泉。通过共同庆祝节日和实践习俗，社区成员之间的联系被加强，共同的文化认同感得以构建。丰收节不仅是庆祝收成的时刻，也是社区成员团结一致、分享喜悦的重要时刻。这些节庆和习俗也是文化教育和价值观传递的重要场合。在节庆活动中，年轻一代有机会学习传统知识和社区的历史，接受关于道德、合作和尊重的非正式教育。比如，在传统节日中，通过讲述历史故事和传说，孩子们学习到关于勇气、智慧和责任感等重要品质。

民俗习惯和传统节庆活动通常与特定地区的自然环境和地理特征紧密相关。沿海地区乡村的节庆活动可能会包含对海洋的敬畏和庆祝捕鱼的成功，而山区乡村社区的节庆则可能与山林、牧业或农耕有关。这种联系不仅反映了当地居民对自然资源的依赖，也体现了他们对自然界的尊重和感激。食物、音乐和舞蹈是乡村节庆活动中不可或缺的元素。特定的节日食物不仅是味觉的享受，也是文化传承和社区历史的重要部分。这些食物常常代表了当地的农产品和烹饪传统，是社区成员共同制作和享用的。音乐和舞蹈则是表达社区文化、情感和历史的重要方式，它们常常在节庆活动中占据核心位置，能够强化社区成员之间的共鸣和团结。传统节庆活动不仅是对特定历史事件或传说的纪念，也是社区成员共同庆祝和体验文化的机会。这些活动常常包含着对先祖、历史重大事件或是自然现象的纪念，是连接过去、现在和未来的桥梁。通过参与这些活动，社区成员能够深入了解自己的历史和文化，增强对社区的认同感。

随着社会的发展，尤其是科技进步和经济全球化，乡村社区的生活方式和价值观念经历了显著的变化。这些变化直接影响到传统节庆和习俗的实践方式。现代交通和通信技术的发展使得乡村社区更加开放，外来的文化元素和节庆方式开始融入传统活动。随着年轻人接受现代教育和文化影响，他们对传统节庆的参与方式和态度也可能发生变化。尽管面临变迁，许多乡村社区仍努力保持其传统节庆和习俗的核心元素。这种努力不仅是对过去的尊重，也是对文化根源和身份的维护。在适应现代社会的过程中，乡村社区寻求在保持传统和吸纳新元素之间取得平衡。

这种平衡使得传统节庆和习俗既保留了其历史和文化价值，又具备了现代社会的相关性和吸引力。

在现代化和全球化的影响下，一些乡村社区在传统节庆和习俗中融入了创新元素。这些创新可能包括新的庆祝方式、现代技术的运用或是对传统故事和仪式的现代诠释。这种创新不仅有助于吸引年轻一代的参与，也使传统节庆在现代社会中保持了其独特性和新鲜感。

二、口头传统和故事

口头传统和故事在乡村文化中扮演着多重角色，不仅是知识和文化价值的传递媒介，也是维护社区凝聚力和文化连续性的重要工具。口头传统在乡村文化中担负着重要的社会和文化角色。这些传统，包括民间故事、传说、谚语和歌谣，不仅是娱乐的源泉，更是社区内部知识和文化价值观的传递媒介。它们往往包含了深刻的生活智慧，通过生动有趣的故事情节，向听众传授勇气、智慧、正义和道德等品质。在乡村社区中，口头传统是传递普遍生活经验和习俗的重要方式。农业社区中的谚语往往概括了农作物种植的经验，如"一场春雨值千金"这类谚语不仅是气象知识的传播，也是对农业经验的总结。同样，民间故事和传说常常包含关于自然界、人际关系和社区生活的教训，如尊重自然、诚实和助人为乐的价值观。口头传统在乡村社区中具有重要的社会聚合作用。共同分享的故事和歌谣，不仅加强了社区成员间的联系，也增强了他们对社区文化的认同感。在家庭聚会、节庆活动和其他社区场合中，这些口头传统成为连接不同代际、强化社区纽带的重要媒介。

口头传统作为历史和文化的载体，在乡村社区文化传承中扮演着至关重要的角色。许多乡村社区依赖口头传统来记录和传播其历史和文化。由于缺乏书面记录，历史事件、传统习俗和重要人物的故事往往通过口头讲述的方式代代相传。这些故事和歌谣常常承载着丰富的历史信息，不仅讲述了社区的起源和发展，还包含了对过去重要事件的回忆。一个关于社区先祖的传说可能描述了他们如何定居和开垦这片土地，这类故事帮助年轻一代理解自己的根源和社区的历史背景。口头传统也保留了社区面临的挑战和胜利的记忆。通过讲述历史故事，老一辈人向下一代传递了关于社区共同经历的困难时期和成功时刻的信息。这些故事不仅是对过去的纪念，也是对未来的启示和教训。口头传统中的民间艺术，如民间歌曲和舞蹈，也是文化传承的重要部分。这些艺术形式往往与社区的传统节庆和仪式紧密相连，通过艺术的形式传达社区的文化精髓和审美观念。口头传统在增强乡村社区凝聚力方面发挥着至关重要的作用。共享的故事、传说、谚语和歌谣使社区成员具有强烈的归属感和共同的文化基础。社区成员在社区活动如节庆、家庭聚会和其他集体场合中共同讲述和倾听这些传统，这不仅是文化交流的时刻，也是增强社区内部联系和团结的重要途径。当社区成员一起分享故事和传说时，他们共同回顾并庆祝自己的历史、文化和成就。这种共享的经验促进了不同年龄和背景的社区成员之间的理解和尊重。尤其对于年轻一代，这些口头传统帮助他们了解并自豪于自己的文化遗产，强化了对社区的认同感。口头传统也在应对社区挑战和变迁时起着凝聚作用。在面对困难或庆祝重要时刻时，共享的故事和歌谣提醒社区成员共同的历史和价值观，鼓励他们团结合作和互相支持。

随着现代化和全球化的推进，乡村社区的口头传统正经历着显著的变迁。新媒体和数字技术的兴起对传统的口头讲述方式带来了挑战。电视、互联网和社交媒体成为人们获取信息和娱乐的主要途径，这在一定程度上削弱了口头传统的影响力。许多社区开始意识到保护这些珍贵口头传统和故事的重要性。他们采取各种措施来保存这些文化遗产，如通过录音和视频记录下来，或者在学校和社区活动中重新推广这些传统。一些社区甚至通过结合现代技术，如制作数字故事和在线分享，使传统口头文化适应现代社会。一些社区通过创新的方式来复兴和传承口头传统和故事。例如，将传统故事和歌谣融入现代戏剧和音乐表演，或者将口头传统和故事与当代问题结合起来，使其贴近现代社会的需求和兴趣。

三、民间艺术和手工艺

乡村文化中的民间艺术和手工艺是乡村社区独特创造力和审美观念的重要体现。这些艺术和手工艺形式不仅展示了工匠们高超的技艺，也承载了深厚的文化和历史意义。

民间艺术和手工艺作为乡村文化的重要组成部分，体现了社区的深厚历史、丰富传统和独特生活方式。这些艺术形式不仅是工匠技能的展现，更是文化和社会价值的传递媒介。它们与当地的自然环境、社会习俗和生活方式紧密相关，从而成为理解社区历史和文化的重要窗口。每件手工艺品都是对传统技艺的致敬，也承载了工匠对自己文化的理解和情感。例如，某地区的陶瓷艺术不仅反映了当地的泥土和矿物质，还可能融入了该地区的历史故事和图案，使每件作品都成为独特的文化象征。类似地，传统刺绣或织物不仅显示了精湛的工艺，也讲述了当地的传说、信仰和社会价值观。这些手工艺品经常在社区内外展示，成为文化交流的媒介。在节庆、集市和旅游活动中，手工艺品不仅是经济商品，更是文化的使者，向外界展示乡村社区的特色和骄傲。

手工艺的技艺传承在乡村文化中扮演着重要角色，保持着传统技艺和文化的连续性。这种传承通常通过家族内部教育或传统的学徒制度进行，使得手工技艺得以代代相传。工匠们不仅传授技艺，还传递着与这些技艺相关的文化、故事和价值观。在传承过程中，工匠不仅是技能的传递者，还是文化和传统的守护者。他们通过实践教学和口头传授，使下一代能够理解和欣赏这些技艺背后的文化意义。例如，编织、陶艺或木工等手工艺的学习不仅是生产技能的传授，也是对自然材料的理解、设计美学和社区历史的学习。在现代社会，这种传统手工艺的传承面临着诸多挑战。现代化生产方式和年轻一代对传统手工艺兴趣的减少对这种传统技艺构成了威胁。因此，许多社区开始寻找方法来激发年轻人对传统手工艺的兴趣，如将手工艺融入教育课程和社区活动，或通过现代化的营销策略来提升手工艺品的吸引力。

手工艺不仅具有实用性，也是社区文化和社会关系的重要组成部分。手工制品，如编织品、陶瓷、木（竹）工艺品和刺绣，不仅在日常生活中广泛使用，还在社区的社会和文化活动中发挥着关键作用。在社区节庆、家庭仪式和其他集体活动中，手工艺品常常作为重要的元素出现。例如，特制的篮子和器皿不仅用于日常生活，也在节日中用来装饰和交换礼物，增强了节日的氛围和文化意义。这些物品不仅展示了社区成员的技艺，也是他们对社区文化和传统的热爱和尊重的表达。手工艺活动也是社区成员之间建立和维护社会关系的重要方式。共同参与手工艺项目不仅增强了社区成员间的合作和沟通，还促进了跨代际的学习和理解。年轻一代通过参与手工艺活动，学习到社区的传统技艺，也理解了合作和传承的重要性。

在现代社会，民间艺术和手工艺的重要性日益凸显。随着全球化和现代化的推进，传统手工艺面临着挑战，但也获得了新的发展机遇。这些传统艺术和技艺不仅被视为文化遗产的重要组成部分，也成为连接过去和现在、本土文化和全球文化的桥梁。一方面，民间艺术和手工艺在现代市场中找到了新的定位。通过现代营销渠道，如在线平台和国际市场，这些传统艺术和技艺吸引了更广泛的受众。这不仅为乡村经济发展提供了新动力，也使更多人有机会欣赏和了解这些独特的文化作品。另一方面，保护和促进这些民间艺术和手工艺的可持续发展成为现代社会的重要议题。随着对文化多样性和可持续生活方式的重视，民间艺术和手工艺被赋予了新的意义。它们不仅是对传统技艺的保存，也是对生态友好生产方式和消费模式的探索。

四、农耕文化和乡土知识

农耕文化和乡土知识是乡村文化不可或缺的组成部分，它们不仅是农业生产的基础，也是乡村社区文化认同和生态智慧的重要源泉。在现代社会中，保护传统农耕文化和乡土知识，促进它们与现代农业技术的融合，对于维护乡村文化的完整性和推动可持续发展具有重要意义。

农耕文化和乡土知识的传承在乡村文化中占有至关重要的地位。这些知识不仅是农业生产的基础，也是乡村社区文化和生态智慧的重要组成部分。农耕文化是中国传统文化的根基，是我国从未间断的一种文化，是中国劳动人民几千年生产生活智慧的结晶，体现和反映了传统农业的思想理念、生产技术、耕作制度以及中华文明的内涵。包括农耕技术，如耕作方法、作物种植、土壤管理和水源利用等，通常在家族和社区内部通过口头传授和实践学习的方式代代相传。这种传承方式不仅保持了农业生产的连续性，也确保了与之相关的生态知识和文化传统得以保存。在很多乡村社区中，农耕知识的传承与季节性节庆和日常生活紧密相连。播种和收割的传统技巧在丰收节等节庆活动中得到展示和传授。这些技术的传承不仅是对农业技能的传授，也是对下一代进行生态责任和社区归属感教育的重要途径。随着时间的推移，这些传统知识在适应当地环境和条件方面展现出显著的价值，传统的农耕方法如轮作和天然肥料的使用，有助于维持土壤肥力和生态平衡。因此，这些乡土知识的传承不仅是对历史和文化的尊重，也是对未来可持续发展的投资。

农耕文化反映了乡村社区与自然的和谐共处。这种文化基于深刻理解自然规律和尊重生态环境的智慧。通过观察季节变化、气候条件和作物生长周期，农民们能够有效地安排农业活动，从而最大化地利用自然资源，同时减少对环境的负面影响。这种与自然和谐共处的方式体现在许多传统农耕实践中。例如，采用轮作和休耕制度来保护土壤免于过度开发，使用有机肥料来避免化学污染，以及采集雨水来合理利用水资源等。这些实践不仅提高了农业生产的可持续性，也保护了生态多样性和地方生态平衡。农耕文化中对自然的尊重体现在节庆活动和乡村神话中。许多乡村节庆活动不仅是对农业周期的庆祝，也是对自然的感激和尊重的表达。这些活动和信仰帮助社区成员理解他们与自然界的关系，增强了他们保护环境的意识。

随着现代化进程的加快，农耕文化也发生了显著的变迁。现代化农业技术，如机械化耕作、化学肥料和改良种子的使用，极大地改变了传统的农耕方式。这些变化提高了农业生产效率，也带来了生态环境保护和传统知识保留的新挑战。一方面，现代农业技术的引入有助于解决粮食安全问题和提高农业生产效率。另一方面，过度依赖化学肥料和农药导致土壤退化和生物多样性的减少。因此，如何在提高生产效率和保护生态环境之间找到平衡成为当代农耕文化面临的重要课题。为了应对这些挑战，许多乡村社区开始寻求传统农耕知识与现代技术结合的方式。例如，采用有机农业和可持续农业实践，保护本地种子和传统耕作方法，引入现代技术来提高效率和适应市场需求。这种结合传统智慧和现代科技的方法，不仅有助于保护乡村文化的完整性，也是推动农业可持续发展的重要途径。

五、乡村社会组织和习俗

乡村社会组织和习俗是乡村文化不可分割的一部分，它们不仅维护了乡村社区的日常运作和社会结构，也是文化传承和社区凝聚力的重要来源。在现代社会的变迁中，保护和维持这些传统的社会组织和习俗对于保持乡村社区的独特性和促进其可持续发展具有重要意义。通过理解和尊重这些乡村社会组织和习俗，我们可以更好地理解乡村社区的文化和社会结构，也为维护文化多样性和促进社区发展提供重要的支持。

乡村社会组织在维护社区稳定和促进发展中扮演着关键角色。家族作为乡村社区中的基本单位，不仅在成员之间建立了密切的联系，更是社区凝聚力的重要来源。家族成员之间的相互支持和协作反映了紧密的家庭纽带和共同责任感。在很多乡村社区中，家族不仅在经济活动上相互依赖，如共同耕作和管理家庭企业，而且在社区事务上也保持着紧密合作，共同参与和组织节庆活动、社区建设和公共工程。邻里关系在乡村社区生活中同样占据重要地位。乡村生活中的互助和合作精神体现在邻里间的日常相互帮助上，这种紧密的社交网络不仅在农业活动中体现，如共同种植和收割作物，也在社区的日常生活和特殊事件中体现，如共同庆祝的重要时刻或协助处理紧急情况。这种邻里关系加强了社区内的信任和团结，为面对挑战提供了坚实的社会支持。村庄集会则展现了乡村社区的民主和自治精神。在集会上，社区成员就各种公共事务进行讨论和决策，从而保证了社区决策过程的透明性和公平性。这种集体决策机制不仅增强了社区成员之间的相互理解和尊重，也促进了公共事务的有效管理和社区利益的平衡。

乡村习俗作为社区文化的重要组成部分，不仅是对传统的尊重，也是社区成员身份和文化认同的重要表征。传统习俗，如婚丧礼仪、节庆活动和日常生活规范，构成了社区文化的框架，通过这些习俗的共同遵守，社区成员展现了对社区规则和价值观的尊重。这些习俗在维护社区秩序和稳定中发挥着核心作用。通过共同遵循这些习俗，社区成员不仅表达了对历史和文化的敬意，也在日常生活中实践着这些价值观。这种共享的文化背景和传统习俗增强了社区成员间的相互理解和尊重，为社区营造了一个和谐共处的环境。乡村习俗也促进了跨代际的联系和文化传承。在传统节庆和仪式中，老一辈通过教授和实践这些习俗，向下一代传递了社区的历史和文化遗产。这种文化传承不仅强化了社区的文化连续性，也为年轻一代提供了深入了解和参与社区文化的机会。

本章小结

本章介绍了乡村文化的定义、基础、功能和特点。分析了乡村文化的多样性和丰富性，强调了其在维护社会和谐与文化多样性中的重要作用。同时，探讨了乡村文化的主要形态。

第二章　乡村旅游与旅游业

第一节　旅游业及其理论基础

旅游业作为当今世界极具活力和影响力的经济产业之一，不断推动着全球经济和文化的交流与发展。这一产业的多样性和综合性使其成为本章研究的重要对象，其涵盖了旅游服务、住宿、餐饮、交通和娱乐等多个方面。

一、旅游业的概念

旅游业就是以旅游者为对象，为其旅游活动创造便利条件并提供其所需商品和服务的综合性产业。它不仅包括直接提供给游客的服务，如交通、住宿、餐饮、导游服务和娱乐活动，还涉及一系列支持性和辅助性服务，如旅游推广、市场营销、旅游规划和管理等。旅游业的核心在于为游客创造和提供满意的旅游体验，促进旅游目的地的经济和社会发展。旅游业具有高度的综合性和相关性。它涵盖了广泛的经济活动和多个行业，如交通运输业、酒店业、餐饮业、文化娱乐业等，这些行业相互依赖，共同构成了完整的旅游产业链。一个成功的旅游目的地不仅要有吸引游客的自然或文化资源，还要有良好的交通、舒适的住宿设施、丰富的餐饮选择和高质量的服务。旅游业是一个典型的服务业，其产品是无形的、不可储存的，并且生产和消费同时发生。旅游服务的质量很大程度上取决于服务提供者的技能和态度，以及消费者的体验和感受。因此，人力资源的质量在旅游业中占据非常重要的地位。

随着全球化和科技的发展，旅游业正面临着新的挑战和机遇。信息技术的进步，尤其是互联网和移动通信技术的进步，极大地改变了旅游服务的营销和分销方式。越来越多的游客通过在线平台预订旅游服务，这要求旅游从业者不断适应数字化趋势，提升在线服务能力。可持续旅游正成为旅游业发展的重要方向。越来越多的游客和旅游从业者开始关注旅游活动对环境的影响，以及如何促进旅游目的地的可持续发展。这要求旅游业在发展中要注重保护自然资源和文化遗产，确保旅游活动对环境的影响最小化。

二、旅游业的特征

旅游业作为一个多维度、跨行业的经济领域，拥有一系列独有的特征，具体如图 2-1 所示。

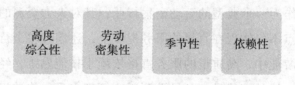

图 2-1 旅游业的特征

（一）高度综合性

高度综合性特点反映了旅游业对不同行业和服务领域的广泛涉猎和整合能力，这一特性使得旅游业不仅仅是单一服务的提供，而是一个涵盖广泛服务和体验的复杂系统。

旅游业的综合性表现在其跨行业的融合能力上。一个成功的旅游目的地需要有高效的交通系统（如航空、铁路、公路交通）、舒适的住宿设施（包括酒店、民宿）、多样化的餐饮选择（本地美食、国际餐厅）、丰富的娱乐活动（如景点游览、文化体验、户外探险）以及便利的购物服务。这些服务的相互联系和协调运作，共同构成了游客的完整旅行体验。在旅游业中，不同服务的提供者需要紧密合作，形成一个高效的服务链。旅行社在规划旅游产品时，需要与航空公司、酒店、餐馆和当地景点等合作，确保旅游产品的顺畅实施。这种服务链的构建不仅提升了行业效率，也优化了游客的整体体验。由于旅游业的综合性，它需要各种类型的人力资源。从一线的服务人员（如导游、酒店员工、餐厅服务员）到幕后的规划和管理团队（如旅游规划师、市场营销专家），再到相关的支持服务人员（如交通运输工作人员、安全保障人员），这些不同领域的专业人才共同支撑着旅游业的运行。高度综合性也带来了对协调和管理的高要求。有效的协调和管理不仅能提高服务质量，还能提升资源利用效率，降低运营成本。通过信息技术的应用，可以实现对旅游资源的有效管理和优化，如在线预订系统、客户关系管理系统等。

（二）劳动密集性

旅游业作为一个典型的劳动密集行业，其对人力资源的依赖程度极高。这一特点不仅体现在直接的服务提供上，还涉及整个行业的运营和管理。在旅游业中，高质量的服务直接依赖于技能熟练、经验丰富的人力资源。从一线的接待员工、导游到酒店管理人员、旅游规划师，他们的专业技能和服务质量直接影响着游客的满意度和旅游体验。因此，员工培训和发展成为提升服务质量的关键。旅游业作为一个劳动密集型行业，在全球范围内创造了大量的就业机会。这些就业机会不仅限于传统的旅游服务岗位，还包括与旅游活动相关的多种辅助服务岗位，如交通运输、餐饮服务、安保服务等。在许多地区，特别是旅游资源丰富的地区，旅游业成为当地重要的就业途径。由于其劳动密集的特性，旅游业对地方经济产生了显著的正面影响。旅游业的发展带动了当地就业，增加了居民收入，从而刺激了消费和经济增长。此外，旅游业还能带动地方的基础设施建设及完善，从而提升整个地区的发展水平。

（三）季节性

旅游业这一特点主要体现在游客流量和旅游活动的季节性波动上。不同的旅游目的地根据其自然条件和文化活动的特点，往往在特定的季节吸引大量游客，而在其他季节则相对冷清。这种季节性波动对旅游业的管理和运营提出了挑战。季节性波动的主要影响因素包括气候条件、节假日及文化和体育活动等。同样，某些节庆活动（如春节、圣诞节）也会在特定时间段内吸引大量游客。季节性波动对旅游目的地的可持续发展提出了要求。在旺季，确保旅游活动不对环境造成过度压力是关键；而在淡季，则需要寻找方法保持经济活力。平衡旺季和淡季的需求，促进全年均衡发展，是实现旅游目的地可持续发展的重要策略。

（四）依赖性

旅游业的发展在很大程度上依赖于丰富多样的自然和文化资源。这些资源不仅是吸引游客的关键因素，也是旅游目的地独特魅力和身份的核心。

自然资源如壮观的山脉、清澈的湖泊、广阔的海滩和独特的生态系统，是许多旅游目的地的主要吸引力。这些自然景观提供了一系列户外活动机会，如徒步、滑雪、潜水和野生动植物观察。自然资源的美丽和独特性是吸引那些寻求冒险、放松或亲近自然的游客的重要因素。文化资源包括历史遗迹、艺术作品、传统节庆和地方习俗，同样对旅游业至关重要。这些文化元素不仅丰富了游客的旅游体验，也是游客了解和体验当地历史、文化和生活方式的窗口。文化遗产旅游、节庆旅游和民俗旅游等都深受游客欢迎。

由于旅游业在很大程度上依赖于这些自然和文化资源，因此它们的可持续管理和保护显得尤为重要。过度的旅游开发会对自然环境造成破坏，如生态系统的破坏和文化遗产的退化。因此，实施环保措施和合理规划，确保旅游活动与环境保护和文化保存的平衡，对于保障旅游业的可持续发展至关重要。有效的自然和文化资源管理还需要当地社区居民的参与。通过让当地居民参与旅游规划和管理，不仅能够更好地保护这些资源，还能确保旅游收益能够惠及当地居民。此外，当地社区居民的参与有助于维护文化的真实性和活力，为游客提供更加丰富和真实的旅游体验。

三、旅游业的作用

旅游业在全球经济和社会发展中扮演着重要角色。它不仅直接推动经济增长，还间接影响了许多其他领域。以下是对旅游业作用的具体阐释（图2-2）。

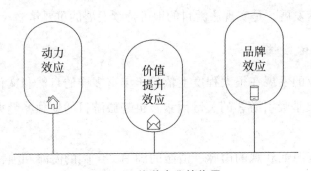

图 2-2 旅游产业的作用

（一）动力效应

旅游业的动力效应体现在它如何作为经济增长的重要驱动力，通过多种方式对国家和地区的经济发展产生积极影响。这种效应可以从以下几个方面来具体理解：其一，旅游业作为一个涉及多领域的产业，直接带动了相关行业的发展。从交通运输、酒店和餐饮服务到旅游景点的维护和文化活动的举办，旅游业的需求刺激了这些行业的发展和创新。特别是在一些旅游资源丰富的地区，旅游业成为当地经济发展的主要推动力。其二，旅游业在创造就业方面发挥着重要作用。从一线的导游、酒店服务人员到幕后的旅游策划和管理人员，旅游业提供了大量的就业机会，不仅限于旅游热点地区，也包括与旅游活动相关的服务和产品供应链。这些就业机会对于提高地区就业率、促进社会稳定和提升居民生活水平具有重要意义。其三，旅游业通过吸引外来游客和投资，带动了地区经济的活跃。游客的消费直接增加了当地的经济收入，也促进了当地其他服务业和零售业的发展。国际游客的到来还带来了外汇收入，对国家的经济平衡有积极的影响。其四，旅游业的动力效应还体现在对基础设施建设的推动上。为了吸引和满足游客的需求，旅游目的地往往需要建设和完善交通网络、公共设施和服务设施等。这些基础设施的建设不仅服务于旅游，也惠及当地居民，提升了整个地区的发展水平。

（二）价值提升效应

旅游业的价值提升效应体现在它如何提升一个地区或国家的经济、社会和文化价值。这一效应不仅改善了旅游目的地的经济状况，还提升了其在全球范围内的认知度和吸引力。一方面，旅游业通过促进地区经济发展，提升了旅游目的地的经济价值。旅游活动为当地带来直接的经济收益，包括游客消费、旅游相关的就业机会以及相关产业链的发展。这些经济活动不仅增加了当地的收入，还促进了相关服务业和产品制造业的发展，从而提高整个地区的经济水平。另一方面，旅游业对当地文化和自然资源的开发和利用，有助于提升这些资源的价值。通过旅游业，一些文化遗产和自然景观得以更好地保护和展示，增强了它们的吸引力和知名度。旅游活动还鼓励当地居民保护和传承本地的文化特色，从而提升了文化价值。

（三）品牌效应

旅游业的品牌效应指的是通过旅游活动和营销策略建立起的强有力的旅游目的地品牌，这对提升一个地区或国家的全球认知度和吸引力具有重要作用。

品牌效应首先体现在对旅游目的地形象的塑造上。通过有效的品牌营销和推广策略，旅游目的地能够建立起独特的形象和识别度。这种形象通常与旅游目的地的自然景观、文化特色、历史遗产或特定的旅游体验紧密相关。强有力的旅游目的地品牌不仅吸引游客，也有助于区分竞争对手，增强旅游目的地的市场竞争力。旅游产业的品牌效应还能显著提升一个国家或地区在国际舞台上的声誉和地位。成功的旅游品牌能够传递积极的信息，提升旅游目的地的全球知名度，从而吸引更多的外国投资和国际合作机会。在某些情况下，强有力的旅游品牌甚至能够改变人们对一个国家或地区过去的负面印象。品牌效应在经济和文化层面上都发挥作用。经济上，一个强大的旅游品牌能够带来更多的游客和收入，促进当地经济的发展。文化上，它有助于推广和保存当地的文化遗产，增强当地居民对自己文化身份的认同。这种认同感不仅对当地居民重要，也使得旅游体验对外国游客来说更加独特和有吸引力。良好的旅游品牌还能够促进旅游目的地的可持续发展。通过强调环境保护和文化保存，旅游品牌可以倡导负责任的旅游实践，吸引那些寻求可持续旅游体验的游客。这种方式不仅有利于保护旅游资源，也符合全球旅游业的发展趋势。

四、旅游业的理论基础

旅游业的理论基础有助于深入理解旅游业在经济、社会和生态层面的运作机制，为乡村旅游的发展提供坚实的学科支撑（2-3）。

经济学理论基础

生态学理论基础

社会学理论基础

图 2-3　旅游产业的理论基础

（一）经济学理论基础

旅游业经济学理论基础主要包括以下方面：

第一，价值规律。在市场经济中，价值规律作为一种基本经济规律，不仅在商品生产和交换中起着核心作用，还在社会再生产的生产、交换、分配和消费各个领域中发挥着影响。它制约着市场经济的其他规律和矛盾运动，支配着每一个经济主体的行为和命运，调节着商品生产和商品交换的全部运行过程，从而决定市场经济的整体发展。在旅游业中，价值规律为旅游商品和服务的定价提供了重要的理论基础。旅游商品的价值不仅取决于其生产过程中的劳动投入和成本，还受到市场供求关系的影响。在等价交换的原则下，商品的交换价值与其内在价值是一致的。随着货币的出现，商品的价值开始通过货币来表示，形成了价格。因此，在旅游业中，商品和服务的定价需要充分考虑其价值和市场供求关系。从消费者的角度来看，价格是他们特别关心的因素之一。合理的价格可以使消费者感到物有所值，而不合理的定价则可能产生负面影响，从长远来看不利于旅游业的发展。因此，在定价时，旅游商品的价格应在合理区间内，这需要基于价值规律来进行。价值规律指出，商品的价格主要受其价值和市场供求关系的影响。在供求平衡的情况下，商品的价值越高，其价格也相应较高。当供大于求时，商品价格往往低于其价值。

当供不应求时，商品价格往往高于其价值。对于旅游业来说，旅游商品的价格过高或过低都可能阻碍其健康发展。因此，市场应该调控好供求关系，使商品价格与其价值相匹配，避免由于不合理的定价而对旅游业的发展造成负面影响。在实际操作中，旅游业的企业和管理者需要密切关注市场动态，理解消费者的需求和偏好，以及监控成本结构和竞争环境。这不仅包括对直接成本（如人力、物料等）的管理，还包括对间接成本（如广告、促销活动等）的考量。此外，考虑到旅游市场的季节性变化，企业应灵活调整定价策略，以适应不同时间段的市场需求。

第二，需求与供给理论。需求与供给理论在旅游业中是理解市场动态和定价策略的关键。这一理论基于简单的原则：产品或服务的市场价格由消费者的需求和供应商的供给共同决定。在旅游业中，这个理论可以帮助解释价格变动、旅游流量以及市场趋势。在旅游业中，需求指的是游客对旅游产品和服务的需求量，它受到多种因素的影响，包括经济条件、个人偏好、季节性因素以及外部事件（如节假日、文化活动、自然灾害）。需求的增加通常导致旅游目的地旅游产品或服务的价格上升，反之亦然。此外，需求的弹性（需求对价格变化的敏感程度）也是影响旅游市场的关键因素。某些旅游产品（如豪华旅行套餐）可能对价格变动不太敏感，而其他产品（如预算航空服务）则可能对价格变化非常敏感。供给方面，旅游业的供给包括可用的旅游产品和服务的总量，如酒店房间、旅游景点门票、交通服务等。供给受到成本、资源可用性、政策和法规的影响。当供给增加时，如果需求保持不变，可能导致价格下降；当供给减少时，价格可能上升。需求与供给之间的关系决定了旅游产品和服务的市场价格。在理想情况下，市场会达到一种平衡状态，即供给与需求相等，价格稳定。然而，在实际情况下，旅游市场经常经历需求和供给的波动，导致价格的变化。对于旅游业的从业者和决策者来说，理解和应用需求与供给理论是至关重要的。这不仅有助于制定有效的定价策略，还能更好地理解市场趋势，从而做出明智的业务决策。在需求高峰期（如节假日或特殊事件期间），旅游企业可能会提高价格来管理过度的需求；在需求低迷时期，他们可能会降低价格或提供优惠来刺激需求。通过这种方式，旅游企业可以优化收入，为游客提供更具吸引力的旅游体验。

第三，旅游业态理论。旅游业态理论专注于研究和分析旅游业中的不同业务类型，强调旅游市场的多样性和细分。这一理论的核心是理解旅游业中不同业态的特点、目标客户群以及它们如何相互作用和影响整个旅游市场的动态。在旅游业态理论中，重要的是识别和区分旅游业内的多种业态。这些业态可能包括休闲旅游、商务旅游、文化旅游、生态旅游、探险旅游等。每种业态都有其独特的客户群、市场需求、服务特点和运营策略。例如，休闲旅游注重提供放松和娱乐体验，而商务旅游则强调高效和便利的服务。旅游业态理论还强调旅游业态之间的相互关系和影响。不同业态可能相互影响，比如一个地区的文化旅游吸引力可能增强其作为商务旅游目的地的吸引力。理解这些相互作用对于旅游市场的战略规划和营销至关重要。旅游业态理论的一个关键应用是帮助旅游从业者和决策者更好地理解市场需求，从而能够更有效地定位产品和服务，满足不同旅游业态的特定需求。它还指导旅游从业者如何针对不同的市场细分进行产品开发、营销策略设计和服务优化。

（二）社会学理论基础

在旅游业中，社会学理论基础提供了关于旅游活动如何与社会发展和社会结构相互作用的深刻理解。以下是旅游业社会学理论基础的主要方面：

第一，社会全面发展理论。社会全面发展理论的核心是认识到旅游不仅是一种经济活动，而且是一个有力的工具，能够促进社会在多个维度上的发展和进步。从经济角度来看，旅游业是全球较大的产业之一，对经济增长具有显著影响。它创造就业，增加收入，促进地区经济发展。

旅游业的发展带动了相关行业的增长，如酒店业、餐饮业、交通业和零售业，进一步推动了经济的多元化。旅游业在促进文化交流和理解方面发挥着关键作用。它提供了一个平台，让不同文化背景的人们相互交流，增进了解和尊重。通过旅游，游客能够亲身体验和学习其他文化，而当地居民也有机会展示自己的文化和传统，这有助于保护和传承文化遗产。旅游业对提升社会福利和生活质量也有重要影响。旅游带来的经济收益可以用于改善当地的基础设施和公共服务，如教育、卫生和交通。这不仅提高了当地社区的生活水平，也提高了居民的生活质量。

第二，社会结构理论。社会结构理论在旅游业中的应用关注旅游活动如何影响社会结构，以及社会结构变化如何反过来影响旅游业的发展。这一理论揭示了旅游业与社会各层面之间复杂的相互作用和依赖关系。社会结构理论指出，旅游业的发展和社会结构（包括社会阶层、社区组织、家庭结构等）之间存在着紧密的联系。旅游业的增长可能带来社会经济结构的改变，特别是在那些旅游业占据重要经济地位的地区。随着旅游业的发展，可能会出现新的就业机会和经济活动，这些变化可以改变社会阶层的构成和收入分配模式，从而影响社会结构。旅游业对于社会文化结构的影响也不容忽视。旅游促进了文化的交流和传播，但也可能导致文化同质化或文化冲突。一方面，旅游可以为当地文化的保护和传承提供支持；另一方面，大量游客的涌入也可能对当地的文化和传统产生冲击。旅游业还可以影响社会的地理和人口结构。旅游目的地的繁荣往往吸引外来人口的迁入，这可能导致社区结构和人口分布的变化。旅游发展也可能会引起土地使用和城市规划的变化，从而影响社区的物理和社会环境。在社会结构理论的框架下，旅游业被视为一个动态变化的社会力量，它不仅受到社会结构变化的影响，也作为一个影响因素作用于社会结构。这种相互作用的理解对于确保旅游业的可持续发展至关重要，因为它要求旅游规划者和决策者考虑到旅游发展对社会结构的长期影响，并采取措施以促进积极的社会变革和缓解潜在的负面影响。

（三）生态学理论基础

在旅游业中，生态学理论基础提供了对旅游活动与自然环境关系的深入理解。

第一，可持续发展理论。可持续发展理论在旅游业中的应用是确保旅游活动在不损害环境和资源的前提下促进经济和社会发展。这个理论的核心是寻求经济、社会、环境三方面的平衡，以实现长远的可持续发展。在旅游业中，意味着需要采取一种全面和综合的方法来规划和管理旅游活动。具体来说，可持续旅游重视对自然资源的负责任管理和使用，以确保这些资源不仅能满足当前一代的需求，也能为未来所用。通过控制游客数量、推行环境友好型旅游设施和活动，以及提高能源效率，可以减少旅游业对环境的负面影响。可持续旅游还强调社会文化方面的可持续性，包括尊重当地社区的文化和传统，支持当地经济，以及提高当地居民生活水平。通过让当地社区居民参与旅游规划和管理，以及确保旅游收益的公平分配，可以提高旅游项目的社会接受度和效果。经济可持续性也是这一理论的重要组成部分。这要求旅游业的发展不仅要能带来经济利益，如增加就业和收入，而且要确保这些收益是长期和稳定的。这意味着需要避免依赖单一旅游产品或市场，而是发展多元化的旅游产品和服务，以应对市场变化和潜在的经济风险。

第二，生态旅游理论。生态旅游理论强调对环境和社会的责任感。这一理论核心是在旅游活动中实现对自然环境的尊重和保护，为游客提供教育和自然体验的机会。在生态旅游理论中，旅游不仅仅是为了娱乐和休闲，更是一种促进自然环境保护意识的方式。它鼓励游客参与到环境保护的活动中来，通过实际体验自然环境，增强对生态系统价值和脆弱性的理解。这种旅游形式通常涉及游客访问相对未被商业化开发的自然保护区、野生动物栖息地和其他自然景观地区。生态旅游理论还强调旅游活动与当地社区的和谐共生。这意味着在开发和运营旅游活动时，应充分考虑和尊重当地社区的文化、生活方式和经济需求。生态旅游支持当地社区从旅游

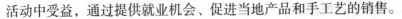

活动中受益，通过提供就业机会、促进当地产品和手工艺的销售。

第三，生态系统服务。生态系统服务理论在旅游业中的应用，强调了生态系统对旅游活动提供的关键支持和价值。这个理论指出，健康的生态系统为旅游业提供了基础设施和资源，这些不仅对环境重要，对人类社会和经济活动同样关键。生态系统服务在旅游中的体现可以是多方面的。自然景观和野生动物提供了独特的旅游体验，吸引着大量寻求自然之美的游客。珊瑚礁和湿地等生态系统的健康程度直接影响到水下活动和观鸟等旅游活动的质量。生态系统如森林和海洋通过调节气候和净化空气，为旅游地提供了宜人的环境。在实际操作中，生态系统服务理论促使旅游业界关注生态保护，并在旅游规划和管理中采取积极措施。这包括保护关键的自然区域，限制对敏感生态区的访问，以及推广环保旅游实践。此外，这一理论也强调了旅游业与当地社区合作的重要性，因为当地社区的福祉和生活方式常常与生态系统的健康密切相关。通过应用生态系统服务理论，旅游业不仅能够为游客提供独特且丰富的自然体验，还能够帮助保护和维持生态系统的健康和多样性，从而确保旅游目的地的长期吸引力和可持续发展。这种方法鼓励旅游业采取更加负责任和可持续的方式，以确保自然资源的长期可利用性，为当地社区和环境带来积极的影响。

第二节　乡村旅游的概念与类型

在当今快节奏的现代生活中，人们对于逃离都市的喧嚣、寻求心灵宁静的渴望日益增强。乡村旅游，作为回应这种需求的旅游方式，近年来逐渐成为旅游业的一个重要分支。它不仅提供了一种全新的旅游体验，更代表着对传统生活方式的探索和对自然美景的向往。

一、乡村旅游的概念

乡村旅游是以具有乡村性的农业文化景观、农业生态环境、农事生产活动以及传统的民族习俗为旅游吸引物，在传统农村观光游和农业休闲游的基础上，满足旅游者观光、休闲、求知和回归自然等需求的旅游活动。[①]乡村旅游的核心在于向游客提供一个机会，去体验和探索乡村地区的自然环境、文化、生活方式和传统活动。这种旅游方式不仅为游客提供了一种逃离城市喧嚣、回归自然和俭朴生活的体验，而且对于乡村地区的经济和文化发展具有重要的意义。乡村旅游通常指游客前往乡村地区，以体验当地的自然风光、农业生活、文化和传统为主要目的的活动。这种旅游形式特别强调在自然环境中的活动，包括徒步、骑行、野餐、农作体验等，以及深入了解当地文化和生活方式，如参与当地的节庆活动、品尝地方美食、学习传统手工艺等。乡村旅游的显著特点是其对自然和文化的强调。这种旅游方式为游客提供了与自然亲密接触的机会，让他们能够在乡村地区的自然风光中找到心灵的宁静。乡村旅游还重视对当地文化的体验，游客可以通过直接与当地居民交流，深入了解乡村社区的日常生活和传统习俗。

随着城市化的快速发展和现代生活节奏的加快，人们越来越渴望寻找一种回归自然、体验宁静生活的方式。乡村旅游正是在这样的背景下应运而生，它提供了一种远离城市喧嚣、亲近自然和体验传统生活方式的旅游选择。此外，随着人们对可持续生活的向往和生态保护意识的增强，乡村旅游也被看作一种环境友好和可持续的旅游方式。乡村旅游的发展对乡村地区的社会和经济发展具有重要意义。它不仅为乡村地区带来了新的经济收入来源，促进了当地的就业和经济发展，还有助于当地文化和传统的保护和传承。通过吸引游客，乡村地区能够展示其独特的

---

① 胡林龙．创意旅游学 [M]．北京：中国旅游出版社，2019：35.

文化和自然资源，增强当地居民对本地文化的自豪感，并激发他们保护自然环境和文化遗产的意识。

二、乡村旅游的主要类型

乡村旅游的类型多样，各具特色，为游客提供了广泛的选择。不同类型的乡村旅游满足了游客对自然、文化、农业体验和休闲娱乐的不同需求。乡村旅游的主要类型如图 2-4 所示。

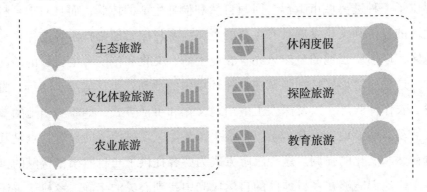

图 2-4 乡村旅游的主要类型

（一）生态旅游

生态旅游指在一定的自然环境中有责任的旅游行为，其旅游观光的目的为亲近自然，了解当地历史文化和现存的自然文化景观。[①]生态旅游是乡村旅游中一种专注于自然环境和生态系统的探索与体验的形式。它不仅允许游客亲近自然，也强调生态保护和环境教育的重要性。生态旅游的核心在于可持续性和对环境的最小影响，它鼓励游客在享受自然之

---

① 曹福存,王爱莉,高家骥. 仿生设计与科技(第一届仿生设计与科技学术研讨会论文集)[M]. 北京：北京理工大学出版社,2021：227.

美的同时加深对生态系统重要性的认识和保护自然环境的意识。

在生态旅游中，游客有机会深入到乡村地区的自然景观中，体验原始森林、湿地、山脉、河流的自然美。这些活动可能包括徒步穿越自然小径、观察野生动植物、参加生态研究团队的活动，或是在专业生态向导的带领下进行自然景观的探险。通过这些活动，游客不仅能够欣赏到自然界的奇妙景观，还能学习到有关旅游目的地生态系统的知识，如动植物的生态习性、生态系统的运作方式以及环境保护的重要性。生态旅游的另一个重要方面是对当地社区的积极影响。通过参与生态旅游，游客直接支持了当地的经济发展和环境保护工作。当地社区通过提供向导服务、住宿和其他旅游相关服务，不仅创造了经济收入，也有机会向游客和公众强调生态保护的重要性。生态旅游还强调对自然资源的可持续利用。这意味着在开发和管理旅游活动时，需要考虑到人对自然环境的长期影响，并采取措施减少负面影响，如限制游客人数、使用环保材料和技术，以及推广环境友好的旅游实践。

（二）文化体验旅游

文化体验旅游是一种让游客深入了解和体验乡村地区独特文化和历史的旅游方式。它不仅是一种简单的观光活动，更是一种文化交流和学习的过程。文化体验旅游使游客有机会亲身参与到当地的文化活动中，了解乡村地区的历史、艺术、传统和生活方式。文化旅游是旅游者以环境为舞台，以旅游吸引物、旅游设施、旅游服务和旅游商品为道具，获得情感满足的过程。[1]

在文化体验旅游中，游客可以参观历史悠久的遗迹和纪念地，学习当地的历史故事和文化背景。游客可以参观古老的村庄、教堂或寺庙，了解它们的历史意义和建筑特点。此外，参与当地的节庆活动和仪式是

---

[1] 楼嘉军，李丽梅，孙晓东. 中国城市休闲化发展研究报告（2014）[M]. 上海：上海交通大学出版社，2015：221.

文化体验旅游的重要组成部分。通过参加这些活动，游客不仅能够欣赏到传统的音乐、舞蹈和戏剧表演，还能了解当地的风俗习惯和文化价值观。学习传统手工艺是文化体验旅游的一个重要方面。游客可以参与制作传统工艺品，如陶瓷制作、编织、木雕或传统烹饪等，这不仅使他们能够亲手体验传统工艺，还能理解这些工艺在当地文化中的意义。文化体验旅游还包括与当地居民的直接交流。通过与当地居民的对话和交往，游客可以从居民的视角深入了解乡村社区的日常生活和社会结构。这种交流不仅丰富了游客的旅行体验，也促进了不同文化之间的理解和尊重。

（三）农业旅游

农业旅游指以古朴、原始、自然的乡野风光及独特的农业文化景观、农业生态环境、农业生产活动以及传统的民族习俗为基础所开展的旅游活动，主要形式有农业观光、农产品采摘、乡村度假等。①农业旅游中游客可以直接参与农业生产过程，体验乡村的农耕文化和生活方式。这种类型的乡村旅游让游客走进农田，体验从种植到收获的过程，了解食物来源，增进对农业和农村生活的理解和尊重。

农业旅游的活动范围广泛，包括参与农作物的种植、收割和加工，体验传统的农耕方法，参与农产品的采摘，如水果和蔬菜的采摘，以及参观农场和乡村集市。在这些活动中，游客不仅能够体验到农耕劳动的乐趣，也能学习到有关农业生产的知识，如作物的生长周期、农业生态系统的运作方式以及可持续农业的重要性。农业旅游还为游客提供了品尝和购买当地农产品的机会，如新鲜的水果和蔬菜、手工制作的奶酪等。这不仅使游客能够享受到新鲜健康的食物，也支持了当地居民和农业企业。农业旅游的一个重要方面是它对乡村地区的经济和社会发展产生了积极影响。它为当地居民提供了新的收入来源，并促进了乡村地区的经济发展。农业旅游也有助于传承农村文化和传统，增强游客和当地居民

---

① 吴国清 . 旅游地理学 [M]. 福州：福建人民出版社，2007：89.

对农业和乡村生活的尊重和理解。

（四）休闲度假

休闲度假是乡村旅游的另一种重要形式，强调在乡村地区的宁静和舒适环境中放松身心。这种旅游方式特别适合那些寻求远离城市喧嚣、享受宁静生活的游客。休闲度假通常包括住宿在乡村民宿、享受当地美食、参加轻松的户外活动（如徒步、骑行或钓鱼）。在乡村民宿中，游客可以体验到与当地居民的直接互动，享受家庭式的款待和舒适的住宿环境。这些民宿通常位于风景如画的乡村地区，提供远离城市噪声和污染的安静环境。乡村地区的自然环境为休闲度假提供了完美的背景。游客可以在乡村的山脉、湖泊和森林中进行徒步旅行，享受自然美景和清新空气。对于那些热爱户外活动的人来说，这些自然资源提供了无限的探索和享受的机会。

休闲度假不仅为游客提供了放松身心的机会，也为乡村地区的经济发展带来了益处。通过吸引游客，乡村地区的住宿、餐饮和娱乐服务得到了发展，为当地居民提供了新的收入来源。

（五）探险旅游

探险旅游是一种充满活力和刺激的乡村旅游形式，它为游客提供在自然环境中进行冒险和探索的机会。这种旅游类型特别适合那些寻求刺激和挑战的游客，通常包括各种户外活动，如徒步穿越、山地骑行、漂流、攀岩或者野营等。在乡村地区进行的探险旅游使游客能够深入自然景观，探索未被开发的地区。这种旅游体验不仅考验游客的体力和耐力，也为他们提供了与自然直接互动的机会。游客可以在专业向导的带领下进行山地徒步，沿途欣赏壮丽的山脉风光，或者在漂流中体验速度与激流带来的刺激。探险旅游不仅提供了娱乐和刺激，也使游客有机会学习生存技能，如露营技巧、导航和急救知识。这种旅游方式强调与自然的直接接触和对环境的尊重，让游客在探险的同时增强对自然环境的保护意识。

（六）教育旅游

教育旅游是一种结合了旅游体验和学习机会的乡村旅游形式。这种旅游方式不仅为游客提供了休闲和娱乐的机会，也使他们能够学习和获得新知识。教育旅游的内容可以涉及多个领域，包括历史、文化、艺术、农业和环境科学等。在乡村地区的教育旅游中，游客有机会参加由专业人士或当地居民主导的工作坊、研讨会和互动讲座。游客可以参与有关当地历史的讲座，了解乡村地区的历史背景和重要事件；参加环境保护工作坊，学习有关生态系统和环境保护的知识。教育旅游还为年轻游客和学生提供了宝贵的学习机会。通过参与实地考察和互动体验，他们不仅能够增长知识，还能够增强对学习内容的兴趣。这种旅游方式鼓励游客主动探索和学习，从而获得比传统教育更为丰富和动态的学习体验。

第三节　乡村旅游的发展历程

无论在国外还是在国内，乡村旅游都经历了从简单的休闲活动到多元化、专业化发展的过程。随着社会的发展和人们对生活质量要求的提高，乡村旅游将继续发展和演变，成为旅游业的重要组成部分。

一、国外乡村旅游的发展历程

国外的乡村旅游起步较早，发展比较成熟，其发展演变过程整体可以划分为萌芽阶段、快速发展阶段和成熟阶段（图2-5）。

图 2-5 　国外乡村旅游的发展历程

（一）萌芽阶段

乡村旅游的萌芽阶段标志着人们开始追求从都市生活中解脱出来，探索宁静、自然的生活方式。这一阶段的乡村旅游虽然相对简单，但为后续乡村旅游的多样化发展奠定了基础，也反映了社会经济和文化背景对旅游业发展的影响。这一阶段可追溯至 19 世纪末至 20 世纪初期，其间的社会经济和文化变迁为乡村旅游的出现和发展奠定了基础。

在这个阶段，随着工业革命的推进，欧洲和北美的城市化迅速发展。城市生活带来的压力和快节奏，使得人们开始渴望逃离喧嚣，寻找一种回归自然和宁静的生活方式。乡村旅游应运而生，最初主要受到上层社会和中产阶级的青睐。这些群体开始寻求乡村地区的自然风光和宁静生活，作为一种对城市生活的补充和平衡。在 19 世纪末到 20 世纪初的欧洲，乡村旅游开始作为一种时尚潮流出现。英国的乡绅阶层尤其喜爱前往苏格兰的高地、湖区或者法国的乡村地区度假。这些地区以其优美的自然风光和质朴的乡村生活吸引着游客。当时的乡村旅游主要包括打猎、骑马、野餐、徒步旅行等活动，也包括对乡村庄园的访问和体验当地的文化生活。随着铁路和公路网的发展，更多的人开始有机会访问乡村地区，乡村旅游逐渐从上层社会扩展到更广泛的人群。例如，法国的乡村旅游在 20 世纪初期开始流行，游客不仅来自法国本土，还包括来自英国和欧洲其他国家的游客。他们被法国乡村的葡萄园、古老村庄和地道美食所吸引。乡村旅游的发展对于促进其农产品直销、保护文化遗产、调节农业季节性收入等都发挥出重要作用。①文化体验也是这一时期乡村旅游的重要组成部分。游客对乡村地区的历史遗迹、艺术和手工艺表现出浓厚兴趣。在英国，许多历史悠久的乡村教堂、城堡和庄园成为旅游热点。在意大利，托斯卡纳等地的古老乡村吸引着游客探索其丰富的艺术、文化遗产。

（二）快速发展阶段

乡村旅游的快速发展阶段标志着这一旅游形式的广泛普及和多样化演进。这一阶段大致始于 20 世纪中叶，伴随着经济的增长、交通的便利化，以及休闲文化的发展。

20 世纪中叶，特别是在第二次世界大战后，全球范围内的经济开始迅速恢复和增长。人们的收入水平提高，休闲时间也随之增加，这为乡村旅游的发展提供了重要条件。随着生活水平的提升，人们开始寻求多样化的休闲活动，乡村旅游成了一个吸引人的选择。交通技术的进步尤其是汽车的普及和公路网的扩展，极大地促进了乡村旅游的发展。便捷的交通使得远离城市的乡村地区更容易到达，为更广泛的人群提供了探索乡村地区的机会。在这一阶段，乡村旅游开始呈现出多样化的趋势。除了传统的休闲和探险活动，如徒步、骑行和钓鱼外，文化体验、农业体验和生态旅游等新形式也开始兴起。例如，欧洲的葡萄酒之旅、北美的生态旅游、澳大利亚的农场体验等成为流行的乡村旅游活动。在这一时期，许多乡村地区开始意识到旅游业对于当地经济发展的潜在贡献。乡村社区开始主动参与到旅游业的发展中，提供各种服务和活动以吸引游客，包括改善基础设施、建设特色住宿设施（如民宿和农家乐）、发展当地特色活动（如农业体验和手工艺展示）等。

随着国际旅游市场的扩展，乡村旅游也开始吸引更多国际游客。不

---

① 祝捷，黄佩佩，蔡雪雄 . 法国、日本农村产业融合发展的启示与借鉴 [J]. 亚太经济，2017(5)：110-114.

同国家和地区的乡村旅游开始互相借鉴，国际游客对不同文化和生活方式的探索需求推动了乡村旅游的国际化和多元化。

（三）成熟阶段

进入 21 世纪，乡村旅游进入成熟阶段，这一阶段标志着乡村旅游的全面发展和专业化。在这一时期，乡村旅游不仅在数量上增长迅速，而且在质量、多样性和可持续性方面都取得了显著进步。

成熟阶段的乡村旅游强调可持续性和对环境的尊重。随着全球对生态保护和可持续发展的关注增加，乡村旅游开始更多地关注其对自然环境和当地社区的影响。这一时期，生态旅游、绿色旅游和负责任的旅游成为行业的热门话题。旅游项目和活动的设计更加注重最小化对自然环境的干扰，促进当地经济和文化的发展。在乡村旅游的成熟阶段，对当地文化和历史进行深入挖掘成为一种趋势。旅游者不再满足于仅仅观光，更希望通过互动体验、文化交流和学习来深入了解乡村地区的文化和历史，包括参与当地的节庆活动、体验传统手工艺、品尝地方美食以及了解乡村的历史故事。

随着乡村旅游市场的成熟，旅游产品和服务更加多元化和定制化。乡村旅游不再局限于统一的套餐，而是提供更多个性化和定制化的选项，以满足不同游客的需求和兴趣，包括专门针对家庭、探险爱好者或文化爱好者的定制旅行，以及更多关注个人体验和感受的小团体旅行。在成熟阶段，信息技术的运用显著改变了乡村旅游的市场和运营方式。互联网和社交媒体的广泛应用使得乡村旅游目的地和产品更容易被游客发现和预订。在线平台和移动应用程序成为宣传乡村旅游、吸引游客和提供服务的重要工具。

二、国内乡村旅游的发展历程

国内的乡村旅游起步相对较晚，其发展历程可以大致分为以下几个阶段（图 2-6）。

初创阶段　　全面发展阶段　　可持续发展阶段

图 2-6　国内乡村旅游的发展历程

（一）初创阶段

初创阶段为 20 世纪 80 年代末到 20 世纪 90 年代中期这一阶段。20 世纪 80 年代末期，随着改革开放政策的深入实施，我国社会经济结构发生了显著变化。这一时期，我国经济快速增长，城市化进程加速，伴随而来的是人们生活水平的提升和对休闲旅游需求的增长。在这种背景下，乡村旅游应运而生，成为满足城市居民对于逃离城市、亲近自然的需求的新选择。

初创阶段的乡村旅游主要以农家乐的形式出现，它提供了一个平台，让城市居民可以直接接触乡村生活和自然环境。农家乐通常包括在农村地区的家庭式接待，提供简单的住宿和餐饮服务。游客可以体验农耕活动，如采摘水果、喂养家禽、参与农作等，这些活动不仅丰富了城市居民的休闲生活，也加深了他们对传统农村文化的理解。初创阶段的乡村旅游对农村地区产生了显著的经济和社会影响。首先，它为农村地区带来了新的收入来源，改善了当地居民的经济条件。农家乐等旅游活动的兴起，为当地居民提供了除农业之外的收入渠道。其次，乡村旅游的发展促进了农村地区基础设施的改善，提高了当地居民的生活质量。

（二）全面发展阶段

全面发展阶段为 20 世纪 90 年代中期至 21 世纪初期。这一时期，中国经济持续快速增长，人民生活水平显著提高，休闲旅游需求日益增长。随着对外开放政策的深入实施，中国旅游市场逐步开放，国内外旅游交流与合作日益频繁。这一时期，中国乡村旅游的产品和服务显著多元化。除了传统的农家乐活动，各种新型的乡村旅游形式应运而生，包括以生态观光、民俗体验、农事活动、乡村度假为特色的旅游产品。各地根据自身的地理、文化和历史特点，开发了一系列具有地方特色的乡村旅游产品，吸引了大量游客。随着市场需求的增长和行业竞争的加剧，乡村旅游的专业化和标准化成为这一阶段的重要特征。旅游从业者开始注重提升服务质量，完善旅游设施，优化游客体验。政府部门也加强了对乡村旅游的监管和指导，制定了相关标准和政策，以推动行业健康有序发展。

全面发展阶段的中国乡村旅游市场不断扩大。乡村旅游成为国外游客了解中国传统文化和自然风光的重要窗口。许多乡村地区凭借其独特的自然景观、丰富的文化资源、历史遗迹等成为热门旅游目的地。国际游客对中国乡村旅游的兴趣逐渐增加，国际交流与合作日益频繁。这一时期的乡村旅游活动更加丰富和有趣，游客不仅可以体验传统的农耕生活，还可以参与各种节庆活动、文化工作坊、生态教育项目等。这些活动不仅丰富了游客的旅游体验，也促进了当地文化和生态环境的发展。

（三）可持续发展阶段

进入 21 世纪，中国乡村旅游进入可持续发展阶段。这一阶段的背景是全球化的推进和环境意识的提升，以及对可持续发展目标的重视。在这一时期，乡村旅游不仅是经济发展的动力，更是文化传承和生态保护的重要途径。

可持续发展阶段的乡村旅游强调环境保护、社会责任和经济效益的平衡。旅游项目的设计和实施更加注重最小化对自然环境的影响，促进当地社区的经济和社会发展。生态旅游、绿色旅游和负责任的旅游成为

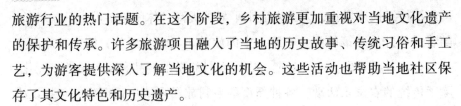

旅游行业的热门话题。在这个阶段，乡村旅游更加重视对当地文化遗产的保护和传承。许多旅游项目融入了当地的历史故事、传统习俗和手工艺，为游客提供深入了解当地文化的机会。这些活动也帮助当地社区保存了其文化特色和历史遗产。

社区的积极参与成为可持续发展阶段的一大特点。乡村旅游项目多由当地社区推动，让当地居民直接受益，增强了社区居民对旅游项目的归属感和参与度。社区参与不仅提升了旅游体验的真实性和多样性，也促进了当地居民的经济赋能。随着生态环境保护意识的增强，乡村旅游更加注重环境的可持续性。许多乡村旅游地区采取了生态友好型的发展策略，如使用可再生能源、推广环保活动和建立生态保护区域。这些措施旨在确保旅游活动不破坏当地的自然环境和生物多样性。在这一阶段，科技和创新在乡村旅游的发展中扮演了重要角色。数字化、互联网和社交媒体等技术被广泛应用于旅游营销、服务提供和游客体验的提升。这些技术的应用不仅提高了旅游的便捷性和效率，也开辟了新的市场机会。

本章小结

本章阐述了乡村旅游的概念、类型及其与旅游产业的关系。探讨了乡村旅游发展的历史脉络和旅游产业的理论基础，揭示了乡村旅游在促进地方经济发展方面的作用。

第三章　乡村文化的要素分析

第一节　乡村聚落文化

乡村聚落文化是乡村文化的一个重要的组成部分，包含一系列与乡村社区的历史、建筑、生活方式以及社会结构相关的元素。

一、传统乡村聚落历史演变和文化传承

传统乡村聚落在历史的长河中承载着深厚的文化价值和丰富的传统知识。它们不仅是乡村生活的物理空间，更是文化和历史传承的见证者。

乡村聚落的历史演变是一个复杂的过程，它深受地理、气候、经济活动和社会结构的影响。从最初的自给自足的农业社区到后来的商业和文化交流中心，乡村聚落反映了人类适应自然环境和社会需求的智慧。这些聚落的发展和变迁，揭示了农业技术的进步、社会组织的演变及文化交流的历史。在不同的历史时期，乡村聚落的功能和重要性也随之变化。在某些时期，它们可能是地区政治和经济活动的中心；在某些时期，则可能成为文化和宗教活动的聚焦点。这些变化不仅展示了乡村社区的适应性和弹性，也反映了其更广泛的社会和文化背景。

乡村聚落作为文化传承的载体，其重要性不可低估。在这些聚落中，世代相传的习俗、节庆、艺术形式和手工艺不仅是文化身份的标志，也是社区凝聚力的重要来源。传统的节庆活动、民间艺术、手工艺技能和口头传统等，都是乡村文化的重要组成部分。这些文化元素在日常生活中自然地传承下来。农耕仪式和节庆活动不仅是对自然周期的庆祝，也是社区成员之间共享文化遗产的途径。手工艺，如编织、陶瓷制作和木工，不仅是经济生产活动，也是文化和艺术的表达。

在传统乡村聚落中，历史与现代的融合体现了文化传承的连续性。虽然受到现代生活方式的影响，许多乡村聚落仍然努力保持其传统特色和文化实践。这种融合不仅体现在物质文化层面，如建筑风格的保护和改造，也体现在非物质文化层面，如对传统节庆和习俗的现代诠释。

二、乡村聚落的文化内涵

乡村聚落不仅仅是物理空间的聚集，还承载着丰富的文化内涵和深刻的生活哲学（图 3-1）。

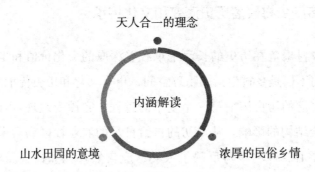

图 3-1　乡村聚落的文化内涵解读

（一）天人合一的理念

天人合一的理念在传统乡村聚落中找到了其最鲜活和深刻的表达。这一理念不仅是中国古代哲学的核心观念，也是许多传统农耕社会对待自然的基本态度。在这种理念指导下，乡村聚落和自然环境之间形成了一种和谐共生的关系。

在传统乡村聚落的设计和规划中，天人合一的理念体现得淋漓尽致。聚落的布局充分考虑到地形、水源和气候条件，旨在创造一种与自然环境和谐相处的生活方式。建筑采用当地材料，如土、木和石，不仅体现了对自然资源的尊重，还体现了与周围环境的和谐融合。农田和住宅区的布局也体现了对土地的深刻理解和合理利用，确保了农业活动与自然环境的平衡。乡村聚落中的农耕实践反映了深厚的生态智慧。这种智慧基于对自然规律的深入理解和尊重，主张循环利用和生态平衡。传统的农耕体系往往采用轮作和混作，以维持土壤肥力和生态多样性。水土保持技术如梯田耕作，不仅防止了水土流失，还创造了独特的景观。此外，传统农耕中还常见对生物多样性的保护，如保留自然草地和树篱，为野生动植物提供栖息地，这也是生物多样性保护的早期实践。

在现代社会背景下，天人合一的理念对于指导可持续发展具有重要意义。随着环境问题日益严峻，这一古老的理念提供了一种新的视角来审视人与自然的关系。传统乡村聚落的生活方式和实践为现代社会提供了借鉴，尤其是在生态保护、资源循环利用和可持续农业方面。通过学习和借鉴这些传统智慧，现代社会可以探索出更加和谐与自然共存的道路。

（二）山水田园的意境

山水田园的意境不仅仅是一种视觉美的体现，更是一种文化和精神价值的表达。它在乡村聚落文化中占据重要地位，不仅因为它的自然美，还因为它所蕴含的深远意义和价值观。在当代社会，这种意境依然具有重要的启示作用，提醒人们珍惜自然、追求和谐，以及探索可持续的生活方式。

山水田园意境在乡村聚落中的体现不仅仅局限于自然景观的美学欣

赏，还更深层次地反映了对和谐、平静生活方式的追求和理想化表达。这种意境通常描绘了人与自然和谐共处的场景，如静谧的小溪、郁郁葱葱的山林、丰收的农田和简朴的农舍。这些景象不仅是对自然之美的赞美，也象征着一种远离喧嚣、回归本真的生活态度。这样的态度在乡村聚落中这种与自然和谐相融的生活方式得到了充分的体现。农耕文化中的循环节奏、对季节变化的敏感度以及对自然资源的珍惜和尊重，都是山水田园意境的现实写照，展示了一种深刻的生态智慧和对自然规律的尊重。山水田园的意境在中国传统艺术中占据了重要地位，尤其是在绘画、诗歌和音乐中，许多古代诗人和画家从乡村生活和自然景观中汲取灵感，创作出大量反映田园生活之美的作品。这些作品不仅展示了艺术家对自然之美的敏锐感知和深刻理解，也体现了他们对简朴、平和的生活方式的向往。这种意境的艺术表达，通常富含深层次的文化和哲学意义。它们反映了人们对和谐社会的渴望，对天人合一哲学的认同，以及对生活本质的深刻思考。在现代社会，这种艺术表现形式继续影响着人们的审美观念和生活态度，激发人们对美好生活的追求和对自然的敬畏。

（三）浓厚的民俗乡情

浓厚的民俗乡情是乡村聚落文化不可或缺的一部分。它不仅反映了乡村社区的传统和历史，也是社区凝聚力和身份认同的重要来源。通过保护和传承这些民俗习惯，乡村聚落能够维护其文化独特性，同时使其社区成员产生归属感和文化自豪感。

乡村节庆和习俗是乡村聚落文化传承的重要载体。这些活动不仅是社区成员共享欢乐和庆祝的时刻，也是重要的文化实践，通过这些活动，历史故事、传统知识和社区价值观得以代代相传。传统的农历节庆如春节、中秋节等，不仅是家庭团聚的时刻，也是展示传统手工艺、烹饪技艺和民间艺术的机会。这些节庆和习俗通过仪式、民间艺术和集体活动的形式，展示了乡村文化的丰富性和多样性。乡村聚落中的民俗活动是社区精神和身份认同的重要表现。这些活动通常强调社区成员之间的合作、互助和共享。在农忙季节，邻里之间互相帮助完成农作是常见的习俗。在节庆和特殊事件（如婚礼、丧事）中，社区成员会聚集一起，共同参与和支持。这种社区精神不仅维系了社区的内部凝聚力，也强化了居民对本地文化和社区的认同感。在现代社会中，许多传统乡村聚落努力保持和传承这些民俗习惯，使其与现代生活方式相结合。这些努力不仅有助于保护和活化传统文化，也让更多的人能够欣赏和理解这些独特的文化遗产。这种结合为社区带来了新的活力，使得乡村文化在现代社会中继续发挥其重要作用。

三、社区传统与乡村聚落的社会结构

社区传统与乡村聚落的社会结构是理解乡村文化的关键，它们在促进文化传承和维护社区凝聚力方面发挥着至关重要的作用。

在传统乡村聚落中，家族成员之间紧密的联系和共同的文化背景形成了一种独特的社区凝聚力。这种紧密关系不仅体现在日常生活中，也在社区的治理结构中占据重要地位。家族长辈在解决纠纷、组织社区活动甚至在传承文化方面都扮演着中心角色。此外，传统的家族会议和长者会议等，往往基于家族关系和传统权威，保证了社区决策的有效性和文化价值的延续。乡村聚落的传统习俗和节庆活动不仅是社交和庆祝的场合，也是传递和维护历史、文化和社区价值观的重要平台。例如，春节、丰收节和其他传统节日不仅提供了社区成员相聚的机会，也是展示和传授给下一代乡村文化和历史的重要时刻。此外，婚礼、丧葬和其他仪式也是社区成员共同体验和维系文化传统的重要活动。旅游业的发展为乡村社区带来了新的经济来源和外部交流的机会，促进了文化的传播和交流。这种外部影响为乡村聚落的传统社会结构和文化习俗带来了变革的压力。在这种情况下，社区需要找到一种平衡，在保护和传承其独

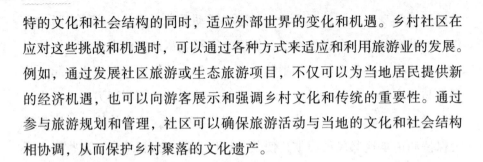

特的文化和社会结构的同时，适应外部世界的变化和机遇。乡村社区在应对这些挑战和机遇时，可以通过各种方式来适应和利用旅游业的发展。例如，通过发展社区旅游或生态旅游项目，不仅可以为当地居民提供新的经济机遇，也可以向游客展示和强调乡村文化和传统的重要性。通过参与旅游规划和管理，社区可以确保旅游活动与当地的文化和社会结构相协调，从而保护乡村聚落的文化遗产。

四、传统乡村聚落的生态与环境智慧

传统乡村聚落的生态与环境智慧是其文化传承的重要组成部分。这些智慧不仅是过去生存方式的体现，也是未来可持续发展道路上的重要指引。通过理解和借鉴这些智慧，可以更好地保护环境，为乡村旅游业的发展提供新的视角和方向。

传统乡村聚落的生态与环境智慧深植于其历史与文化中，是乡村社区长期与自然环境和谐共生的生动证明。乡村聚落生态环境智慧不仅体现在农业实践和资源利用上，也在环境保护的方法和现代应用中显现其深远的影响。在乡村聚落的农业实践中，传统农耕方法如轮作、混作和天然施肥等，不仅优化了土地的使用，还增强了生态系统的可持续性。例如，轮作可以防止土地的过度耕作和养分流失，而混作则利用不同作物间的相互作用，增加生物多样性，降低病虫害的风险。这些方法体现了乡村社区对生态系统功能的深刻理解，以及努力维持自然资源平衡的实践智慧。乡村聚落对水资源的管理展示了对自然资源的尊重与高效利用。传统的水利系统，如灌溉渠道、水坝和水塘，不仅提高了农业生产的效率，还有助于保护和恢复自然水体。这些系统的设计充分考虑了地形、气候和水流模式，确保了水资源的可持续利用。乡村聚落的传统建筑方法同样体现了对环境的尊重和适应。使用本地材料，如土、木和石，不仅降低了对环境的影响，还保证了建筑与周围环境的和谐统一。这些

56

建筑的设计通常考虑到了自然光、通风和温度调节，减少了对能源的依赖，同时提高了居住的舒适性。在垃圾处理和废物循环利用方面，乡村社区的传统方法是环境保护的早期实践。通过堆肥、废物再利用和节约资源的方式，乡村聚落减少了环境的负担。这些实践不仅减少了废物的产生，也促进了资源的有效循环利用。乡村聚落中的这些生态与环境智慧在现代环境保护中找到了新的应用场景。传统的农耕方法与有机农业和可持续农业实践相结合，为现代农业提供了可行的替代方案。同样，传统的水资源管理和建筑设计方法也为现代城市规划和建筑设计提供了重要的参考。在面对全球环境问题的挑战时，这些传统智慧为我们提供了与自然和谐共生的启示和方向。

第二节　乡村民俗文化

乡村民俗文化不仅是对过去生活方式的回忆和纪念，更是现代社会与传统根源之间桥梁的重要组成部分。它包括从物质文化到精神文化的广泛领域，涵盖手工艺品、民间艺术、传统习俗和社会组织等多个方面。

一、乡村民俗文化的构成要素

乡村民俗文化的构成要素如图 3-2 所示。

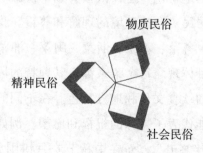

图 3-2　乡村民俗文化的构成要素

（一）物质民俗

物质民俗在保持乡村传统、支撑日常生活和塑造社区文化特色方面有重要作用。具体来说，物质民俗主要包括服饰民俗、饮食民俗、民间艺术与手工艺、传统农具与生产工具等。

服饰民俗不仅反映了一个地区的文化特色和历史，还体现了社会结构和价值观。乡村服饰的设计往往富含深厚的文化内涵。图案、颜色和样式不仅仅是美学选择，还可能象征着特定的历史故事、地区信仰或社会身份。某些图案可能代表了当地的自然景观，如山脉、河流，或是重要的文化符号和图腾。传统服饰的制作工艺，如手工织造、染色技术和刺绣，通常是世代相传的技艺。这些技艺不仅体现了匠人的技术水平，还承载着地区的文化传统和创造力。在特定的节日或仪式中，传统服饰往往扮演重要角色。例如，婚礼、宗教节日或丰收庆典中的特殊服饰，不仅为活动增添隆重和庆祝的氛围，还可能具有祈福或纪念的意义。

饮食民俗往往与地方的自然环境、历史背景和社会组织紧密相连，形成了一种独特的文化表达方式。乡村饮食民俗深刻地体现了乡村居民与自然环境的互动关系。在许多乡村地区，食物的来源直接依赖于当地的自然资源，如农作物、畜牧产品和野生食材。因此，饮食习惯通常与乡村社区的地理位置、气候条件和季节变化密切相关。比如，在沿海地区乡村社区，海鲜成为饮食的重要组成部分，而在山区乡村，野生菌和山药等则可能成为当地特色。这种依赖关系不仅影响了食物的种类和风味，还塑造了乡村居民对自然环境的理解和尊重。我们耳熟能详的八大菜系（鲁菜、川菜、粤菜、苏菜、浙菜、闽菜、湘菜、徽菜）便是不同地区饮食民俗的一种体现。每个菜系都有其独特的风味和烹饪方法，反映了我国各地丰富的饮食文化和地方特色。在不同的节日和仪式中，特定的食物和菜肴可能代表了特殊的祝福和愿望。例如，在春节期间食用的年糕象征着"年年高升"，而在中秋节吃月饼则象征着团圆和丰收。这些食物不仅给人带来味觉的享受，更是文化和情感的传达。

乡村地区的传统手工艺品种类繁多，有编织、陶艺、木工、金属工艺等。这些手工艺品不仅展现了工匠的技艺和创造力，还反映了当地的自然资源和文化传统。传统手工艺的技能通常是世代相传的，它们不仅仅是一种生产技术，更是一种文化和历史的传承。例如，陶艺工艺中的烧制技术和图案设计，体现了地区特有的文化特色和工艺水平。民间艺术如绘画、雕塑、民间剧目等在乡村文化中占有重要地位。这些艺术形式通常与当地的历史传说、宗教信仰和社会生活紧密相关。这些民间艺术不仅是审美的体现，还具有教育、纪念和社会评论的功能。例如，一些民间绘画和雕塑作品常用于表达社区的共同记忆、道德观念或对历史事件的反思。

传统农具与生产工具不仅是农业生产的基本工具，更是乡村生活方式、技术智慧和文化传统的具体体现。在乡村社区中，这些工具经历了数代人的使用和传承，每一件都蕴含着丰富的历史和文化意义。传统农具的设计和制作反映了乡村工匠对自然环境和农业生产的深刻理解。例如，犁、镰刀、耙等农具的设计不仅考虑到土壤类型、作物特性，还体现了对劳动效率和使用舒适度的追求。这些工具的制作过程常常涉及复杂的木工、铁匠技艺，每一件都是工匠技术和创造力的结晶。传统农具在乡村社区中的使用和保养也是一种文化传承。许多农具的使用方法和保养技巧是由老一辈向下一代传授的，这不仅是技能的传递，更是关于乡村生活方式和价值观的教育。在使用这些传统农具的过程中，乡村社区成员之间的合作和分享精神得以强化，加深了社区内部的联系和凝聚力。

（二）精神民俗

精神民俗主要包括民间信仰和宗教仪式、民间传说和故事、传统音乐和舞蹈、节庆和庆典习俗等。

乡村地区的民间信仰和宗教仪式往往与当地的历史、地理环境和社会结构紧密相连，反映了社区成员的世界观和价值观。例如，某些乡村社区可能有特定的守护神或祖先崇拜，这些信仰在日常生活中扮演重要角色，并在特定的宗教节日或仪式中得以体现和庆祝。民间传说和故事代代相传，富含深刻的教育意义和历史价值。这些故事和传说通常包含了道德规训、历史事件或对于自然现象的解释，是社区共有记忆的重要组成部分。在乡村社区中，这些传说和故事不仅是娱乐和教育的工具，也是传承文化和价值观的重要方式。老一辈通过讲述这些故事，将社区的历史、文化和道德观念传递给年轻一代。

乡村地区的传统音乐和舞蹈往往源于古老的传统，包含了丰富的地方特色和文化元素。在社区的日常生活和特殊节庆中，这些音乐和舞蹈发挥着重要的社交和文化作用。它们不仅是娱乐的方式，也是加强社区成员间关系和共同身份感的重要手段。乡村社区的传统节日和庆典活动通常围绕着农业周期、重要历史事件或地方传说举行，展现了社区的文化特色和社会结构。通过庆祝这些节日，社区成员不仅能够共享快乐和成就，还能够加强彼此间的联系和社区的凝聚力。这些节庆活动通常包括一系列丰富多彩的活动，如集体表演、游戏和食物分享等，既是文化的展现，也是社区团结和文化传承的重要方式。

（三）社会民俗

社会民俗是乡村文化的重要组成部分。它不仅反映了乡村社区的社会结构和文化特征，还是维护社区稳定、促进文化传承和增强社区凝聚力的关键。

家族和宗族制度是社会结构的基石。在这些社区里，家族不仅是血缘关系的体现，更是文化传承和社会规范的核心。家族成员间的互动，如共同劳作、节庆活动和家族会议，不仅加强了家族成员间血缘上的联系，也促进了文化和传统的传承。家族长辈通常承担着教育后代和传承家族历史的责任，而家族的仪式和庆典则是加强家族凝聚力和文化认同的重要途径。社会规范和习俗在乡村社区中扮演着维持社会秩序和文化一致性的角色。这些规范通常体现在日常生活的各个方面，如农事活动的安排、节日庆典的组织以及日常交往中的礼节。它们不仅是社区成员共同遵守的行为准则，也是社区文化特性的体现。一些乡村社区可能有特定的婚丧嫁娶习俗，这些习俗不仅体现了社区的文化特点，也是维持社区稳定和谐的重要手段。在社区决策和治理方面，乡村社区往往采用集体讨论达成共识的方式。这种决策模式促进了社区成员的平等和参与，有助于形成符合社区整体利益的决策。社区的领导者，如村民委员会主任或长者委员会，不仅负责协调日常事务，还在解决纠纷和推动社区发展方面发挥着关键作用。社交活动是乡村社区凝聚力的另一个重要来源。这些活动，如共同参与的节庆、社区服务项目和集体劳动，不仅加强了社区成员之间的联系，还增强了他们对社区的归属感。通过这些活动，社区成员能够共享经验、资源和欢乐，也能够共同面对挑战和困难。

二、乡村民俗文化的特点

乡村民俗文化的特点不仅体现了乡村文化的深厚历史底蕴，也展示了乡村社区在面对现代化挑战时的适应性和创新能力。了解和尊重这些特点，可以更好地促进乡村文化的保护、传承和可持续发展。乡村民俗文化的特点如图 3-3 所示。

大众性与范式性　　　传承性与拓展性　　　稳定性与变异性

图 3-3　乡村民俗文化的特点

（一）大众性与范式性

大众性与范式性意味着民俗文化不仅广泛存在于乡村社区的每个角落，而且形成了一种共享的文化模式或范式，为社区成员提供了一个共同的文化和社会行为框架。

乡村民俗文化深植于社区的日常生活中，从日常的生活习惯、节日庆典到社交活动，民俗文化的影响无处不在。它不限于某个特定的社会阶层或群体，而是普遍存在于社区的各个层面。这种普及性使得民俗文化成为乡村生活的一部分，影响着社区成员的行为方式和思维模式。民俗文化中的范式性意味着它提供了一组规范和标准，社区成员在此基础上形成共识和行为习惯。这些范式可能体现在传统的服饰穿着、节日庆典的方式或日常的礼仪习惯中。这些文化范式不仅是社区文化认同的体现，也是社区稳定、和谐的基础。大众性与范式性的结合使得乡村民俗文化能够跨越代际传播。这种传播不仅通过家庭和社区内部的互动实现，也通过社区的集体活动、节日庆典以及口头传统和故事的形式实现。这种广泛的文化传播确保了文化的连续性，也促进了新成员的文化融入。

（二）传承性与拓展性

乡村民俗文化的传承性与拓展性共同保证了它的生命力和相关性。传承性确保了乡村民俗文化连续性和社区身份的稳定，而拓展性则为乡村民俗文化的持续发展和创新提供了空间。

传承性是乡村民俗文化的基石。传统的习俗、仪式、手工艺，以及口头传统和故事等，都是从祖先那里继承下来的文化遗产。这些传统形式不仅是乡村社区历史和文化身份的载体，而且在日常生活中起着教育和社会凝聚的作用。通过传统节庆活动和家族仪式，年轻一代能够学习到社区的历史、价值观念以及社交规范。尽管乡村民俗文化深深植根于传统，但它不是僵化不变的。随着时间的推移，新的社会经验、技术进步以及外部文化的影响，都会促使这些传统文化形式发生变化和演进。

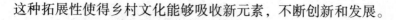

这种拓展性使得乡村文化能够吸收新元素，不断创新和发展。

（三）稳定性与变异性

乡村民俗文化的稳定性与变异性是其发展和传承过程中的两个关键方面。这种特点使得乡村文化在保持其核心价值和传统的同时能够适应时代的变化和新环境的挑战。

稳定性在乡村文化中的体现是多方面的。长期以来，乡村社区依靠一套固定的文化习惯和社会规范来维持其日常生活的秩序和社会结构。这些文化习惯和规范包括但不限于传统节庆活动、家族和社区的组织形式，以及日常生活中的各种习俗和礼仪。这种稳定性为社区成员提供了一个可预测和熟悉的环境，有助于加强社区居民的凝聚力和身份认同。固定的节庆仪式和社区聚会是社区成员共享的文化经验，它们强化了社区成员共同的历史和文化记忆。

乡村文化具有稳定性并不意味着它是静态不变的。随着时间的推移、社会环境的变化，以及新技术和思想的引入，乡村文化也展现出一定的变异性。这种变异性表现在对新情况的适应和对传统实践的创新上。随着现代通信技术的普及，许多乡村社区开始融入更广泛的社会和文化网络，导致一些传统习俗和实践发生变化。一些传统手工艺开始融合现代设计元素，传统节庆活动也吸纳新的庆祝形式和内容，以吸引年轻一代和适应现代社会的需求。

三、乡村民俗文化的传承与保护

乡村民俗文化的传承与保护需要社区成员、政府机构和文化组织的共同努力。通过综合运用教育、技术和政策工具，不仅能够保护乡村的文化遗产，还能够促进乡村文化的创新和可持续发展（图3-4）。

重视传统文化知识的传承

促进乡村文化的现代融入

提升社区参与意识

建立有效的保护机制

图 3-4 乡村民俗文化的传承与保护

（一）重视传统文化知识的传承

传统农业技术如古老的耕作方法、作物种植和收获技巧，以及天气和季节变化的观察智慧，都是乡村文化中不可或缺的部分。编织、陶瓷制作、木（篾）工和传统建筑技术等手工艺，不仅体现了工匠的技艺，也代表了乡村社区的文化特色。民间艺术，如绘画、雕刻、歌曲和舞蹈，承载着丰富的历史故事和文化传统。口头传统是社区历史和文化重要的传承方式。

在这个过程中，社区的长辈和手艺人发挥着至关重要的作用。他们是这些知识和技能的保护者和传承者。通过与年轻一代的互动，如教育活动、工作坊、社区会议和日常生活中的教导，这些知识和技能得以传递给下一代。这种传承活动不仅是技能和知识的传递，更是文化身份和传统价值观的延续。因此，重视和支持这种跨代传承对于保持乡村文化的活力和连续性至关重要。通过组织文化活动、提供学习和实践的平台，乡村社区可以有效地将宝贵的传统知识传递给年轻一代，确保其不会随时间流逝而消失。

（二）促进乡村文化的现代融入

1.利用数字媒体和互联网

利用数字媒体和互联网平台记录和宣传乡村文化是现代融入的有效

方式。通过制作文化纪录片、创建文化主题网站或社交媒体账号，可以向更广泛的受众展示乡村文化的魅力。这些平台不仅能够保护和存档珍贵的文化资料，还能够激发年轻一代对传统文化的兴趣，吸引他们参与。

2. 在现代设计中应用传统手工艺

将传统手工艺与现代设计相结合，创造出符合现代审美和具有实用性的产品和艺术作品，不仅能够为传统技艺开拓新的市场和使用场景，还能提高年轻一代对传统文化的认同感。例如，将传统织物纹理应用于现代服装设计，或者将传统陶瓷技术用于现代家居装饰。

3. 将传统乡村文化纳入教育体系

将传统乡村文化纳入教育体系，使之成为学生了解国家和民族历史的重要部分。在学校课程中设置关于本地和民族文化的内容，可以帮助年轻一代从小建立对传统文化的认识和尊重。

（三）提升社区参与意识

通过提升社区参与意识，鼓励乡村社区举办各种文化活动，如传统节庆、工艺展示和文化交流活动，吸引更多的人参与，特别是年轻人的参与。通过实践体验，可以促进人们对传统文化的理解和欣赏。

其一，提高对乡村民俗文化价值的认识至关重要。可以通过组织各种活动来实现，如文化节庆、展览、讲座和互动工作坊，这些都是让社区成员直接参与并体验本地文化的有效途径。传统节日庆典不仅是文化展示，更是社区成员共同庆祝、认识和传承文化的机会。工作坊和展览可以帮助社区成员深入了解特定的手工艺技能或历史故事，从而增强对于这些传统的理解和尊重。其二，鼓励社区成员积极参与乡村文化的保护工作非常重要。通过成立文化俱乐部、志愿者团体或社区委员会来实现。这些组织可以成为社区文化活动的策划者和组织者，让社区成员有机会直接参与到乡村民俗文化保护的各个方面。这种参与不仅使他们对本地文化有更深的认识，也加强了他们在乡村民俗文化传承中的主人翁

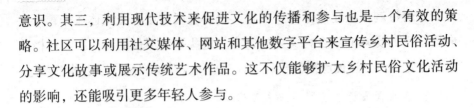

意识。其三，利用现代技术来促进文化的传播和参与也是一个有效的策略。社区可以利用社交媒体、网站和其他数字平台来宣传乡村民俗活动、分享文化故事或展示传统艺术作品。这不仅能够扩大乡村民俗文化活动的影响，还能吸引更多年轻人参与。

（四）建立有效的保护机制

建立有效的保护机制需要多方面的努力和协调。通过法律、资金支持、建立保护区以及国际合作，乡村民俗文化的保护可以得到加强，n以确保这些无形文化遗产传承后世，并在当代社会中继续发挥其独特价值。

政府制定和实施专门针对文化遗产保护的法律和政策。例如，《中华人民共和国文物保护法》《世界文化遗产保护管理办法》《中华人民共和国非物质文化遗产法》等，这些法规不仅为保护工作提供法律依据，还确立了保护文化遗产的标准和指南。设立文化遗产登记制度，对具有重要文化价值的物质和非物质文化遗产进行分类和记录。政府和私人组织提供的资金支持对于文化遗产的保护至关重要。这些资金可以用于修复和维护历史遗址、支持文化节庆活动、资助传统手工艺人的工作，以及开展关于文化遗产的教育和宣传活动。设立专门的文化遗产基金，为小型社区项目提供资助。在某些地区，建立文化保护区可以有效地保护和展示乡村文化。这些区域不仅是文化活动的中心，也是展示和体验传统生活方式的场所。文化保护区可以成为文化旅游的目的地，促进当地经济发展，保护和弘扬当地文化。通过国际组织、跨国项目和国际会议，可以交流文化保护的最佳实践，分享经验和技术，同时寻找合作伙伴和资金来源。通过教育和培训，社区成员可以更好地了解如何保护和传承自己的文化遗产。例如，开设文化遗产管理和保护的培训课程，可以提升社区成员在这一领域的能力。

第三节　乡村农耕文化

在中华文明的悠久历史中，乡村农耕文化是一颗璀璨的明珠，其历史可以追溯到几千年前。它不仅是对大自然的深刻理解，也是中国劳动人民智慧和生活方式的真实写照。这一文化体系包含了丰富的农业技术、生产方式、社会习俗以及与自然和谐共存的哲学。

一、乡村农耕文化的构成要素

乡村农耕文化的构成要素主要包括村落、农具、水利设施和田地、节气和农事活动等（图3-5）。[1]

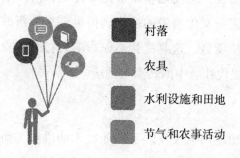

村落

农具

水利设施和田地

节气和农事活动

图3-5　乡村农耕文化的构成要素

（一）村落

村落承载着丰富的历史和文化内涵，它不仅仅是农耕活动的物理空间，更是文化传承和社区生活的舞台。传统村落通常围绕着一定的自然资源（如水源、土地等）形成特定的地理布局。这种布局反映了古人对

---

[1] 张松婷. 乡村文化传承与旅游产业创新：理论与实践 [M]. 长春：吉林大学出版社，2021：37.

自然环境的适应与利用，也展现了古人对土地的敬畏。许多村落沿着河流建立，这不仅为农业灌溉提供便利，也方便了居民的日常生活。建筑是有生命的，反映的是人文思考，乡村传统村落独特的建筑布局是最真实的历史记录和有序的文化传承，具有深厚的文化底蕴。因此，村落中的建筑风格和结构也是研究乡村农耕文化的重要窗口。传统建筑多采用当地材料，如土、木、石等，这些材料的选择和使用不仅体现了对当地环境的适应，也反映了一定的社会经济条件和技术水平。建筑的布局，如房屋的朝向、院落的设计等，往往蕴含着丰富的文化意义，如风水信仰、家族制度等。村落作为社区生活的中心，其社会结构和组织形式也是乡村农耕文化的重要组成部分。在许多传统村落中，家族和宗族关系对社会结构有着显著的影响。这种结构不仅决定了资源的分配和村民的社会地位，也影响着村民之间的互动和农耕活动的组织方式。

随着时代的发展，现代化和城市化对传统村落产生了影响。传统村落面临着人口外流、文化遗失的挑战，但也带来了新的发展机遇，如乡村旅游和文化保护项目。这些变化不仅影响着村落本身，也反映了整个乡村农耕文化在现代社会中的转型与适应。

（二）农具

农具的发展和使用不仅反映了农业技术的进步，而且深刻地影响了乡村社会的日常生活和文化传统。在传统的乡村农耕文化中，农具的种类和使用方式取决于地理环境、农作物类型以及当地的农业技术水平，这些工具从简单的手工工具，如锄头、镰刀等，发展到较为复杂的机械设备，每一次创新都是对当时农业生产力水平的直接体现。农具的设计和制造常常融入了当地的文化元素。各地区的农具上会有特定的装饰或符号，这些装饰或符号不仅具有实用性，也反映了当地的美学观念和文化信仰。在传统社会中，制作或选购新农具甚至会伴随着特定的仪式，这显示了农具在农耕文化中的重要地位。农具的使用也与当地的农耕方式密切相关。在水稻种植区，如我国的南方地区，用于耕作、插秧和收割的农具与北方主要种植小麦或玉米的地区所使用的农具有显著不同。这些工具的变化不仅反映了不同农作物种植的特点，也适应了各地的自然环境和农业条件。随着工业化和现代化的推进，传统手工制造的农具逐渐被机械化生产的工具所替代。这一变化对乡村社会的生产方式和生活方式产生了深远的影响，也对乡村文化传承提出了新的挑战。

在当前乡村文化传承与旅游业融合发展的背景下，传统农具不仅是农业生产的工具，也成为展示乡村传统文化和生活方式的重要元素。通过展示和解释这些农具的使用，可以帮助人们了解和欣赏乡村农耕文化的深层内涵。

（三）水利设施和田地

水利设施、田地的布局和管理反映了乡村居民对自然环境的适应和利用。在中国的农耕历史中，灌溉系统的建设始终是农业发展的核心。传统的水利设施，如渠道、堰坝和水车，不仅展现了古代工程技术的成就，也体现了对水资源的精细管理和高效利用。中国古代著名的都江堰水利系统，至今仍对成都平原的农业生产发挥着重要作用。水利设施、田地的管理和维护往往需要社区成员的共同参与和合作。这种合作不仅是农业生产的需要，也成了乡村社区结构和关系的重要组成部分。在许多传统社会中，共同管理水利设施和田地被视为维护社区和谐与稳定的必要途径。

水利设施和田地还与农耕文化中的许多传统习俗和仪式紧密相连。一些节日和庆典活动与农耕周期有关，如祈雨仪式、庆祝丰收等。这些习俗和仪式不仅体现了人们对自然的尊重和感激，也加强了社区成员之间的纽带。在现代化进程中，水利设施和田地的变迁也反映了乡村社会和农耕文化的适应与转型。随着新技术的引入和农业生产方式的变化，传统的水利系统和土地管理方式面临着更新和调整的挑战。这也为乡村

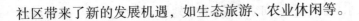

社区带来了新的发展机遇，如生态旅游、农业休闲等。

（四）节气和农事活动

中国传统农业紧密依赖于农历和二十四节气。这些节气不仅是时间的划分，更是指导农事活动的重要日历系统。每个节气都与特定的农业活动相关联，如春耕、夏种、秋收、冬藏等。这种以自然节律为基础的农事安排体现了古人对自然规律的深刻理解和尊重。在乡村社会中，节气不仅是农事活动的指南，也是社区生活和文化活动的重要组成部分。如清明节期间的寒食习俗和扫墓活动，不仅是对祖先的纪念，也标志着春耕的开始。中秋节则与秋收有关，是家庭团聚和感恩的时刻。与节气相关的农事活动也是乡村文化传承的重要途径。这些活动不仅是农业技术的传递，也是文化习俗和社会价值观的重要载体。例如，在插秧或收割的时节，村落中会举行特定的仪式或庆祝活动，这些活动加强了社区成员之间的联系和共同身份感。

二、乡村农耕文化的主要特点

乡村农耕文化的主要特点主要体现在其历史传承性、乡土民间性、地方特色与多样性等方面（图3-6）。

图3-6　乡村农耕文化的主要特点

（一）历史传承性

传统农耕技术如耕地、种植、灌溉、收割等，是由一代代农民通过实践和口头教授相传下来的。这些技术反映了对当地自然环境的深刻理解和适应，也蕴含着对农业生产经验的丰富积累。在社会组织和文化传统方面，历史传承性同样显著。乡村社区的家族结构、社会等级和角色分配，以及与农业生产相关的社会仪式和习俗，都是在漫长的历史中逐步形成和发展的。农历节气和与之相关的节庆活动，不仅指导着农事活动，也是社区成员共同庆祝和传承文化的重要场合。乡村农耕文化的历史传承性还体现在其对自然环境的尊重和可持续发展观念上。传统农耕常常强调与自然的和谐共生，如轮作休耕、有机耕种等，这些实践不仅是对自然资源的合理利用，也是对未来世代负责的体现。

（二）乡土性

农耕文化产生于乡土乡村，是在日常生活中由农民自下而上形成和发展的，乡土性不仅是对土地和自然环境的深刻理解，更是一种生活方式和社会实践的体现。乡土性体现在农耕文化的实践中，具体包括农业生产的具体技术、作物种植的方法，以及与农事相关的日常习惯。不同地区根据其气候条件和土壤特性，发展出了各自独特的耕作方式和种植模式。这些模式不仅适应当地的自然环境，也成为该地区文化的一部分。乡土性在乡村社会的组织形式中也有所体现。在许多乡村社区中，社会关系和组织结构常常是围绕着家族和宗族构建的。这种以血缘和地缘为基础的社会结构，不仅决定了资源的分配和村民的社会地位，也影响着村民之间的互动和集体活动的组织。乡土性同样体现在文化和艺术形式中。乡村地区的民间艺术，如民间音乐、舞蹈、戏剧和手工艺，都是农耕文化的重要组成部分。这些艺术形式往往与农业活动紧密相关，反映了农民对生活的认知和表达。它们不仅是文化传承的载体，也是乡村社区成员身份认同和文化自豪感的来源。乡土性还体现在乡村社区的节庆活动中。这些节庆活动通常与农业生产周期密切相关，如播种节、丰收节等。它们不仅是庆祝农业丰收的方式，也是社区成员共聚一堂、加强社会联系和文化传承的重要时刻。

（三）地方特色

乡村农耕文化的地方特色体现了我国广阔地域内不同地区独特的农业实践和文化形态。这种地方特色不仅源于地理、气候、土壤等自然条件的差异，还受到历史发展、社会结构和文化背景的影响。

地方特色首先体现在农业生产方式上。我国的不同地区，根据其自然环境和资源条件，发展出了各种不同的农作物种植模式。南方水稻种植区与北方的麦类种植区，因为气候和水源条件的差异，形成了截然不同的农耕方式。这些地方特色不仅影响了农作物的种类和产量，还影响了农业技术的发展和农作物的利用方式。地方特色还体现在农村的建筑风格、村落布局和生活习惯上。不同地区的农村建筑反映了当地的气候条件、材料资源和文化传统。比如，南方的水乡古镇与北方的院落式民居在风格上有着显著的差异。这些差异不仅是对自然环境的适应，也是历史沉淀和文化传承的体现。

地方特色还体现在乡村的节庆活动、传统习俗和民间艺术中。不同地区的节日庆典、民间故事和传说，以及地方特有的手工艺和美食，都是其独特文化的表现。这些文化形态不仅丰富了乡村生活，也成为吸引游客和促进文化旅游的亮点。

三、乡村农耕文化的生态智慧

生态智慧在乡村农耕文化中的体现，起源于古代农民对自然环境的深刻理解和尊重。传统农耕实践如轮作休耕、有机耕作和多样化种植，不仅保持了土地的肥沃和生态系统的平衡，也体现了人与自然和谐共生的智慧。这些实践不仅增加了农业生产的可持续性，还保护了生态环境，为后代留下了宝贵的生态资源。在当代社会，这种生态智慧尤为重要。乡村农耕文化中的生态智慧提供了一种可行的生态环境保护方案，即通过传统的农业实践和生活方式来实现生态平衡和可持续发展。一个典型的例子是传统的稻鱼共作模式。在这种模式中，稻田不仅用于种植水稻，还用于养殖鱼类。这种农渔结合的模式不仅提高了农业生产的效率，还有助于控制病虫害，减少化学肥料和农药的使用，不仅提高了农作物的质量，也为维护生态平衡提供了自然的方法。乡村农耕文化中的生态智慧还体现在对自然资源的合理利用和管理上。例如，传统的水利系统，如小型水坝和渠道，不仅有效地利用了水资源，还能够保护水土，防止水土流失。这些系统反映了对水资源的深刻理解和尊重，是可持续管理自然资源的典范。

乡村农耕文化的生态智慧还与当地社区的生活方式密切相关。乡村社区通常基于对自然资源的共同管理和共享，形成独特的社会组织和文化。这种以社区为基础的管理模式，不仅增强了社区成员之间的联系，还促进了资源的可持续利用和环境保护。随着现代化的发展，许多传统的农耕实践和生态智慧面临着消失的风险。一方面，现代农业技术的广泛应用，如化学肥料和农药的不当使用，影响了农业的可持续性和生态平衡。另一方面，年轻一代的外迁和对传统生活方式的疏远，也威胁到这些传统知识和实践的传承。保护和传承乡村农耕文化中的生态智慧对于实现可持续发展具有重要意义。这不仅涉及传统农业实践的保护，还包括对乡村社区生活方式的保护和支持。通过教育和宣传，可以增强公众对传统农耕文化和生态智慧的认识和尊重。通过政策支持和技术创新，可以促进这些传统实践与现代农业的融合，实现环境保护和经济发展的双赢。在乡村文化传承与旅游业融合发展的背景下，乡村农耕文化中的生态智慧也为旅游业提供了新的机遇。通过展示传统农耕实践和生态生活方式，不仅可以吸引游客，而且可以提高公众对可持续发展的认识，也为乡村社区提供了新的经济来源和发展机遇。

四、乡村农耕文化与旅游业的融合

乡村农耕文化与旅游业的融合是一个具有深远意义的主题，它不仅关乎文化的传承，也关系到乡村经济的发展和环境的可持续性发展。这种融合的实现，涉及如何将传统的农耕文化转化为旅游资源，同时确保文化的真实性和可持续发展的要求。

在当前的全球化和现代化浪潮中，传统乡村文化面临着诸多挑战，其中包括乡村农耕文化的消失和乡村地区的经济困境。正是因为这些挑战，乡村农耕文化与旅游业的融合成为一种新的机遇。通过旅游业，乡村地区不仅可以保护和传承其独特的文化遗产，还可以创造经济收益，改善当地居民的生活条件。乡村农耕文化本身就具有丰富的旅游吸引力，它包括了传统的农业技术、乡土建筑、节庆活动和美丽的自然风光。这些元素对于那些寻求独特体验和想要了解传统生活方式的游客具有极大的吸引力。乡村地区的农田、农舍、田园风光以及乡村市场等，都能为游客提供一种返璞归真的体验。乡村农耕文化中的传统节庆和仪式也是吸引游客的重要因素。这些活动不仅展示了当地的文化特色，还提供了参与和体验当地文化的机会。通过参与这些活动，游客不仅能深入了解当地的文化和历史，还能与当地社区建立联系，获得独特的旅行体验。乡村农耕文化与旅游业的融合还涉及如何利用和保护乡村地区的自然资源。乡村地区通常拥有丰富的自然资源，如美丽的风景、清新的空气和丰富的野生动植物。这些资源对于发展生态旅游和农业旅游具有重要价值。通过合理规划和管理，可以使这些资源成为旅游发展的重要支撑，同时保护生态环境，促进可持续发展。

乡村农耕文化与旅游业的融合也面临着挑战。一个重要的问题是如何在发展旅游业的同时保持乡村文化的真实性和完整性。过度的商业化和旅游化会破坏传统文化的真实性，甚至导致文化形式的同质化。因此，需要精心规划和管理，确保旅游发展与文化传承的平衡。另外，需要考虑如何使当地社区居民从旅游业的发展中受益。旅游业的发展应当带来经济收益，改善当地居民的生活条件，同时鼓励当地社区参与到旅游业的管理和决策中来。这不仅有助于保护和传承当地的文化，还可以增强社区的凝聚力和自主性。

第四节　乡村建筑文化

乡村建筑不仅是农村地区的人们居住的物理结构，更是乡村历史、文化和社会生活的直观展现。它们承载着丰富的故事，反映了人们与自然环境的和谐共生，以及对传统生活方式的坚守。通过对乡村建筑文化的深入理解，可以更好地认识到这些建筑不仅是乡村风景的一部分，而且是地区历史和文化身份的重要标识。

一、乡村建筑的历史发展

乡村建筑的历史背景与演变不仅是对建筑风格和技术变迁的回顾，也是对乡村社会生活、经济发展和文化演进的直观映射。我国有数千年历史，每个时期的建筑都承载着那个时代的特征，反映出社会结构、文化价值观和技术水平的变化。

从最早期的乡村建筑来看，它们多为简易的木结构和土木结构，直接反映了早期农业社会的生产力水平和生活需求。这些建筑的设计和构造主要依赖于当地可利用的自然资源，如木材、竹子、泥土和石头等。这种直接利用自然资源的方式不仅体现了古代人们对自然环境的依赖，也展现了他们对资源的直接利用和管理方式。随着历史的发展，尤其是到了秦汉时期，随着铁器的广泛使用和农业技术的提升，乡村建筑开始呈现多样化和复杂化的趋势。这一时期，砖瓦的使用逐渐增多，建筑的规模和结构也更加坚固和精细。这一时期的乡村建筑开始反映出社会分层和家庭结构的变化，如家庭内部的分隔和房屋的扩建。进入唐宋时期，随着经济的繁荣和文化的发展，乡村建筑的风格和功能进一步丰富。这时候的建筑不仅仅是居住的场所，更成为体现地方文化和工艺的平台。江南地区的水乡建筑和北方的四合院等，都开始展现出各自地区的文化特色和建筑技术。到了明清时期，中国的乡村建筑达到了一个新的高度。这一时期的建筑不仅更加讲究装饰和风水设计，还开始出现了一些特有的地方建筑风格，如徽派建筑、岭南建筑等。这些建筑不仅反映了当时社会经济的繁荣，也展现了对传统文化和工艺的传承。近现代，随着工业化的推进和城市化的加速，乡村建筑产生了新的变化。一方面，现代建筑材料和技术的引入，为乡村建筑带来了新的可能性；另一方面，传统乡村建筑的保护和传承也开始受到重视，许多具有历史价值的乡村建筑得到了修复和保护，成为连接过去与现在的文化纽带。

二、地理环境对乡村建筑的影响

地理环境对乡村建筑的影响是显著的，它不仅决定了建筑的风格和结构，还影响了建筑材料的选择和整体设计。在中国这样一个地域广阔、地形多样的国家里，各地的乡村建筑呈现出丰富多彩的特点，这些特点直接反映了各地的地理环境和自然条件。

山区地带由于地形的复杂性和斜坡的普遍性，乡村建筑往往需要适应高低不平的地面条件。因此这些地区的建筑通常采用坚固的基础和灵活的结构来适应不平坦的地形。一些山区建筑会采用高脚架式的设计，使建筑本身位于较高的地方，以适应山坡和防止山洪侵袭。此外，山区建筑的材料选择也受到地理环境的影响，常常使用当地易得的木材和石材。平原地区由于地势平坦，乡村建筑的设计和结构相对简单。这些地区的建筑往往呈现出更为宽敞和平展的特点，屋顶通常较低，房屋的布局更为宽敞。在材料选择上，平原地区的乡村建筑多采用泥土、砖瓦等材料。由于平原地区适宜农业生产，这些地区的乡村建筑通常与农田紧密相连，形成一种农田与居住空间并存的景观。沿海地区的乡村建筑则需要考虑到风暴、潮汐和雾气的影响。在这些地区，建筑通常需要有较强的防风和防潮性能。沿海地区的乡村建筑可能会采用更加坚固的构造，以抵御强风。为了防止海水侵蚀，建筑材料的选择也会偏向于耐腐蚀性的材料，如石材或经过特殊处理的木材。

除了基本的地形和气候条件外，植被、水源和土壤类型也在很大程度上影响了乡村建筑的设计。在水源丰富的地区，乡村建筑可能会设计有更多的水利设施，如水井和水渠；在植被茂盛的地区，木材的使用可能会更加广泛。地理环境不仅影响了乡村建筑实用性和功能性，还深刻影响了建筑的美学设计。不同地区的乡村的建筑风格反映了当地人民对自然环境的理解和适应方式，也体现了人们对生活美学的追求。无论是山区的高脚楼、平原地区的四合院，还是沿海地区的蚝壳屋，这些建筑都不仅是居住的空间，更是一种文化和艺术的表现形式。

三、乡村建筑的功能

乡村建筑的功能是乡村文化传承和社区生活的重要组成部分。乡村建筑的功能具体如图 3-7 所示。

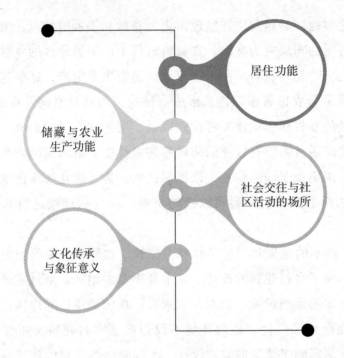

图 3-7　乡村建筑的功能

（一）居住功能

　　乡村建筑的居住功能与家庭生活紧密相关，它们不仅提供了基本的遮风避雨的功能，还深刻地影响着家庭成员之间的互动和日常生活方式。我国各地的建筑以其独特的风格和布局，反映了不同地区的文化特色和生活习俗。比如，北方的四合院，以其院落为中心，四周环绕着房屋，不仅强调了家庭的私密性和团结，还体现了对传统孝道文化的尊重。而南方的排屋和桥屋，则展现了一种更为开放和社区化的生活方式，强调了邻里之间的互动和社区的凝聚力。这些建筑的内部布局，如客厅、厨房和卧室的设置，也充分考虑了家庭成员之间的交流和日常活动的需要。此外，很多乡村建筑还将自然元素融入其中，如院中的花园、亭台和水池，不仅增添了居住的美感，也为家庭成员提供了与自然亲近的空间。

（二）储藏与农业生产功能

在以农业为主的社会里，储藏粮食和农产品是家庭生活的基础。许多乡村建筑设计有专门的储藏室和粮仓，这些空间的设计充分考虑了保鲜和防潮的需要，确保了粮食和农产品的长期储存。这种储藏功能不仅体现了对农业收成的重视，也反映了对家庭经济的管理和规划。此外，一些乡村建筑还设计有特定的农产品加工空间，如酿酒间、熏肉房等，这些加工活动不仅提高了农产品的附加值，也成了当地特色文化和经济活动的一部分。在一些酿酒传统丰富的地区，家庭酿酒间不仅是生产美酒的地方，也成了展示当地文化和手艺的场所。这些储藏和加工空间的设计和使用，不仅体现了乡村建筑的实用性，也反映了乡村社会的经济活动和文化生活。

（三）社会交往与社区活动的场所

在乡村地区除了作为居住的空间外，许多建筑特别是公共建筑，如村庙、祠堂、乡村学校和广场等，成为村民聚会、庆祝和进行各类社交活动的中心。在这些地方，村民们不仅分享日常的喜怒哀乐，还在这里举办节日庆典、婚礼、丧葬仪式等重要活动。这些活动加强了村民间的联系，共同塑造了乡村社区的文化和社会结构。特别是在节日庆典中，如春节、中秋、丰收节等，乡村建筑及其周边空间成为展现乡村传统和文化活力的舞台。在这些时刻，乡村建筑不仅是物理空间，更是乡村社会生活的象征和焦点。

（四）文化传承与象征意义

乡村建筑不仅承载着世代相传的生活方式，也是地方历史和文化传统的重要载体。建筑风格、布局和装饰细节等都反映了当地的历史故事、文化信仰和社会价值观。很多乡村建筑上的雕刻和图案，如龙凤、蝙蝠和吉祥文字等，不仅具有审美价值，还蕴含着吉祥如意、健康长寿等美好寓意。此外，乡村建筑的构造和设计，如屋顶的形状、房屋的朝向和布局，往往与当地的风水信仰和传统习俗紧密相关。这些文化元素的传承，使乡村建筑成为连接过去与现在、乡村与外界的桥梁。在当代，随着对传统文化价值的重新认识，许多乡村建筑被赋予了新的生命。通过修复和保护工作，这些建筑及其背后的文化得以保存和传承给后世。它们也成了吸引游客和学者研究的重要资源，加深了人们对乡村文化深度和多样性的理解。通过这些努力，乡村建筑不仅保留了物理形态，更重要的是保留了其承载的文化和历史记忆。

四、乡村建筑与生态可持续性

乡村建筑与生态可持续性的关系是一个多维度、深层次的话题。它不仅关乎建筑本身的设计和构造，还涉及人与自然的关系、资源的利用和环境保护。乡村建筑的设计、材料选择以及与周围自然环境的和谐共存，都体现了人们对生态可持续性的深刻理解和实践。乡村建筑在设计上通常充分考虑自然条件，如光照、风向、温度和湿度等，以确保建筑的舒适性和节能性。在传统乡村建筑中，利用自然通风和日照来调节室内温度的做法非常常见。很多建筑会根据当地的气候特征设计窗户和门的位置，以最大化地利用自然光和优化空气流通，减少对人工照明的依赖。此外，采用适当的屋顶倾斜角度和屋檐设计，可以有效地遮阳和防雨，还能增加建筑的美观性。乡村建筑的材料选择也反映了对生态环境的尊重和资源的可持续利用。传统乡村建筑往往使用当地可持续获得的材料，如土、木、石等，不仅减少了对环境的破坏，还使建筑本身更加和谐地融入自然环境。在一些地区，使用回收材料或可再生资源进行建筑改造和修复也日益受到重视，这不仅保留了建筑的历史价值，也体现了对环境的保护。除此之外，乡村建筑与周围自然环境的和谐共存是促进生态平衡的关键。许多传统乡村建筑在布局上充分考虑了与自然景观的协调，如建筑周围的水体、植被和地形。这种设计不仅美化了环境，也为野生动植物提供了栖息地，促进了生物多样性的维护。一些乡村建筑还采用了雨水收集和循环利用系统，有效地节约了水资源。

在现代社会，随着可持续发展和环境保护意识的增强，乡村建筑在生态可持续性方面的作用越来越受到重视。通过结合传统智慧和现代技术，乡村建筑可以成为推动可持续发展的重要力量。例如，利用太阳能板和生物质能源为乡村建筑提供能源，不仅减少了对化石燃料的依赖，也减少了环境污染。通过提高建筑的能效和使用环保材料，可以进一步减少对自然资源的消耗和对环境的影响。

五、乡村建筑在旅游业中的应用

乡村建筑在旅游业中的应用是一个复杂且多维度的话题，它不仅涉及文化传承，还包括对当地经济发展和社区参与的促进。在旅游业融合发展的背景下，乡村建筑作为一种文化和历史的载体，在吸引游客和提升乡村旅游吸引力方面发挥着至关重要的作用。

乡村建筑作为旅游吸引点，其价值在于其独特的文化和历史意义。各地的乡村建筑风格不仅反映了该地区的历史和文化，还展示了当地人与自然环境的和谐共生。南方的水乡古镇传统建筑的水门、水井和下水道，以及正檐、假山、水池、阁楼等，北方的四合院，西部的土楼等，都各自展现了独特的地域文化和历史背景。这些建筑不仅是历史的见证，也是现代人了解过去生活方式的窗口。在乡村旅游中，这些建筑成为连接游客与当地文化的桥梁。乡村建筑在展示传统生活方式方面具有重要作用。在很多乡村旅游项目中，传统的生活方式成为吸引游客的一大亮点。游客不仅可以参观古老的乡村建筑，还能体验传统的生活方式，如手工艺制作、传统农耕等。这种亲身体验使游客能够更加深入地了解和欣赏当地的文化和历史，从而增强旅游体验的丰富性和深度。乡村建筑

81

在促进地方经济发展方面发挥着重要作用。通过将传统乡村建筑转化为民宿、博物馆、文化展馆等，不仅为当地创造了新的经济收入，还有助于保护和传承这些建筑和它们背后的文化。这种经济活动有助于提升当地居民的生活水平，也鼓励了对传统文化和建筑的保护。乡村建筑在促进社区参与和文化交流方面也起着重要作用。在旅游项目的规划和运营中，当地社区的参与是不可或缺的一部分。当地居民不仅可以通过参与旅游活动获得经济收益，还可以与来自不同地区的游客进行文化交流。这种交流不仅促进了文化的传播，还促进了游客对当地文化的理解和尊重。

第五节　乡村山水文化

乡村山水文化作为乡村文化的重要组成部分，蕴含着深厚的历史意义和独特的美学价值。通过深入理解乡村山水文化，能够充分认识到它在乡村社区生活和环境保护中的重要作用，有助于推动乡村文化的传承和旅游业的融合发展。

一、乡村山水文化的美学特征

乡村山水文化的美学特征不仅丰富了乡村文化的内涵，也为现代人提供了一种理解和欣赏自然美的视角。这种文化的传承和发展，不仅是对传统文化的保存，更是对现代社会可持续发展理念的一种强化。

乡村山水文化中的自然景观描绘，深刻地反映了人与自然和谐相处的传统理念和对自然美的深刻领悟。这种描绘不仅是对自然界物理特征的简单再现，还蕴含着丰富的文化意义和深厚的情感价值。在乡村山水文化中，自然景观的描绘通常与人们的情感和心境紧密相连。山川、田野、河流和森林等不仅是自然界的组成部分，也是人类情感的寄托。平静的河流可能象征着内心的宁静，而陡峭的山峰则可能代表着人生的挑战和追求。这些景观的描绘不仅仅停留在物理层面，还融合了深厚的美学和哲学思考。乡村山水文化中的自然描绘，往往涉及对人生、时间和宇宙的深层思考。对四季变化的描绘不仅显示了时间的流逝，也反映了生命的更迭和恒常。自然景观在乡村山水文化中的艺术表现形式多种多样。无论是绘画、书法，还是诗歌、音乐，都能找到对自然景观深情的描述。这些艺术作品不仅展示了自然美，也传达了艺术家对自然的感悟和敬仰。

乡村山水文化中生活与艺术的融合，是其美学特征中不可或缺的一部分。这种融合不仅表现在对乡村自然环境的艺术化描绘上，也体现在日常生活与传统艺术之间的互动和相互影响中。乡村的自然环境，如宁静的村落、青翠的田野、悠长的河流和壮丽的山川，不仅为居民提供了生活的舞台，也是艺术家的灵感来源。艺术家常常通过对这些自然景观的观察和体验，创作出反映乡村自然之美的绘画、诗歌和音乐作品。在许多传统艺术作品中，对乡村生活的描绘往往带有理想化的色彩。这些作品中的乡村不仅是现实生活的再现，更是一种对和谐、宁静生活的向往和追求。通过描绘理想化的田园生活，艺术家们表达了对自然和俭朴生活的尊重和赞美。

乡村山水文化在情感和精神寄托方面的重要性，使其不仅仅是一种文化现象，更成了一种生活态度和精神追求。它不仅仅是乡村地区的文化特色，也是现代人寻找内心平静和精神满足的重要途径。在现代生活快节奏中，乡村山水文化提供了一种心灵的避难所。通过与乡村自然环境的互动，人们能够暂时逃离都市生活的压力和喧嚣，找到心灵的宁静和放松。这不仅是身体上的远离，更是一种心灵上的归隐和自我寻找。乡村山水文化常常与人们的情感体验紧密相连。无论是对自然景观的赞美，还是对乡村生活的怀念，都可以视为一种情感的表达。这些文化形式使人们能够抒发对美好事物的向往、对过往时光的怀念，甚至是对未来生活的憧憬。乡村山水文化还有助于拓展人们的精神世界。通过对乡村自然环境的观察和体验，人们能够更加深入地思考生命、自然和宇宙的关系。这种文化不仅仅是对外部世界的认知，更是对内心世界的探索和丰富。作为一种文化传承的载体，乡村山水文化也是精神传递的重要途径。通过故事、歌曲等艺术作品的形式，乡村山水文化将一代代人的智慧、情感和精神追求传递给后人，成为连接过去、现在和未来的桥梁。

二、乡村山水文化的价值

乡村山水文化的价值不仅体现在其对自然环境的赞美和对传统生活方式的记录，还体现在多个方面，对当代社会有着深远的影响和重要的意义。

其一，乡村山水文化扮演着连接过去、现在与未来的桥梁角色。它通过各种形式，如传统节庆、民间艺术、手工艺以及与自然景观相关的故事和信仰，保存并传递了丰富的文化遗产。这种文化的持续性和稳定性为乡村社区成员提供了一个共同的文化基础和身份认同感。特别是在全球化和现代化的影响下，乡村山水文化成为维护地方特色和增强乡村社区凝聚力的关键。它不仅仅是对传统生活方式的记忆，也是当代乡村社区成员寻找归属感和文化根基的重要资源。其二，随着全球环境问题的日益严峻，乡村山水文化的价值在于其对生态意识的提升方面的显著影响。传统的农耕文化中的轮作、混种等农业实践，不仅提高了土地的生产力，还保护了生态多样性。这种农耕文化强调与自然的和谐共存，展现了乡村对自然资源的可持续利用和保护。乡村山水文化通过强调自然景观的重要性和美丽，提醒现代人重视与自然的关系，促进对环境保护的关注和行动。这种文化向社区成员和访客强调了环境保护的重要性，激发了人们对生态可持续生活方式的探索和实践。其三，乡村山水文化通过吸引游客到访，直接促进了地方经济的发展，尤其是乡村旅游业。

这种文化的吸引力不仅在于自然景观的美丽，还包括丰富的文化活动、传统节庆和手工艺展示。游客的到来为当地带来了收入，创造了就业机会，尤其是在导游服务、住宿业、餐饮业以及手工艺品销售等方面。此外，乡村旅游的发展还促进了当地基础设施的改善和新的商业机会的产生，从而带动了整个地区的经济增长。其四，乡村山水文化为现代人提供了一种从快节奏城市生活中解脱出来的途径，提供了一种精神上的慰藉和心灵的净化，对提升精神和心理健康有着显著的积极影响。在自然和宁静的乡村环境中，人们能够放松心情，缓解压力和焦虑。这种文化环境有助于人们重新连接自我和自然，促进了内心的平和与平衡。其五，乡村山水文化为艺术家和创意工作者提供了丰富的创作灵感。自然的美景和传统的生活方式不仅激发了传统艺术形式的创作，如绘画、书法和诗歌，也为现代艺术和设计提供了新的视角和素材。许多艺术家和设计师从乡村的自然环境和文化中汲取灵感，创造出具有创新性和独特性的作品。这种文化的影响力延伸到了电影、摄影、时尚和建筑等领域，促进了跨界艺术的发展和文化创新。

三、乡村山水文化的构成要素

乡村山水文化的构成要素主要包括以下两方面，如图 3-8 所示。

自然景观　　　　　　　　人文景观

图 3-8　乡村山水文化的构成要素

（一）自然景观

乡村山水文化的自然景观通过展现地理特征的多样性和季节变化的独特性，揭示了乡村文化的深层次含义。

乡村山水文化中的地理特征展现了一个地区的自然美景和生态特色。这些特征不仅构成了乡村的自然画卷，也直接影响了当地居民的生活习惯、文化习俗和社会组织。例如，山区的乡村文化往往与山地农业、高地牧业相关，而河流附近的乡村则可能更多地依赖于渔业和水稻种植。这些不同的地理环境不仅塑造了各具特色的乡村生活方式，也影响了当地的节庆活动、艺术表现形式和传统信仰。

乡村山水文化与季节变化紧密相连，特别是在农耕活动中这一点体现得尤为明显。春季的播种、夏季的生长、秋季的收获和冬季的休息，每个季节都有其独特的农事活动。

（二）人文景观

乡村山水文化的人文景观深刻地反映了乡村社区的历史、文化和社会实践。这些景观不仅构成了乡村文化的物质和精神基础，也为人们提供了深入理解乡村文化和生活方式的窗口。

古老的村落、庙宇、纪念碑和历史建筑不仅见证了当地的历史变迁，也承载了丰富的文化故事和艺术价值。这些遗迹和遗产是连接过去与现在的桥梁，让现代人能够直观地感受到乡村社区的历史深度和文化连续性。它们讲述了乡村社区的起源、发展和变迁，也展现了当地人民对自然和社会环境的适应与创造。某些古村落中的建筑风格和布局反映了古代的社会结构和生活方式，成为研究历史和文化的重要资料。农耕、渔猎、手工艺和节庆活动不仅是乡村生活的基础，也是文化传承和社区凝聚的重要途径。这些活动反映了乡村居民与自然环境的互动方式，展示了他们如何利用和尊重自然资源。这些日常实践也是社区成员之间传递知识、技能和价值观的平台。比如，通过共同参与节庆活动和社区决策过程，社区成员增强了互相的联系和归属感。具有地方特色的音乐、舞蹈、绘画和戏剧等不仅为乡村生活增添了艺术色彩，也是文化传承和创新的重要途径。这些艺术形式往往深受自然景观和乡村生活的启发，反映了当地人民对生活的理解和感悟。它们不仅是当地居民情感表达的媒介，也是促进社区内外文化交流和理解的桥梁。例如，乡村的民间音乐和舞蹈常常在节庆和集会中展现，成为维系社区文化传统和促进社区团结的重要元素。

四、乡村山水文化与环境保护

乡村山水文化与环境保护之间的关系是多维度和深层次的，涉及从传统生活方式到现代保护策略的各个方面（图3-9）。

图3-9　乡村山水文化与环境保护之间的关系

（一）乡村山水文化中的环境意识

乡村山水文化中的环境意识不仅是该文化的一个重要特征，也是其对于当代社会和未来可持续发展的重要贡献。这种环境意识体现在乡村社区对自然的深刻理解和尊重，以及在日常生活和文化实践中对环境保护的积极态度。

乡村山水文化通过其独特的方式传达了对自然和环境的尊重。许多乡村地区的传统节庆、习俗和艺术表现都深深植根于对大自然的敬畏和赞美。这些活动和表现形式不仅强调了自然环境的美丽和价值，也反映了乡村社区成员对生态平衡和环境保护的深刻认识。乡村山水文化中的环境意识还体现在传统农耕实践和自然资源管理的智慧中。长期以来，乡村社区依赖对自然资源的可持续利用和对生态系统的细致照顾，合理的土地利用、水资源管理和生物多样性的保护。这些实践不仅确保了乡村生态系统的健康和稳定，也在环境保护和可持续发展方面为现代社会提供了重要的参考和启示。乡村山水文化还在教育和社区参与方面展现了强烈的环境意识。通过将环境教育融入学校课程、社区活动和家庭传统，乡村社区培养了居民尤其是年轻一代居民对环境保护的认识和责任感。这种教育和参与不仅加强了社区居民对环境问题的认识，也促进了更广泛的环境保护行动。

（二）生态智慧的传承

乡村山水文化中的生态智慧是无数代人对自然环境观察、理解和利用的智慧结晶，这些智慧在现代环境保护中具有不可估量的价值。

传统的农耕方法如轮作、混作、自然施肥等，是生态智慧的典型代表。这些方法利用了自然界的生态原则，如物种多样性和土壤保护，以实现农业可持续性。这些实践不仅提高了作物产量，还保护了土壤健康和生物多样性，为现代农业提供了重要的参考。乡村社区传统上对水资源的管理展示了深刻的生态智慧。例如，传统的灌溉系统、雨水收集和水土保持技术等，都体现了对水资源合理利用和保护的理解。这些管理方式不仅保障了农业用水的可持续性，也减少了对周围生态系统的影响。乡村社区的土地利用方式通常基于对自然环境的尊重和保护。通过保持一定比例的林地、草地和耕地，以及保护自然景观和生物栖息地，乡村社区在使用自然资源的同时保护了生态系统的完整性。乡村山水文化中的节庆活动、民间艺术和传说经常围绕自然和生态主题展开。这些文化形式不仅是对自然美的体现，也是对生态智慧和环境保护意识的传递。

通过这些活动，社区成员特别是年轻一代得以学习和继承这些重要的生态知识和价值观。

（三）环境保护的实践

乡村山水文化中的环境保护实践，既包括传统的自然资源管理方式，也包括现代的保护策略。乡村社区已经意识到旅游业的可持续性对于保护其自然和文化资源至关重要。因此，许多乡村地区开始推广可持续旅游，这种旅游方式强调对环境的最小影响和对当地文化的尊重。可持续旅游的实践包括使用环保材料、减少能源消耗、保护当地文化遗产，以及提供教育性的旅游体验。野生动植物保护是乡村山水文化环境保护实践的一个重要方面。许多乡村社区通过设立保护区、实施生态恢复项目以及开展保护野生动植物的活动，努力保护其自然环境。这些保护区旨在保护重要的生态系统和野生物种，同时保留了乡村地区的自然美景和传统景观。通过限制特定区域的开发和人为干预，自然保护区有助于维护生物多样性和生态平衡，为科学研究和环境教育提供场所，也是对乡村文化中传统生态智慧的现代延续。生态恢复是乡村地区环境保护实践的另一个重要方面，包括恢复退化的生态系统、重新种植本地植物、恢复湿地和水体等。通过这些活动，乡村社区努力恢复受损的自然环境，增强其生态系统的韧性和生物多样性。

（四）社区参与和公众教育

社区参与和公众教育在乡村山水文化的环境保护中扮演着核心角色。这种参与不仅促进了社区成员对环境问题的认识，也促进了整个社区在环境保护方面的积极行动。

社区成员参与环境保护活动可以通过多种形式实现，如参加植树活动、清洁运动、水体保护项目等。社区居民的这些活动不仅有助于改善当地环境，还能增强社区内的团结和对环境问题的共同认识。环境教育是提升居民环境意识和推动环境行动的重要工具，在学校和社区中进行的环境教育从小培养孩子们对环境保护的认识和责任感。这些教育活动包括课堂教学、户外学习、研讨会和互动工作坊，通过这些活动，孩子们了解自然界的重要性，学习如何通过日常行为来保护环境。对社区成员进行环境保护方面的培训和能力建设，是提高社区环境保护能力的重要途径，包括提供关于可持续农业实践、资源管理和环保技术的培训。这些培训帮助社区成员学习新的技能和方法，以更有效地参与到环境保护中。社区组织的各种环保活动和倡议是鼓励社区成员参与环境保护的有效方式。这些活动可能包括社区清洁日、环保节、环境保护主题的庆祝活动等。通过组织这些活动，社区不仅提升了居民对环境问题的认识，也增强了他们在环境保护方面的实际参与。乡村社区通过推广环保理念和实践，积累宝贵的经验。这些理念和实践可以通过社区交流、合作项目和媒体宣传等方式传播，影响更广泛的人群。

本章小结

本章深入分析了乡村文化的关键要素，如聚落文化、民俗文化、农耕文化、建筑文化和山水文化，强调了这些文化元素在保护和传承乡村文化中的重要性。

第四章　乡村文化与旅游业的互动关系

第一节　乡村文化推动旅游业发展

乡村文化与旅游业融合发展不仅是当前战略发展规划的基本目标，更是民众追求特色消费模式的需求体现。[①]在乡村文化与旅游业的融合发展中，乡村文化的作用不可小觑，它不仅是地域特色和传统的体现，更是旅游业发展的关键动力。

一、乡村文化对旅游吸引力的影响

在当今的旅游行业中，乡村文化的独特性和多样性成为吸引游客的重要因素。乡村文化的影响主要体现在以下几个方面（图4-1）。

[①] 杨晓旭，张文韬.乡村文化与旅游产业融合发展探析 [J].神州，2018(26)：285.

乡村文化与现代旅游
需求的契合

数字化时代乡村文化的传播

乡村文化的可持续旅
游价值

图4-1　乡村文化对旅游吸引力的影响

（一）乡村文化与现代旅游需求的契合

乡村文化的独特性和多样性与日益增长的个性化和体验式旅游趋势相契合。个性化和体验式旅游的兴起体现了游客对于非传统、非商业化旅游体验的渴望。乡村文化拥有不可复制的地域特色和深厚的历史背景，为游客提供了独一无二的旅游体验。这种体验不限于观赏自然风光或历史遗迹，还包括深入了解乡村社区的生活方式、传统习俗和文化活动。乡村地区的风土人情、历史故事和习俗，构成了一个丰富多彩的文化体验空间，使得每一次旅游都成为一次独特的旅程。现代旅游者对真实体验的追求也日益强烈。在一个由数字媒体和社交网络主导的时代，人们愈发渴望脱离虚拟世界，寻找真实和原始的生活体验。乡村文化，作为一种紧密联系自然和人类基本生活方式的文化形态，正好满足了这种需求。通过参与乡村的日常活动，如农作、手工艺制作和传统节庆，游客能够体验到与城市生活截然不同的生活方式。这种体验不仅仅是对乡村生活的观察，更是一种身临其境的参与和体验。

乡村文化的这些特点不仅吸引了那些寻求新奇体验的游客，也吸引了那些希望深入理解和体验当地文化的游客。这种深层次的文化体验，使得乡村旅游成为一种更具吸引力和意义的旅游形式。它不仅丰富了游客的旅游体验，也为乡村地区带来了新的发展机遇，促进了当地经济和文化的可持续发展。

（二）乡村文化的可持续旅游价值

乡村地区的自然环境和生态系统通常未受到过度开发的影响，保持着较高的自然和生态价值。这些地区的乡村文化活动，如传统农耕、自然资源的可持续利用和本地生态知识的传承，为生态旅游提供了丰富的内容和实践基础。生态旅游不仅能吸引那些对自然和生态保护感兴趣的游客，更能增强游客对环境保护重要性的认识和理解。此外，生态旅游还能帮助当地社区认识到自然资源的价值，促使他们更加积极地参与到环境保护和对自然资源的可持续利用中来。

乡村文化的可持续旅游价值在于其能够综合考虑环境保护和经济发展的双重需求，实现旅游业的健康、可持续发展。通过发展以乡村文化为核心的旅游产品，如民俗体验、传统工艺展示和地方美食，不仅能吸引游客，创造经济收入，还促进了当地居民收入的增加。例如，居民可以通过参与旅游服务、销售手工艺品、提供住宿和餐饮服务等多种方式受益。这种经济活动的增长不仅提高了当地居民的生活水平，还有助于缩小城乡差距，推动地区平衡和全面发展。这种发展模式不仅有利于保护和传承乡村文化，也为当地居民带来了实实在在的经济和社会利益，为乡村地区的未来发展打下了坚实的基础。通过这种方式，乡村文化成为连接自然、社区和经济的重要纽带，显示了其在促进旅游业可持续发展中的独特和重要作用。

（三）数字化时代乡村文化的传播

随着科技的发展和数字媒体的普及，乡村文化通过现代技术的运用得到了新的生命力和传播途径。利用现代技术提升乡村文化体验已成为一种趋势。随着虚拟现实（VR）和增强现实（AR）技术的发展，乡村文化的展示和体验变得更加立体和互动。这些技术允许游客在实际到访之前就能沉浸式地体验乡村的自然风光、传统活动和文化场景。通过这种方式，游客的好奇心和兴趣被提前激发，从而增加了他们对实地探访的期待和兴趣。此外，社交媒体和数字营销的运用也极大地扩展了乡村文化的受众范围。通过网络平台，乡村文化的魅力可以迅速传播到全球各地，吸引更多潜在游客的注意。数字叙事技术在乡村文化的传播中扮演了重要角色。运用视频博客、故事地图等数字叙事手段，可以更生动、更具互动性地讲述乡村文化的故事。这些叙事方式不仅使乡村文化的展示更加多元和有趣，还提高了信息传播的效率和广度。通过各种数字平台，乡村文化的故事和经验可以轻松跨越地理和语言的障碍，触达更广泛的受众群体。数字叙事技术还提供了一种让乡村居民直接参与到自己文化的讲述和推广中来的方式，从而更好地保护和传承乡村文化遗产。

二、乡村文化融入旅游产品

乡村文化在旅游产品中的应用是乡村旅游发展的重要方面，它涉及如何将乡村文化的元素创新性地融入旅游产品，以增强产品的吸引力和提供独特的旅游体验（图4-2）。

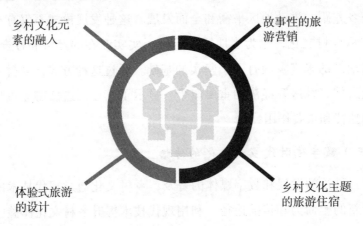

图4-2　乡村文化融入旅游产品

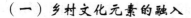

（一）乡村文化元素的融入

乡村文化元素的融入是旅游产品设计中的一个创新方向，它通过将传统习俗、节庆活动、民间艺术、手工艺品和农耕文化等核心元素融入旅游产品，不仅丰富了旅游的文化内涵，也为游客提供了深入体验当地文化的机会。在这个过程中，乡村文化的多样性和丰富性得到了充分的展示。每个乡村地区都有其独特的文化特征，如独特的风俗习惯、传统节日、地方传说、民间音乐和舞蹈，以及与之相关的手工艺。有的地区可能以传统的编织技艺、陶瓷制作或木工艺而闻名，有的地区则可能因其独特的节庆活动或民间故事吸引游客。

通过将乡村文化元素融入旅游产品，使游客不仅能够在参观观光的基础上得到更深层次的文化体验，还能够通过亲身参与和体验这些文化活动来更好地理解当地文化。旅游产品可以包括参与当地的传统节庆活动，体验当地的农耕活动，或是学习当地的手工艺技术。这些活动不仅为游客提供了娱乐和教育，也帮助了当地文化的保护和传承。这种融入方式还有助于提高当地社区居民的参与感和归属感。当地居民可以通过展示自己的文化和生活方式来参与旅游产品的创造和提供，这不仅提高了他们对自己文化的自豪感，也为他们提供了新的经济来源。当地艺术家和工匠可以通过向游客展示和销售他们的作品来增加收入，农民可以通过提供农耕体验活动来吸引游客。

（二）体验式旅游的设计

体验式旅游的设计通过提供参与和互动的机会，不仅增强了旅游产品的吸引力，还加深了游客对乡村文化的理解和尊重。这种旅游形式对于促进当地文化的传承和发展也具有重要意义。

在体验式旅游中，游客不仅仅是在观看文化展示，而是直接参与到乡村文化的活动中。例如，旅游产品可以包括参与当地的美食制作过程，学习如何准备和烹饪地方特色美食。这种体验不仅让游客品尝到传统美

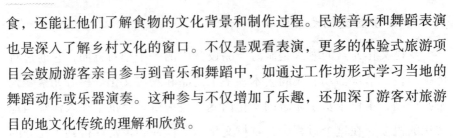

食，还能让他们了解食物的文化背景和制作过程。民族音乐和舞蹈表演也是深入了解乡村文化的窗口。不仅是观看表演，更多的体验式旅游项目会鼓励游客亲自参与到音乐和舞蹈中，如通过工作坊形式学习当地的舞蹈动作或乐器演奏。这种参与不仅增加了乐趣，还加深了游客对旅游目的地文化传统的理解和欣赏。

体验传统手工艺制作是另一种深受欢迎的体验式旅游活动。游客可以亲手体验制作陶瓷、编织或木工等手工艺品，这不仅是一种独特的体验，也是对传统技艺的一种学习和尊重。通过这种方式，游客不仅能够带走独一无二的纪念品，还能够深入理解旅游目的地的文化和工艺。

体验式旅游的一个重要价值在于其对旅游目的地的文化传承的支持。这种旅游形式鼓励当地社区积极参与到旅游产品的设计和提供中，从而有助于保护和传承他们的文化和传统。通过与游客的互动，当地居民不仅可以分享他们的文化，还能从中获得经济收入。

（三）故事性的旅游营销

故事性的旅游营销通过将乡村地区的故事、历史和文化背景编织成引人入胜的叙述，不仅能够激发游客的兴趣，还能深化他们对乡村文化的理解和尊重。乡村地区通常拥有丰富的历史和独特的文化故事，这些故事往往与当地的自然景观、历史建筑、民间传说、传统节庆和日常生活紧密相连。故事性的旅游营销的核心在于挖掘这些故事的吸引力和文化价值，将它们转化为旅游产品的一部分。可以通过讲述一个村庄的历史沿革、一个节日的起源故事或是一个传统手工艺的发展历程来吸引游客。故事性的旅游营销还可以通过不同的媒介进行传播。现代技术，如视频网站、博客、社交媒体和互动网站，为故事性的旅游营销提供了新的渠道。通过这些渠道，乡村地区的故事不仅能够以更生动、更具互动性的方式呈现，还能够触及更广泛的受众。故事性的旅游营销的另一个重要方面是参与感的营造。通过让游客在旅游过程中亲身体验故事，如参与重现历史事件的活动、探访与故事相关的地点或与故事中的人物进行互动，可以提供更加深刻和个性化的旅游体验。

（四）乡村文化主题的旅游住宿

乡村文化主题的旅游住宿通过设计和营造具有乡村特色的住宿环境，使旅客不仅在白天的活动中体验当地文化，还能在住宿中继续这一体验，实现全方位的文化沉浸。这些住宿地点通常采用当地的传统建筑风格，并装饰有与当地文化相符的元素，如手工艺品、传统家具和地方特色的艺术作品。一些民宿可能采用传统的木结构建筑，内部装饰当地的民间艺术品和手工制品。这样的住宿环境不仅展现了当地的建筑和装饰艺术，也让游客体验到乡村的生活氛围。乡村文化主题的住宿经常与当地的生活方式密切相关。游客有机会参与到日常的农家生活中，如在农场中助力、了解传统的食物制作过程，甚至参与当地的家庭活动。这种亲身体验让游客不仅更加深入地了解乡村文化，也加强了与当地社区的联系。乡村主题的住宿还可以成为教育和文化交流的平台。很多民宿或乡村酒店组织文化工作坊、讲座或导览，让游客在放松的同时能学习到关于当地历史、文化和生态的知识。这种休闲和教育结合的方式，不仅丰富了游客的旅行体验，也有助于提升游客对当地文化的认识和尊重。

三、乡村文化与旅游目的地形象建设

乡村文化与旅游目的地形象建设紧密相关，这一过程不仅涉及如何展示乡村地区的独特魅力，还关乎如何通过这种展示来吸引游客，促进旅游业的发展（图4-3）。

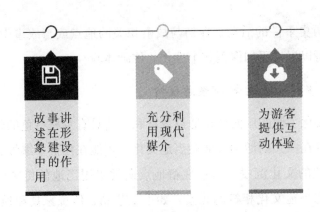

图 4-3　乡村文化与旅游目的地形象建设

（一）故事讲述在形象建设中的作用

乡村地区的每一个角落都充满了独特的故事，这些故事往往深植于当地的历史、文化和传统之中。它们不仅是传递信息的工具，更是激发情感共鸣和深化文化理解的桥梁。通过将这些故事融入旅游目的地的形象建设，可以极大地提升该地区的吸引力，并增加游客对其文化的认识和尊重。乡村地区的故事通常包含了丰富的文化元素，如古老的传说、历史事件、地方英雄的故事，以及与特定地点或节庆活动相关的故事。这些故事不仅为游客提供了深入了解乡村文化的机会，还增添了神秘和探索的乐趣。一个关于古老村庄起源的传说，或是一个与节日相关的历史故事，都能够成为吸引游客的重要内容。故事讲述还可以通过多种方式来实现。传统的口头讲述、引导式旅游，以及通过艺术作品展示故事，都是有效的传达方式。随着技术的发展，数字媒介，如社交媒体、短视频软件和互动网站，也成了传播乡村故事的新渠道。这些平台不仅能够提供视觉和听觉上的吸引，还能增加游客的参与感和互动体验。故事讲述在旅游目的地形象建设中的重要性还体现在其对促进文化传承和社区参与能力提高上。当地社区的居民通过分享他们的故事和经历，不仅为游客提供了独特的文化体验，也为保护和传承自身的文化和历史作出了贡献。此外，这种故事分享还能激发游客对乡村地区的深入探索，从而提升旅游体验的丰富性和深度。

（二）充分利用现代媒介

现代媒介尤其是社交媒体、视频平台和网络营销工具，为乡村旅游目的地提供了强大的宣传平台，帮助它们以前所未有的速度和效率传播给广泛的受众。社交媒体的力量在于其互动性和传播速度。通过社交媒体平台，乡村地区可以与潜在的游客建立直接的联系，实时分享当地的新闻、活动和特色体验。这些平台的用户生成内容特性也使游客能够分享自己的旅行体验，从而形成口碑效应，吸引更多人关注和访问。视频内容是另一种强有力的工具。高质量的视频能够生动展示乡村地区的自然风光、文化活动和当地生活的各个方面。通过视觉故事讲述，视频不仅能够展现乡村地区的美丽和独特性，还能够传递出一种情感上的吸引力。视频内容易于在网络上分享，能迅速吸引受众的注意，增加他们对乡村目的地的兴趣。网络营销工具如搜索引擎优化（SEO）、在线广告和电子邮件营销，也是推广乡村旅游目的地的有效手段。这些工具可以帮助旅游目的地提高其在线可见性，针对特定的受众群体进行定向推广。

（三）为游客提供互动体验

提供互动体验是构建乡村旅游目的地形象的有效手段。它不仅丰富了游客的旅游体验，还有助于加深他们对乡村文化的理解和欣赏。通过这些互动体验，游客能够更加深入地融入当地的文化环境，从而使乡村旅游目的地更加吸引人。互动体验的核心在于参与感和真实性。在乡村旅游中，游客不仅可以观看当地的手工艺展示，还可以亲自尝试制作，如制作陶器、编织或制作其他传统工艺品。这种参与式体验不仅使旅游活动更加有趣和有意义，而且加深了游客对当地文化技艺的理解和尊重。传统烹饪体验也是一种流行的互动体验方式。游客可以参与到制作当地特色菜肴的过程中，学习当地的烹饪技巧和食材知识。这种体验通常包括在当地市场上购买食材、学习传统烹饪方法，最后享用自己制作的美食。通过这样的活动，游客不仅体验了食物制作的乐趣，还能更好地理解当地的饮食文化和生活方式。农耕活动的互动体验则将游客带入乡村的日常生活。游客可以参与种植、收割或其他农事活动，体验农耕文化和农村生活的真实情景。这种体验有助于游客理解乡村地区的农业传统和农民的生活状态，也加深了他们对自然和环境的尊重。提供互动体验的另一个重要方面是教育价值。通过亲身体验和参与，游客不仅获得娱乐，还能学习到旅游目的地的文化、历史和自然环境的知识。这种教育性质的体验对于提升游客的文化意识和环境保护意识非常重要。

第二节　旅游业促进乡村文化传承

旅游业不仅为乡村文化的保护和活化提供了新的机遇，也成了连接传统与现代、本地与全球的桥梁。本节深入分析旅游业如何通过各种方式支持和促进乡村文化的传承，旨在阐明旅游业在促进乡村文化传承中的重要作用。

一、保护乡村传统文化遗产

旅游业在保护乡村传统文化遗产中扮演着不可替代的角色。通过旅游业的发展，乡村文化遗产不仅得到了物质上的保护，其精神和价值也得以传播和得到重视（图4-4）。

旅游业发展与文化遗产保护的平衡

资金投入与遗产维护

文化遗产的可持续利用

图 4-4 保护乡村传统文化遗产

（一）旅游业发展与文化遗产保护的平衡

旅游业发展与文化遗产保护之间的平衡对于乡村文化传承至关重要。通过合理规划旅游活动、利用旅游收入支持乡村文化遗产的保护，以及可持续地利用文化资源，可以确保乡村文化遗产得到长期保护，同时为当地居民和游客提供丰富、有意义的文化体验。

在推动旅游业发展的同时保护乡村文化遗产，首先需要对旅游活动的规模和性质进行精心规划。过度的游客流量和不恰当的商业活动可能对乡村文化遗产造成破坏，如导致古迹结构损坏或文化场所的环境质量下降。因此，制定有效的管理策略至关重要。例如，限制游客数量、规定参观时间，以及提供专业的导览服务来管理游客行为，确保他们的活动不会对乡村文化遗产造成负面影响。旅游业对于乡村文化遗产的保护还体现在经济支持方面。旅游活动带来的收入可以成为乡村文化遗产维护和修复的重要资金来源。例如，门票收入可以直接用于古建筑的修复工作，游客购买手工艺品和纪念品的收益可以支持当地工匠和艺术家，保障他们传统技艺的传承。此外，旅游收入还可以用于支持乡村文化遗产的相关研究和教育项目，如开展历史文化研究、举办文化遗产保护培训和教育活动。在利用乡村文化遗产吸引游客和发展旅游业的同时应确保不会损害其文化价值和完整性。将传统建筑改造为博物馆或文化展览中心，既能保留建筑的历史特色，又能向游客展示乡村地区的文化和历

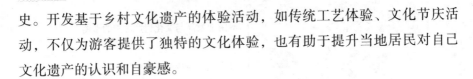

史。开发基于乡村文化遗产的体验活动，如传统工艺体验、文化节庆活动，不仅为游客提供了独特的文化体验，也有助于提升当地居民对自己文化遗产的认识和自豪感。

（二）资金投入与遗产维护

旅游业作为资金来源不仅直接为乡村文化遗产的物理维护提供支持，还间接通过促进经济发展和增强公众意识，为乡村文化遗产的长期保护贡献力量。通过资金投入的方式，旅游业成为乡村文化遗产保护的重要伙伴，帮助确保这些宝贵遗产能够得到妥善保护并传承给后代。

旅游收入的直接效应体现在为乡村文化遗产的物理维护提供资金支持上。乡村地区的传统建筑、历史遗址、艺术作品和手工艺品等，都需要持续的维护和修复工作来保持其完整性和吸引力。通过门票销售、纪念品销售以及其他旅游相关活动获得的收入，可以直接投入这些遗产的维护工作中。例如，修复受损的历史建筑、更新展览设施、进行定期的遗址保养等，都是旅游收入可以发挥作用的方面。旅游业还可以间接促进乡村文化遗产的维护。随着旅游业的发展，乡村地区经济活力增强，当地政府和社区可能会有更多的资源和动力投入乡村文化遗产的保护中。这种经济效益的增加，不仅提高了当地居民的生活水平，也增强了他们对本地文化遗产价值的认识和保护意识。资金投入的另一个关键方面是在提高公众对乡村文化遗产重要性认识方面。旅游活动提供了平台，让游客和当地居民更加了解乡村地区的文化遗产。这种认识的提高，可以转化为对乡村文化遗产保护的支持。游客参观后的捐赠、购买手工艺品等行为，实际上是对乡村文化遗产保护的一种支持。

（三）文化遗产的可持续利用

文化遗产的可持续利用是一个综合性的过程，涉及保护、教育、社区参与和旅游开发等多个方面。通过这些措施，不仅能够保护和传承乡村的文化遗产，还能在保护和利用之间找到一个平衡点，实现文化的活化和旅游业的可持续发展。文化遗产的可持续利用需要认识到文化遗产不仅是历史的见证，也是文化实践。它们不仅体现了某一地区的历史和传统，还代表了当地居民的身份和文化表达。

可持续利用文化遗产意味着要在保护其原有价值的基础上，赋予其新的生命和功能。在实践中可持续利用文化遗产可以通过多种方式实现：

其一，对于传统建筑和历史遗址，可以通过恰当的修复和管理，将它们转化为博物馆、展览馆或文化活动的场所。这种转化不仅为游客提供了了解当地历史和文化的机会，也为当地社区创造了社交和文化交流的空间。

其二，对于传统的艺术作品和手工艺品可持续利用，意味着需要保护这些技艺不被现代化生活方式所淹没。通过开设手工艺工作坊、艺术展览和市场，不仅可以展示这些传统艺术的魅力，还能为当地的工匠和艺术家增加收入，鼓励他们继续传承这些技艺。文化遗产的可持续利用还涉及如何以环境友好和社会责任的方式进行旅游开发。这包括确保旅游活动不会对乡村文化遗产造成破坏，如限制游客数量、推广环保旅游行为，并确保旅游带来的收益能够惠及当地社区。乡村文化遗产的可持续利用也需要公众的参与和教育。通过教育项目、公共讲座和媒体宣传，提高公众对乡村文化遗产价值的认识，鼓励他们参与到乡村文化遗产的保护和传承中。这种公众参与不仅有助于乡村文化遗产的保护，也促进了社会对文化多样性的尊重和理解。

二、合理利用乡村文化资源

合理利用乡村文化资源涉及创新与传统的结合、市场适应性的提升以及基于文化资产的活动开发。通过这些方法不仅能够增强乡村地区的旅游吸引力，还能促进当地文化的传承和发展。

激活乡村文化资源首先需要在传统和创新之间找到平衡。这意味着在保留和尊重乡村文化原有特色的基础上，加入创新元素以满足现代游客的需求。传统的工艺品可以通过现代设计进行改良，使之既保持传统韵味，又符合现代审美和具有实用性。在传统节庆活动中融入现代表演元素，也是一个很好的例子。这种创新不仅能够增强文化资源的吸引力，也有助于传统文化的现代化传播。乡村文化资源的市场适应性不仅涉及产品本身的创新，还包括有效的营销策略。随着电子商务和社交媒体的兴起，乡村地区可以利用这些平台推广其独特的文化产品和旅游体验，通过在线市场销售手工艺品，或通过社交媒体宣传乡村的文化活动和旅游目的地。有效的市场适应性还意味着要了解和抓住目标市场的需求和趋势，如开发符合生态旅游和文化体验旅游趋势的产品和服务。节庆、工作坊和展览等文化活动不仅是展示乡村文化的平台，也是游客参与和体验乡村文化的机会。举办传统节庆活动吸引游客亲身体验当地的文化和习俗，开设手工艺工作坊让游客学习并实践传统技艺；而文化展览则可以展示乡村地区的历史、艺术和手工艺等多方面的文化遗产。通过这些活动，不仅能够吸引游客，还有助于加深游客对乡村文化的认识和兴趣。

三、传播乡村文化知识

通过教育和解释计划、有效利用媒介以及设计文化体验活动，可以显著提升游客对乡村文化的理解和欣赏。这不仅有助于乡村文化遗产的传承和保护，也促进了游客与旅游目的地社区之间的文化交流和理解。

教育和解释计划可以有效地提高游客对乡村文化的理解和欣赏，同时促进乡村文化遗产的保护和传承。信息中心和导览活动是教育和解释计划的重要组成部分。信息中心提供了一个集中的地点，游客可以在这里获取关于乡村地区历史、文化和自然环境的信息。信息中心通常配备了多媒体展示、互动屏幕和展板，提供丰富的视觉和听觉资料，帮助游客更好地理解当地文化。导览活动则通常由知识渊博的导游进行，他们不仅提供信息，还能解答游客的疑问，使游客的体验更加生动和个性化。博物馆和展览中心的作用不仅限于展示乡村地区的历史遗物和艺术品，它们还是文化教育的重要场所。通过展览，游客可以直观地看到乡村地区的历史变迁、艺术发展和手工艺技能。专业的解说员和详细的解释材料能够增加这些展品的教育价值，使游客不仅是在观看，更是在学习和体验。文化遗址的解释牌和互动展览也对提高游客的理解和参与度至关重要。解释牌通常提供简洁明了的信息，让游客对参观的地点有基本的了解。而互动展览则通过技术手段，如增强现实或虚拟现实，使游客能够更加深入地体验乡村的历史和文化。

通过有效利用现代传播工具和技术，可以大大提高乡村文化的知名度，激发人们对乡村地区的兴趣和欣赏，从而促进乡村文化的传承和旅游业的发展。社交媒体平台如微博等，因其广泛的用户基础和分享机制，成为宣传乡村文化的有效渠道。通过这些平台发布的照片、视频和故事，可以快速传播，引起人们对乡村地区的兴趣。分享乡村节庆活动的照片和视频，可以让观众感受到节庆的氛围，激发他们的访问欲望。这些平台还可以用于推广乡村地区的旅游服务和文化活动，提高其在潜在游客中的知名度。网站和自媒体平台也是传播乡村文化知识的重要工具。专门的旅游网站或文化自媒体平台可以提供更深入、系统的信息，如乡村地区的历史背景、文化特色、旅游景点和活动安排。通过撰写吸引人的文章和帖子，可以让读者全面地了解乡村文化，从而激发他们对该地区的兴趣。视频分享平台因其丰富的视觉内容和广泛的受众基础，成为传播乡村文化的强有力工具。通过制作纪录片、短视频或视频博客，可以生动地展示乡村地区的自然风光、文化活动和日常生活场景。这些视频内容不仅具有娱乐价值，还能传递乡村文化的深层次信息。设计互动式的文化体验活动是另一种提升游客对乡村文化理解的有效方法。体验式活动如参与当地节庆、工艺品制作、传统烹饪课程以及文化工作坊，不仅提供了娱乐，也使游客能够亲身体验和学习乡村文化。例如，通过参加一个当地的陶艺工作坊，游客不仅可以学习陶艺技巧，还能了解这项手工艺在当地文化中的意义和历史。同样，参与传统的音乐和舞蹈活动也能帮助游客更深入地理解和欣赏乡村文化的艺术形式。

四、促进社区参与和文化共创

促进社区参与和文化共创是乡村文化传承与旅游业融合发展的重要组成部分。这不仅有助于保护和活化乡村文化，还能带动社区的经济发展，实现文化与经济方面的双重益处。

（一）社区赋权与参与

社区参与的核心在于让当地居民不仅成为文化传承的受益者，而且是这一过程的积极参与者和决策者。社区成员对自己的文化、历史和社会背景有着深刻的了解，他们在保护文化遗产、开展文化活动以及促进旅游业方面具有独特的见解和能力。

社区赋权意味着在规划旅游项目和文化活动时，当地居民能够参与到决策过程中，包括关于如何使用文化资源、如何安排旅游活动以及如何分配旅游收入等方面的决策。例如，社区可以决定是否允许对某个特定地点进行旅游开发，选择展示哪些文化元素，以及如何设计旅游体验以保护和尊重当地文化。社区参与还包括在文化活动的规划和实施中发挥作用。当地居民可以参与组织节庆活动、文化展览和工作坊，这不仅有助于保持文化活动的真实性和多样性，也为社区成员提供了展示自己文化和艺术的平台。通过这种方式，社区不仅能够保护和传承自己的文化，还能够通过展示这些文化吸引游客，促进旅游业发展。社区赋权还意味着在经济收益的分配上给予社区一定的权力。旅游业所带来的经济效益应该公平地分配给社区成员，以支持他们的生计和促进当地经济的发展。通过支持当地手工艺品的销售、提供社区导览服务或在旅游项目中聘用当地居民，可以确保旅游收入惠及社区。

（二）文化共创项目

文化共创项目是促进社区参与和文化传承的重要途径，特别是在乡村文化与旅游业融合的背景下。这些项目通过鼓励社区居民与外部访客共同参与文化活动，不仅增强了社区的凝聚力，还有助于保护和传承当地的文化遗产。

文化共创项目的关键在于将社区居民的知识、技能和创造力与外部资源和创新理念结合起来。这种合作可以采取多种形式，包括当地艺术项目、手工艺活动、节庆活动及历史和文化的教育项目。开展以社区为中心的艺术项目是促进文化共创的有效方式。社区艺术项目可以包括壁画创作、公共艺术展览、社区剧院表演等。这些项目不仅展示了当地文化的独特性，也提供了一个平台，让社区成员参与到文化创作中。此外，这些艺术项目也可以吸引游客，增强他们对乡村地区的文化体验。手工艺活动是另一个促进文化共创的重要领域。通过举办工作坊、展览会和市场，社区居民可以展示和销售他们的手工艺品。这些活动不仅支持了当地的手工艺人，还为游客提供了与当地文化互动的机会。例如，游客可以参加陶艺、编织或传统绘画的工作坊，直接体验和学习当地的手工艺技术。节庆活动是文化共创的又一重要方面。通过组织传统节庆活动，社区不仅能够庆祝和展示自己的文化，还能够吸引游客参与。这些活动包括传统的节日庆典、音乐和舞蹈表演、美食节等。这种活动的共创性在于社区居民和游客可以一起参与活动的策划、组织和实施。

（三）社区经济与文化的关联

充分利用文化资源不仅可以促进社区经济的发展，还可以帮助保护和传承当地的文化遗产。社区不仅是文化传承的守护者，也是经济发展的受益者。这种关联涉及如何将文化资源转化为经济增长的催化剂，同时确保文化遗产得到适当的保护和尊重。社区经济的发展可以直接受益于文化资源的合理利用。乡村地区的传统艺术、手工艺品、乡村风俗和历史故事，都是独特的文化资产，这些资产可以开发成吸引游客的产品和服务。当地的手工艺市场、文化体验工作坊以及基于乡村历史的旅游路线等，不仅为游客提供了独特的体验，也为社区创造了收入。社区居民在经济发展中发挥着主导作用。通过参与文化旅游项目的规划和实施，社区居民可以确保这些活动既反映了本地文化的真实性，又符合市场需求。这种参与不仅提升了他们对文化遗产的主人翁感，也让他们在旅游业带来的经济增长中获益。此外，社区居民可以通过直接销售手工艺品、提供住宿服务或者参与文化演出等方式，直接从旅游业中获益。社区经济的发展还需要依托于文化资源的可持续管理。这意味着在开发文化旅游资源的同时需要考虑到环境保护、文化遗产的维护和社区福祉。例如，确保旅游活动不会破坏当地的自然环境，应维护历史遗迹的完整性，给社区居民提供公平的工作机会和收入来源。

第三节　乡村文化与旅游业协同发展

本节深入探讨如何有效地将丰富多彩的乡村文化资源与日益壮大的旅游业相结合，以实现共同增长和可持续发展。这一结合涵盖理念、产业、市场和服务等多个层面，展示了乡村文化与旅游业之间的互补性和互动性。在这个过程中，乡村文化的独特价值得到了重视和保护，同时旅游业的发展也为乡村社区带来了新的活力和机遇。

一、乡村文化与旅游业协同发展的理念

在产业结构调整和升级背景下，推动乡村文化与旅游的协同发展具有重要的现实意义，而理念融合是实现二者实质性、内涵式、深度和全

面协同的基础和关键所在。[①]乡村文化与旅游业协同发展的理念主要包括创新、协调、绿色、开放、共享等五个方面。

（一）创新是驱动乡村文化与旅游业协同发展的动力之源

在乡村文化与旅游业的融合发展中，创新不仅仅涉及技术或产品的更新，更深层地关联到整个行业的发展理念、经营模式、市场业态以及政策管理机制的革新。创新在这里被视为一种全方位的动力，旨在打破传统思维定式，引领乡村文化与旅游业朝着更加可持续、多元化的方向发展。

开发理念上的创新要求摒弃仅以经济效益为导向的传统观念。推广休闲旅游、生态旅游、低碳旅游、全域旅游等新型旅游理念，旨在强化乡村旅游在保护文化和环境、降低能耗、促进产业升级及重视人文关怀等方面的优势。这种理念上的创新不仅有助于提升旅游体验的质量，还能在保护乡村文化的同时促进旅游业的可持续发展。经营模式上的创新需要激发多元化市场主体的活力。这意味着从政府主导、村民自主的分散经营模式向更加多元化的经营模式转变，包括政府、企业和村民的多方参与，以及独资、合资、合作、混合所有制等多种经营模式的并存。这样的转变有助于吸引更多的投资者和运营者参与到乡村旅游的发展中，同时能更好地发挥各方的优势，共同推动乡村旅游的发展。在商业形态方面，从农家乐、果蔬采摘等初级业态向更为复杂、细致的业态转变至关重要。这包括第一、第二、第三产业链的全面延伸和深化，以及乡村民风民俗文化内涵的挖掘。适应和引领时代需求，发展如野地露营、自驾观光、休闲农庄、养生田园、健康养老等高级业态，不仅能提升旅游体验的质量，也能更好地展现乡村文化的独特魅力。在政策管理机制方面，重视政策引导和倾斜至关重要。推动所有权、承包权和经营权三权分离，完善四级行政管理体系、多部门联动体系和行业自律协会体系的

---

① 邹荣.宁夏乡村文旅协同发展概述 [M]. 银川：阳光出版社，2021：23.

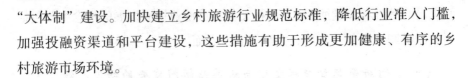

"大体制"建设。加快建立乡村旅游行业规范标准，降低行业准入门槛，加强投融资渠道和平台建设，这些措施有助于形成更加健康、有序的乡村旅游市场环境。

（二）协调是统筹乡村文化与旅游业协同发展的重要法宝

协调理念体现在如何将乡村文化的深刻内涵和旅游业的动态需求融合在一起，形成一种双赢的发展模式。协调的核心在于理解和尊重乡村文化的真实性和价值，同时探索创新的途径，将这些文化元素融入旅游业的发展中，以实现经济效益和文化传承的平衡。

在实践中，这种协调不仅是对旅游产品和服务的简单调整，还是一种更深层次的策略规划，旨在促进乡村文化的活化和旅游业的可持续发展。要求旅游开发者与当地社区、政府和文化保护者等多方利益相关者进行深入的交流和合作，共同制订符合当地文化特色和旅游市场趋势的发展方案。在开发乡村旅游产品时，需要细致考量如何保护和展示乡村的传统手工艺、民俗活动和历史遗址等文化元素，以确保这些文化遗产在旅游活动中得到恰当的呈现和解读。也需要考虑如何通过旅游活动为当地社区带来经济上的直接收益，如通过提供当地特色产品的销售、旅游导览服务、文化体验活动等方式，使当地居民能够从旅游业的发展中获益。协调还意味着在政策层面制定和实施旨在支持乡村文化保护和旅游业发展的策略，包括制订旨在保护文化遗产的法规、提供旅游业发展的税收优惠、培训当地居民参与旅游业的技能等。通过这些措施，可以确保乡村文化的保护与旅游业的发展的目标不是相互矛盾的，而是相互支持、共同成长的。

（三）绿色是把握乡村文化与旅游业协同发展精髓的根本要义

绿色理念强调在发展乡村旅游的同时必须保护自然环境和维持生态平衡，确保乡村文化的持续性和旅游业的可持续发展。

乡村旅游业的发展，尤其是在美丽的乡村景观和丰富的文化背景下，往往与自然环境和生态保护紧密相连。绿色理念在这里意味着旅游活动的设计和实施都必须考虑到对环境的最小影响，包括使用可持续的资源、减少废物、保护当地的自然景观和野生动植物等。通过这种方式，乡村旅游不仅能提供给游客一种贴近自然、回归本真的体验，也能够保护乡村地区独特的环境特征。绿色理念还涉及支持当地社区的可持续生计。意味着旅游业的发展应该与当地社区居民的福祉相结合，比如通过提供就业机会、支持当地的农业和手工艺品等。在这种模式下，旅游业的发展帮助当地社区实现经济上的自立，同时保护和传承其文化和传统。绿色理念在乡村旅游业中的应用还包括提倡低碳旅游。涉及鼓励使用环保的交通方式、减少能源消耗和鼓励旅游者进行环保行为。通过这些措施，旅游业能够减少对环境的负面影响，提高游客对环境保护重要性的认识。

（四）开放是促进乡村文化与旅游业协同繁荣的必由之路

开放理念是乡村文化与旅游业协同繁荣的必要条件。通过在态度、技术、合作和适应能力上保持开放，乡村地区可以更好地吸引游客，促进经济发展，同时保护和传承其独特的文化和传统。

开放意味着对外界游客的热情欢迎和包容。通过对游客的接纳，乡村不仅可以展示其独特的文化和自然景观，还可以通过旅游业的发展带动当地经济。乡村地区可以通过这种方式分享其文化遗产，同时吸引外部投资和消费，促进经济增长。开放还体现在对新技术和创新方法的接纳上。在乡村旅游业的发展中，创新技术如数字化工具和在线平台可以用于提升游客体验、提高服务质量和扩大市场推广。通过采纳这些新工具，乡村地区能够更有效地吸引和服务游客，同时保持其文化特色和传统的完整性。开放还意味着寻求和拓展新的合作机会。乡村地区可以与不同的合作伙伴如旅游公司、文化机构、教育机构和其他乡村社区建立合作关系。这些合作可以在资源共享、知识交流和市场推广等方面为乡村旅游业带来新的机遇。开放也关系到乡村社区对变化的适应能力和对未来机遇的准备。在全球化和快速变化的背景下，乡村社区需要保持开放和灵活的态度，以适应旅游市场的新趋势和需求变化。这不仅有助于吸引更多的游客，也为乡村文化的保护和传承提供了新的视角和机会。

（五）共享是实现乡村文化与旅游业协同发展价值的本质要求

在乡村文化与旅游业的融合过程中，共享不仅关乎经济利益，还涉及文化价值、知识和经验的相互交流与传承。共享理念在于确保乡村文化的保护、传承与旅游业的发展能够相辅相成，而不是相互竞争或单向利用。这意味着在开发旅游项目时，应当充分考虑当地社区的利益，确保当地居民能够从旅游业发展中获得实际的经济和社会利益。包括提供就业机会、支持当地产品和服务的销售，以及确保旅游收入能够用于支持当地的教育、卫生和基础设施建设等。共享还强调在乡村文化的展示与传播中，应当尊重并保护当地文化的真实性和完整性。意味着旅游业的发展应该与当地文化的保护相协调，避免文化的过度商业化和简化。在这一过程中，当地社区的参与和声音至关重要，他们不仅是文化传承的主体，也应该成为旅游业发展的受益者。共享也涉及知识和经验的交流。通过与外部专家、学者、旅游从业者和其他乡村社区的合作，可以促进经验的共享和学习，帮助乡村地区在保护文化遗产的同时发展旅游业。这种交流和合作有助于引入新的观念、技术和管理方法，提升乡村旅游业的整体水平。

二、乡村文化与旅游业协同发展的动力

乡村文化与旅游业协同发展的动力来源于消费需求层次的提高、文化与旅游企业共谋发展的意识的增强、制度和技术创新能力的提升，这些因素共同作用促进了乡村文化与旅游业的协同发展，为乡村地区的文化传承和经济繁荣提供了支持。

（一）消费需求层次的提高

消费需求层次的提升已经成为驱动乡村文化与旅游业协同发展的关键动力。这种需求层次的提升体现在人们对文化产品的追求和对旅游体验的深化上。随着社会的发展和生活水平的提高，公众对于文化的需求日益增长，这不仅反映在对传统文化遗产的关注上，也体现在对创新文化产品的追求上。人们越来越倾向于寻求独特、原创且富有地域特色的文化体验，这为乡村文化的保护和振兴提供了新的机遇。

在乡村旅游领域这种趋势表现为从传统的乡村体验活动，如农家乐、参与农事等，转向对更深层次、更高品质乡村文化体验的需求。当前的游客不满足于体验乡村生活的基本元素，希望深入了解和体验乡村的文化内涵和传统精神。他们对具有地方特色、原生态和高品质的旅游产品的需求日益增长。为了适应这一市场需求的变化，乡村旅游业需要在发展过程中高度融入乡村文化元素。意味着乡村旅游产品的开发不仅需要强调区域特色和文化独特性，还要注重提升产品质量和服务水平。通过这样的方式，可以有效避免市场上的产品同质化的现象，促进产业结构的优化升级。

（二）文化和旅游企业共谋发展的意识增强

随着旅游市场的不断发展和变化，文化和旅游行业间的界限越来越模糊，双方开始意识到通过合作共赢可以发挥更大的发展潜力和市场优势。这种共谋发展的意识体现在几个关键方面。

文化和旅游企业开始认识到将文化元素融入旅游产品和服务中的重要性。这不仅能够丰富旅游体验，提高游客满意度，还能作为一种手段来保护和传播当地的文化遗产。通过这种方式，文化不再仅仅是被动的被展示和观赏的对象，而是成为活生生的、能够互动的旅游体验的一部分。随着消费者对个性化和深度体验的需求日益增长，文化和旅游企业开始共同探索如何创造独特的、定制化的旅游产品。这些产品应不仅能展示乡村地区的文化特色，也能满足游客对于新鲜和独特体验的追求。这种共谋发展的趋势促使两个行业更加紧密合作，共同开发符合市场需求的新产品和服务。两个行业之间的合作也在政策和营销战略层面得到加强。政府和行业协会制定有利于促进文化和旅游业融合的政策，通过提供资金支持、税收优惠等来激励企业进行创新和合作。营销策略也越来越倾向于利用文化元素来吸引游客，如通过节庆活动、文化体验活动等方式，增加旅游目的地的吸引力。

（三）制度和技术创新能力的提升

随着时代的发展，创新成为推动乡村文化与旅游业发展的重要引擎。制度创新和技术进步不仅可以有效地促进乡村旅游业的发展，还能保护和活化乡村文化。

制度创新涉及政策制定和管理体系的改革，以适应乡村旅游业的快速变化和市场需求。政府制定有利于乡村旅游和文化保护的政策，提供资金支持、税收优惠等激励措施，鼓励私人投资和社区参与。政府和相关机构可以建立更加高效和灵活的管理体系，以更好地响应行业的发展需求和市场变化。技术创新则是乡村旅游业发展的另一动力。随着信息技术的进步，数字化工具和平台正在改变旅游业的运作方式。通过社交媒体和在线平台进行市场推广，可以有效地吸引更多游客。此外，应用新技术如虚拟现实、增强现实等，可以为游客提供更加丰富和互动的文化体验。技术创新还包括利用大数据分析来优化服务、提高运营效率和个性化旅游产品。技术创新还可以促进乡村文化的传播和保护。通过数字化手段记录和展示乡村的文化遗产，不仅可以保护这些珍贵的文化资源，还能让更多的人了解和欣赏这些文化。

三、乡村文化与旅游业协同的要素

乡村文化与旅游业协同的要素包括资源与功能协同、品牌与情感协同、创新与人才协同（图4-5）。这些要素之间相互依存、相互作用，推动着乡村文化和旅游业的协同和优化升级。

图4-5　乡村文化与旅游业协同的要素

（一）资源与功能协同

乡村文化与旅游资源的有效协同不仅是实现产品多样性和市场需求满足的关键，而且是提升乡村旅游产业文化价值的重要手段。这种资源协同的过程涉及对乡村文化和旅游资源的深入挖掘、创新开发、有效整合与精心管理。乡村文化资源包括村落的外观、田园风光、农业生产活动、日常生活习俗以及民间风情等，都是珍贵的旅游资源。这些资源不仅展示了乡村地区的自然美景和生活方式，还蕴含了丰富的历史文化价值。为了充分发挥这些资源的潜力，需要通过一系列环节实现资源的协同价值。

在价值开发环节需要对乡村文化的深层内涵进行挖掘，包括了解和诠释当地的历史背景、文化传统和生活方式。通过这一过程，可以发掘出具有吸引力的文化元素，为后续的产品开发和市场推广打下基础。在价值呈现阶段创新规划和新技术的应用至关重要。这涉及如何将传统的文化资源转化为吸引现代游客的旅游产品。例如，利用虚拟现实技术重现历史场景，或者通过创新的展示方式让游客体验传统农耕文化。在价值反馈环节，游客的体验反馈成为衡量资源协同成功与否的重要指标。通过游客反馈，可以了解产品是否满足市场需求，是否真正传达了乡村

115

文化的精髓。

为了实现资源协同，深入分析和挖掘乡村文化旅游资源的特色、分布及组合条件至关重要。这不仅帮助企业明确资源开发的重点和方向，还能够确保乡村旅游产品的独特性和吸引力。通过这样的方法，乡村文化旅游资源的协同不仅能够提升其文化价值，还能够为乡村旅游产业的持续发展打下坚实基础。

（二）品牌与情感协同

通过有效的品牌建设和情感共鸣，乡村旅游不仅能够提升其在市场中的地位，还能深化游客的体验，从而增强其吸引力和竞争力。良好的品牌建设是提升乡村文化旅游竞争力的关键。这需要以地域文化资源为核心，提取乡村地区独特的文化特色，将其融入旅游品牌建设。乡村文化旅游品牌的构建不仅要考虑地区内部的文化资源，还要考虑与其他行业品牌的协同，如与当地的农产品品牌、景区品牌、民宿品牌的整合。这种协同不仅包括资源共享，还包括信息共享和市场共享，从而形成一个有机、统一的乡村旅游品牌体系。通过这种品牌协同，乡村旅游可以更明确地定位自身特色，提升知名度和市场影响力。情感协同也是乡村旅游产业发展中不可忽视的要素。乡村文化旅游的魅力在于其能够满足游客的情感需求，如回归自然、体验乡村生活、感受传统文化等。这些深层次的情感体验对游客的满意度和忠诚度有着重要影响。因此，乡村旅游产品的设计和服务应充分考虑游客的情感需求，通过提供个性化和人性化的服务，创造与游客之间的情感联系。这种情感协同不仅体现在游客与旅游产品之间，也体现在游客与当地社区、乡村文化之间的互动中。通过情感协同，乡村旅游能够传递乡村文化的温度，实现游客、从业者和居民之间的情感互动和文化共鸣。

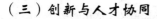

（三）创新与人才协同

通过不断的创新思维和应用技术，乡村文化旅游可以提供更丰富和深入的游客体验。通过培养和吸引高素质人才，可以确保乡村文化旅游的持续发展和竞争力提升。创新协同在乡村文化振兴和旅游业的转型升级中起到了核心作用。创新不仅体现在新的思维方式上，还体现在技术应用上。创新思维鼓励我们从新的视角审视乡村文化，探索新的发展理念和管理方法。通过创新的方式整合乡村的自然风光和文化遗产，创造出独特的文化旅游产品。技术创新在乡村旅游的发展中至关重要。新技术的引入，如信息化和智慧化技术，能够有效提升乡村旅游的服务质量和运营效率。通过技术创新，乡村文化旅游产品更加科学、规范和网络化，从而提升其文化内涵和市场价值。人才协同是实现创新协同的基础，高素质的专业人才是提升乡村文化旅游竞争力的关键。为了解决当前乡村文化旅游发展中的专业人才短缺的问题，需要创新体制机制，建设一支专业化、高素质的人才队伍。一方面，需要提升现有从业者的知识水平和业务能力，包括对他们进行系统培训和支持。另一方面，积极引进具有新思维和管理经验的高素质人才。此外，建立有效的激励和保障措施也是维护乡村文化旅游人才体系良性运转的必要条件。

四、乡村文化与旅游业协同发展的具体路径

乡村文化与旅游产业协同发展要借助于一定的产业形式来实现，其中特色景区、非遗产品、节庆活动、博物馆等产业形式或产品在促进乡村文化与旅游业协同发展过程中发挥着重要的桥梁和载体作用（图4-6）。

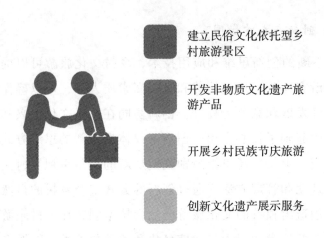

建立民俗文化依托型乡村旅游景区

开发非物质文化遗产旅游产品

开展乡村民族节庆旅游

创新文化遗产展示服务

图4-6 乡村文化与旅游业协同发展的具体路径

（一）建立民俗文化依托型乡村旅游景区

乡村地区往往拥有得天独厚的自然环境和历史遗迹。依山傍水的民居、特色建筑和传统的生活方式，展现了各民族文化的独特魅力。这些元素与农业景观和自然环境相结合，形成了独特的田园风光。传统的民居、庙宇、祠堂、作坊等，以及古树、古井、桥梁等历史遗迹，共同构成了丰富的乡村文化景观。为了更好地开发这些资源，可以将乡村的自然和文化景观作为旅游产品的载体。通过深入挖掘和展示乡村的非物质文化遗产，如本地方言、民间文学、传统音乐、舞蹈、戏剧、美术等，丰富旅游产品的内涵。结合乡村的自然生态，如河流、林地、湖泊等，为游客提供多样化的体验。为了打造完整的乡村文化旅游产业链，要结合乡村的农舍、田野、生产活动和民俗活动。通过提供休闲娱乐、风味餐饮、农事体验和民俗活动等服务，旅游景区可以为游客提供全方位的文化体验。这种体验不仅涵盖了视觉的享受，还包括了对乡村文化深层次的感知和理解。

建立民俗文化依托型乡村旅游景区的关键在于科学合理的规划。这需要平衡文化保护与旅游开发的关系，确保在开发过程中不破坏乡村文化的真实性和完整性。通过合理的规划和管理，乡村旅游景区可以成为文化与旅游业整合互动的典范，为游客提供独特且丰富的文化旅游体验，同时为乡村文化的传承与发展作出贡献。

（二）开发非物质文化遗产旅游产品

乡村非物质文化遗产（简称非遗）是指乡村文化遗产的各种实践、表演、表现形式、知识体系和技能及其有关的工具、实物、工艺品和文化场所。[1] 这些文化形式不仅代表了乡村文化的历史和传统，而且体现了村民与自然和社会环境的互动及适应，是乡村文化认同和多样性的重要体现。非遗的创新和传承是乡村旅游发展的重要资源。村民的文化实践和技能随着环境和历史条件的变化而不断创新，这种代代相传和创新的过程赋予了乡村文化以生命力。因此，开发以非遗为基础的旅游产品，不仅可以为游客提供深度的文化体验，还能促进乡村文化的传承和保护。非遗旅游产品的开发可以围绕制作各种器具、编织、剪纸、雕塑等工艺品进行。通过组织村民参与非遗旅游产品的生产和经营，不仅能为游客提供持续的文化体验，还能促进乡村经济的发展。非遗的传承和发展应遵循其原真性和完整性原则，重视市场需求特点，通过非遗产品的生产、展示和消费等过程唤起人们对乡村文化的深度关注。

在开发非遗旅游产品的过程中，应重点关注非遗传承人和村民的智慧和经验。这不仅有助于非遗旅游产品的"活化"，也能保证非遗的真实性和原汁原味。通过吸收非遗传承人的知识和技能，乡村旅游产品可以更加丰富多彩、更具吸引力。非遗旅游产品的开发不仅提升了游客的文化体验，还实现了将民族文化资源优势转化为乡村旅游产业优势。它还对非遗的传承起到了一种生产性保护的作用。在非遗旅游产品的生产、展示和运营过程中，应注重提取非遗传承人和村民的智慧，使非遗旅游

---

[1] 邹荣.宁夏乡村文旅协同发展概述[M].银川：阳光出版社，2021：52.

产品真正成为连接过去和未来、乡村与世界的桥梁。

（三）开展乡村民族节庆旅游

乡村民族传统节庆活动作为一种文化展示的窗口，不仅集中体现了各民族丰富多彩的习俗和风尚，而且在传承和弘扬民族精神、文化和艺术方面扮演着关键角色。民族节庆活动是民族文化多样性得以展示和传承的重要场合，通过一系列的仪式和庆祝活动，使民族的传统文化艺术得到显性的展示和传递。通过开展丰富多彩的民族节庆旅游活动，如民族舞蹈表演、民族音乐表演、传统技艺展示、传统游戏体验、竞技体育活动、民族婚俗展示、农耕生产体验以及特色美食品鉴等，可以有效地推动乡村文化与旅游业的深度融合。这些活动不仅让游客深入体验和理解当地的民族文化，而且能够激发游客对该地区文化的认同和兴趣，从而提升旅游体验的质量和深度。

乡村民族传统节庆旅游的开展对于传承和弘扬民族文化具有重要的意义。这种形式的旅游活动能够让游客直接参与到当地的文化生活中，感受民族传统的魅力，同时为当地居民提供展示自己才艺的机会。这种互动不仅增强了游客的文化认同感，也加强了村民对自己文化的自信和自觉，从而促进乡村文化的繁荣和经济社会的全面发展。民族节庆旅游还是一种有效的经济发展手段。通过吸引游客参加节庆活动，不仅能够带动当地的旅游业发展，还能促进相关产业如手工艺品制作、餐饮服务、住宿业等的发展。这种旅游模式有助于实现乡村经济的多元化发展，促进当地经济的可持续发展。

（四）创新文化遗产展示服务

乡村文化遗产的展示不只有传统的静态展示形式，如博物馆式的展览，还包括通过现实和虚拟的方式对乡村文化进行多角度、多维度的呈现。传统手工技艺、民族舞蹈、传统生产工具、历史文化、农耕文明等可以通过现场演示、互动体验、数字化展示等形式呈现给游客。此外，利用虚拟现实技术、增强现实等现代科技手段，可以为游客提供更加生动、互动的体验。为了充分挖掘乡村文化的教育价值，可以开辟研学教育旅游基地，将乡村文化遗产的展示与教育相结合。这样的基地不仅为学生和研究者提供了学习和研究的平台，也使乡村文化的知识更易于为公众所理解和接受。通过教育旅游，乡村文化的价值得以进一步传播和普及。

在乡村文化遗产的静态展示中，为了让游客更深入地理解和欣赏这些文化遗产，需要采用立体化、全方位、多形式的展示方式。结合文字介绍、音频解说、视频展示及专业讲解人员的辅助，帮助游客更好地理解乡村文化遗产背后的历史和文化内涵。这样的展示方式不仅提升了旅游体验的质量，也加深了游客对乡村文化深度的理解和认同。乡村文化遗产的展示还需要考虑遗产保护的重要性。对于各类文化器具、实物和手工制品等，需要进行妥善的保存和保护，以确保这些文化遗产得以延续和传承。通过展示和教育，可以增强公众对乡村文化的保护意识，为乡村文化的传承和保护创造良好的社会氛围。这种文化展示不仅是展示历史，更是在向公众传达乡村文化的价值和重要性，促进公众对乡村文化的广泛认识和尊重。

本章小结

本章探讨了乡村文化与旅游业之间的互动关系，分析了乡村文化如何推动旅游业发展，旅游业如何促进乡村文化的传承，以及两者如何实现协同发展。

第五章　文旅融合下乡村旅游资源的
开发与保护

第一节　乡村旅游资源概述

一、乡村旅游资源的概念

乡村旅游资源是指存在于乡村地区的旅游资源，是因审美和愉悦价值而使旅游者向往的自然存在、历史文化和社会现象。[①] 乡村旅游资源是乡村旅游业发展的基础。乡村旅游资源的多样性和独特性是吸引游客的关键，也是乡村地区文化传承和经济发展的重要基础。在开发和利用这些资源时，需要着重考虑这些资源的保护、可持续性发展以及资源开发对当地环境的影响，以确保在保护和利用这些珍贵资源的同时，促进乡村地区的整体发展和繁荣。

乡村旅游资源通常被视为乡村地区独有的、能够吸引游客的各种元

---

① 赵皇根，宋炼钢，陈韬 . 振兴乡村旅游理论与实践 [M]. 徐州：中国矿业大学出版社，2018：88.

素。乡村旅游资源不仅涵盖了自然景观和物理环境，还包括乡村地区的文化、历史和社会活动等。这些资源可以是物质的，如乡村的自然景观、传统建筑、农业生产设施等；也可以是非物质的，如民俗活动、节庆仪式、传统艺术等。这些资源的共同特点是它们具有独特的观赏价值、文化价值，使乡村地区与其他旅游目的地区别开来。乡村旅游资源的核心价值在于能够为游客提供与众不同的旅游体验。这些资源往往富有地方特色，能够反映乡村地区的自然风貌、文化、历史。例如，传统的乡村节庆活动不仅是文化展示的平台，也为游客提供了了解当地文化、与当地社区互动的机会。又如，乡村地区的自然景观和农业活动能够为游客提供与城市截然不同的生态体验和休闲方式。在乡村旅游资源开发过程中，要保持旅游资源原汁原味的特性，要注意保护乡村的自然环境和文化遗产，避免旅游资源过度商业化和文化同质化。乡村旅游资源的合理开发不仅能够提升游客的旅游体验，还能给当地社区带来经济利益，同时，有助于保护和传承当地的传统文化。

二、乡村旅游资源的特点

乡村旅游资源区别于一般的旅游资源，其特点主要体现在以下几个方面（图 5-1）。

图 5-1 乡村旅游资源的特点

（一）文化性

乡村旅游资源的文化性是其核心特征之一，体现了乡村地区丰富的文化传统。乡村旅游资源蕴含丰富的乡村文化。乡村文化资源不仅增强了乡村旅游的吸引力，还为游客提供了深入理解乡村文化的机会。

乡村文化资源通常与其所在的自然环境和社会历史背景密切相关。农园如田园、果园、茶园、花卉植物园和林园等，不仅展示了乡村地区的自然美景，也反映了当地的农业生产方式和农业科技水平。农业科技示范园和农业生态示范园等，通过展示先进的农业技术和生态农业模式，为游客提供了学习和体验现代农业科学的机会。这些资源不仅是自然景观，更是科学知识和生态智慧的体现。乡村文化资源的另一重要方面是民族文化的展示。民族服饰、乡村生产工具、历史文化遗迹等资源，能够使游客深入了解乡村地区的民族风情和文化背景。通过参观这些文化遗产，游客不仅能够学习到关于当地历史和文化的知识，还能够体验到不同民族的生活方式和艺术风格。古镇老街、乡村古民居以及现代新型民居等资源，则展现了乡村地区的建筑文化和地域文化。这些建筑不仅是乡村历史的见证，也反映了乡村社会的发展和变迁。古民居的建筑风格、布局和装饰细节，蕴含着深厚的地域文化和民族文化特色。通过参观这些建筑，游客可以更深入地理解乡村地区的文化和历史。

（二）多样性、广泛性

乡村旅游资源的多样性和广泛性是其重要的特点。这些特点不仅使乡村旅游资源成为旅游业发展的重要基础，也为游客提供了丰富多彩的旅游体验和选择。通过合理开发和利用这些资源，可以促进乡村旅游业的发展，同时有利于乡村文化的保护和传承。

乡村旅游资源的多样性体现在其内容和类型的丰富。这些资源既包括乡村的自然景观，如山川湖泊、森林草原、奇石异洞以及荒漠戈壁等，也包括乡村的文化资源，如农村建筑、生物资源、耕作习俗、手工艺品和民俗风情等。这些资源既有看得见摸得着的有形资源，如建筑、农业产品、生活用品等，也包括无形的资源，如文化习俗、传统技艺和故事传说等。这种多样性的资源不仅为游客提供了广泛的选择，也为乡村旅游的发展增添了丰富的内涵。乡村旅游资源在全球范围内广泛分布，从热带果园到温带牧场，从沿海渔村到高原村寨，乡村旅游资源遍布世界各地。每个乡村地区都有其独特的自然条件和文化背景，这些不同的条件和背景共同塑造了各具特色的乡村景观。这些景观不仅反映了当地居民与自然环境的和谐共处，也体现了世代居民对自然环境的改造和利用。乡村旅游资源的多样性和广泛性为乡村旅游的发展提供了独特的优势。游客可以根据自己的兴趣和需求选择不同的乡村旅游目的地，体验不同地区的自然美景和文化风情。这种多样性和广泛性也为乡村旅游业的持续发展提供了广阔的空间。各地的乡村旅游资源可以相互借鉴和学习，共同促进乡村旅游业的创新和发展。

（三）地域性、民族性

乡村旅游资源的地域性体现在不同地理环境下形成的独特旅游资源。不同的地理环境，如山区、平原、沿海、荒漠等，形成了各具特色的自然景观和文化环境。这种地域差异不仅体现在自然景观上，如山峰的险峻、海岸的宁静，还体现在由此产生的生活方式、建筑风格和农业活动等方面。山区乡村可能以山地特产和传统手工艺为特色，而沿海乡村则可能以渔业和海滨风光为特色。乡村旅游资源的民族性体现在各个民族特有的文化和习俗中。不同民族的历史背景、文化传统、宗教信仰和社会结构等因素，共同塑造了各民族独特的文化特色和旅游资源。这些民族特色体现在服饰、饮食、节庆活动、民间艺术等方面，如某个民族的传统节庆可能具有独特的舞蹈、音乐和仪式，成为吸引游客的重要因素。

在现代社会，城市中各民族的文化逐渐融合，民族与地域特色正在逐渐消失。在这种背景下，具有鲜明地域性和民族性的乡村旅游资源显

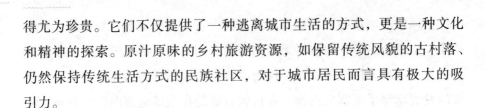
得尤为珍贵。它们不仅提供了一种逃离城市生活的方式，更是一种文化和精神的探索。原汁原味的乡村旅游资源，如保留传统风貌的古村落、仍然保持传统生活方式的民族社区，对于城市居民而言具有极大的吸引力。

（四）季节性、时代性

乡村旅游资源的季节性特点表现在随季节变化而呈现出不同的景观和活动。每个季节，乡村都有其独特的魅力，如春天的花海、夏夜的蛙鸣蝉噪、秋天的丰收场景及冬季的雪景。这些季节性变化不仅体现在自然景观上，还体现在乡村居民的生产生活活动中。春耕秋收、各种节令花卉的绽放、传统节日的庆祝等，都是乡村旅游资源的重要组成部分。这种季节性变化为乡村旅游提供了不同季节的特色体验，使游客可以全年都有不同的旅游选择。

乡村旅游资源的时代性特点体现在它们随社会发展和科技进步而发生的变化。在不同的历史时期，乡村旅游资源的特点和游客的需求有所不同。在经济较为落后的时代，乡村旅游可能侧重于自然风光的欣赏和简单的农耕体验。而在现代社会，随着科技的发展和生活方式的变化，乡村旅游开始注重提供更多样化、更具体验性的活动，如乡村科技示范园、生态农业体验等。乡村旅游资源在逐渐从单纯的自然景观向结合人工元素的综合体验转变。

三、乡村旅游资源的价值评估

乡村旅游资源的价值评估是一个复杂且综合性的过程，涉及多个领域和多种评估方法。这一过程不仅为乡村旅游资源的合理开发提供了依据，也为旅游资源的保护和可持续利用指明了方向。通过全面、客观地评估，可以更好地理解乡村旅游资源的价值，为乡村旅游业的发展制定更加科学合理的策略。

　　首要的是理解乡村旅游资源的价值构成。乡村旅游资源的价值不仅包括直接的经济价值，还涵盖社会价值、文化价值和生态价值。经济价值主要体现在旅游资源直接带来的经济收益，如门票收入、旅游商品销售收入以及旅游带来的就业机会等。社会价值则体现在乡村旅游资源对当地社会发展的影响，如提升当地居民的生活质量、增进社区凝聚力等。文化价值则涉及旅游资源对文化传承的贡献，如保护传统手工艺、推广地方历史故事等。生态价值关注的是旅游资源在维护自然环境和生态平衡中的作用。进行乡村旅游资源的价值评估时需要采用多元化的评估方法。经济价值评估主要采用市场分析、成本收益分析等方法，分析资源的经济效益。社会价值评估则侧重于调查和分析旅游资源对当地社区的影响，如居民满意度调查、社会影响评估等。文化价值评估涉及对文化遗产保护效果的评估，包括文化资源的保存状态、文化活动的举办情况等。生态价值评估则需要关注旅游活动对自然环境的影响，如生态环境影响评估、生物多样性保护状况评估等。评估过程中还需考虑乡村旅游资源的可持续性发展。这意味着在评估资源价值时，不仅要考虑其短期经济效益，还要关注其对社会、文化和生态的长期影响。可持续性评估有助于确保乡村旅游资源的利用在促进经济发展的同时不会损害当地的社会结构、文化传统和自然环境。

四、乡村旅游资源的分类

　　乡村旅游资源的分类是理解和有效利用这些资源的关键。正确分类不仅有助于更好地管理和开发旅游资源，还可以为游客提供更丰富、更有针对性的旅游体验（图5-2）。

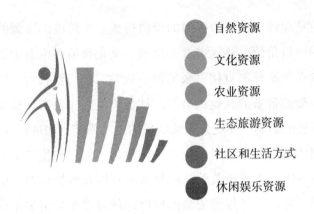

自然资源

文化资源

农业资源

生态旅游资源

社区和生活方式

休闲娱乐资源

图 5-2　乡村旅游资源的分类

（一）自然资源

自然资源包罗万象，从雄伟的山脉到蜿蜒的河流，从宁静的湖泊到茂密的森林，以及多种多样的野生动植物，这些元素共同构成了乡村旅游的自然资源。在山区，自然资源以其独特的地貌和生态环境吸引着游客。山区不仅是登山、徒步等户外活动的绝佳场所，也是探险和自然摄影的理想地点。山区的自然景观，如瀑布、峡谷和高山草甸，提供了独一无二的视觉享受和精神慰藉。湖泊和河流则为游客提供了与水密切接触的机会。这些水体不仅是自然美景的重要组成部分，也是进行各种水上活动的理想场所。在湖泊和河流旁，游客可以进行钓鱼、划船、游泳等活动，或者简单地享受水边的宁静时光。森林作为乡村旅游的重要资源，不仅提供了独特的生态体验，也是体现生物多样性的宝库。在森林中，游客可以进行徒步、观鸟、野营甚至是求知的生态探险。森林中具有多样性的生物和植被构成了一个复杂而独特的生态系统，为游客提供了探索自然的无限可能。乡村地区丰富的野生动植物资源也为旅游增添了额外的吸引力。这些资源不仅增加了乡村旅游的趣味性，也是生物多样性保护和自然教育的重要部分。在乡村地区，游客可以近距离观察野生动植物，了解它们的生活习性和生态价值。

（二）文化资源

乡村的文化资源在乡村旅游中起着至关重要的作用。它们不仅增加了乡村旅游的吸引力，也对当地文化的保护和传承发挥了重要作用。历史遗迹作为文化资源的一部分，为游客提供了一窥乡村历史和文化底蕴的机会。这些遗迹包括古老神秘的庙宇、庄严肃穆的祠堂、历史悠久的宅邸（民居）、古代的防御工事或者其他历史建筑。通过参观这些遗迹，游客不仅可以学习到关于当地历史的知识，还能够感受到乡村地区深厚的历史文化氛围。民俗风情则是乡村文化资源中的另一个重要组成部分。乡村的民俗活动，如传统的婚礼、节日庆典和日常生活方式，为游客提供了亲身体验乡村文化的机会。这些活动不仅反映了乡村的文化特色，还展示了当地居民的生活方式和价值观念。传统节庆活动是乡村文化资源中的亮点。各种传统节日，如春节、中秋节、端午节等，以及地方特有的节庆活动，如庙会、民间艺术表演等，都为游客提供了深入了解和体验当地文化的机会。这些节庆活动不仅丰富了乡村旅游的内容，还有助于当地文化的传承和推广。手工艺品则是乡村文化资源的另一个重要方面。许多乡村地区有着悠久的手工艺传统，如编织、陶瓷、木雕等。这些手工艺品不仅是当地文化的重要组成部分，也是当地居民智慧和创造力的体现。游客可以通过购买这些手工艺品来支持当地经济，同时带走一份独特的文化记忆。

（三）农业资源

农业资源不仅提供了丰富的体验活动，也传达了乡村生活的精神和价值。传统农耕文化是乡村旅游中不可或缺的组成部分，它为游客提供了亲身体验传统农业生活的机会。游客可以参与到实际的农耕活动中，如插秧、收割、打谷等，体验从播种到收获的整个过程。通过这些活动，游客不仅能够亲近自然，了解农业知识，还能够体会到农民辛勤劳动的价值。随着科技的发展，现代化的农业生产方式也成为乡村旅游的一部分。游客可以参观高科技农业园区，了解先进的农业技术，如滴灌、智

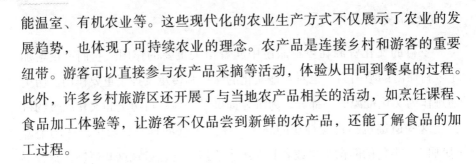

能温室、有机农业等。这些现代化的农业生产方式不仅展示了农业的发展趋势，也体现了可持续农业的理念。农产品是连接乡村和游客的重要纽带。游客可以直接参与农产品采摘等活动，体验从田间到餐桌的过程。此外，许多乡村旅游区还开展了与当地农产品相关的活动，如烹饪课程、食品加工体验等，让游客不仅品尝到新鲜的农产品，还能了解食品的加工过程。

（四）生态旅游资源

生态旅游资源通过提供与自然亲密接触的机会和生态教育项目，不仅丰富了游客的旅游体验，还促进了环境保护和可持续发展。

乡村地区的保护区和自然公园是生态旅游的核心资源。这些区域通常具有独特的自然景观和生态环境，包括珍稀的动植物种群和独特的地质地貌。在这些保护区内，游客可以进行野生动植物观察、徒步探险、生态摄影等活动。这些区域也承担着生态保育和科学研究的职能，为游客提供学习和了解生态系统的机会。在乡村地区，生态旅游资源还包括各种生态体验活动。这些活动旨在向游客强调自然环境保护的重要性，同时提供互动的体验方式。许多乡村地区开展了针对各年龄段的生态教育项目，如生物多样性教学、生态系统工作坊、自然保护区的解说服务等。这些教育项目不仅增强了游客的环境意识，也对当地的生态保护工作起到了积极的推动作用。

（五）社区和生活方式

乡村社区和生活方式作为旅游资源，为游客提供了一种独特的文化体验，使他们能够深入了解乡村的真实面貌和传统价值。

乡村社区提供了一种与城市截然不同的生活方式。游客可以参与到乡村的日常活动中，农作、家务、乡村集市等，体验传统的乡村生活。这种亲身体验有助于游客更好地理解乡村文化和生活方式，同时为他们提供了一种脱离都市喧嚣、回归自然的生活体验。乡村社区中的社会组织和传统习俗是了解当地文化的重要窗口。社区节庆活动、婚礼、丧葬习俗以及其他各种传统仪式都深刻反映了乡村社区的文化特色和社会结构。参与或观察这些活动，游客不仅能够感受到乡村的文化氛围，还能更深入地理解乡村社区的价值观和信仰。很多乡村社区拥有独特的艺术形式和手工艺技术。它们不仅是乡村文化的重要组成部分，也是当地居民智慧和创造力的体现。游客可以通过观看传统舞蹈、音乐表演、手工艺品制作等活动，了解乡村的文化艺术。乡村美食也是社区和生活方式类别中的重要组成部分。每个乡村地区都有其独特的美食和烹饪方式，这些美食不仅是当地文化的一部分，也为游客提供了一种独特的味觉体验。通过品尝当地的传统美食，游客可以更深入地了解当地的农业产品和饮食文化。

（六）休闲娱乐资源

乡村旅游中的休闲娱乐资源为游客提供了从日常忙碌生活中解脱出来，享受宁静的放松机会。这类资源的多样化不仅满足了游客的不同需求，也为乡村旅游增添了额外的吸引力。

农家乐是乡村休闲娱乐资源中最具代表性的一种形式。它通常结合了农业生产和乡村生活体验，为游客提供了亲近自然、体验乡村生活的机会。在农家乐中，游客不仅可以享受到新鲜的农家菜肴，还可以参与到农作、养殖等传统农业活动中，体验乡村的宁静和简单。乡村度假村则提供了更为舒适和高端的休闲体验。这些度假村通常设有完善的住宿设施、餐饮服务以及各种娱乐活动。游客可以在这里远离城市的喧嚣，享受宁静的乡村生活，同时体验到高品质的服务和设施。为满足游客对户外活动的需求，许多乡村旅游地区建立了各种户外运动设施。这些设施可能包括徒步路径、自行车道、钓鱼池、乘船点等，为游客提供了进行户外运动和探险的机会。通过这些活动，游客不仅能够强身健体，还能更加亲近自然。除了传统的休闲娱乐活动外，一些乡村旅游地区还会组织各种文化娱乐活

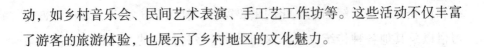

动,如乡村音乐会、民间艺术表演、手工艺工作坊等。这些活动不仅丰富了游客的旅游体验,也展示了乡村地区的文化魅力。

第二节　乡村旅游资源的规划

旅游规划是指为了提高旅游的综合效益而针对某地旅游业发展制订的构思和计划。[①]通过对乡村旅游资源进行科学合理的规划,可以有效地提升乡村旅游的吸引力,增进当地社区的经济福祉,同时保护和弘扬乡村独有的文化和自然资源。这不仅是对乡村宝贵资源的合理利用,也是对乡村传统和自然的尊重和保护。

一、乡村旅游资源规划的意义

乡村旅游资源规划对于当地社区、文化、经济和环境等多个方面具有重要意义。它不仅是促进经济发展的手段,更是文化传承、社会共融和环境保护的重要途径(图5-3)。

图5-3　乡村旅游资源规划的意义

---

① 张松婷 . 乡村文化传承与旅游产业创新:理论与实践 [M]. 长春:吉林大学出版社,2021:125.

（一）经济发展的驱动力

乡村旅游资源的规划对于乡村经济发展具有深远影响。它不仅直接带动了旅游收入和就业机会的增加，还间接促进了当地经济和社区福祉的提升。通过综合规划和合理开发，乡村旅游可以成为推动乡村经济可持续发展的重要力量。

乡村旅游资源的规划首要目的是吸引游客。优质的旅游资源，如风景优美的自然景观、丰富的文化活动和独特的民俗体验，能显著增加游客流量。这种增加不仅带来直接的旅游收入，还有助于提升当地的知名度和吸引力。乡村旅游资源的开发能够直接带动就业市场。新的旅游项目需要工作人员，从管理层到指导员、服务人员，各种职位的需求增加。此外，乡村旅游的兴起也刺激了当地的企业和创业活动，如民宿经营、餐饮服务、当地手工艺品的制作和销售，进一步增加了就业机会。乡村旅游的发展也有助于当地产品的销售。游客对于当地特产，如农产品、手工艺品、传统美食等有较高的兴趣。通过将这些产品融入旅游体验，不仅增加了产品的销量，也促进了当地文化的传播。随着游客数量的增加，相关服务业也得到了发展，包括交通、住宿、餐饮、导游服务等。这些服务业的发展不仅创造了更多的就业机会，还提升了当地的服务水平和生活质量。乡村旅游资源的规划和开发还带来了间接经济效益。旅游的发展刺激了基础设施的改善，如交通、通信、卫生设施等，这对提升当地居民的生活标准和吸引长期投资都有积极影响。通过规划多样化的旅游资源，乡村旅游可以在不同季节和市场变化中保持稳定。除了传统的观光旅游，还可以开发农业体验、文化交流、生态旅游等，这样即使在旅游淡季也能吸引特定类型的游客。

（二）社会共融与身份认同

乡村旅游资源的规划在社会共融和身份认同方面发挥着重要作用。它不仅有助于提升社区成员的生活质量，还促进了文化的保护和传承，加强了社区成员之间的联系，从而建设更加团结和包容的社会。

在乡村旅游资源的规划和管理过程中，居民的参与至关重要。这种参与可以是直接的，如在规划过程中提供意见和反馈，或者是间接的，如参与到旅游服务和产品的提供中。当地居民参与确保了旅游发展计划与当地社区的需求和期望相一致，增加了规划的接受度和有效性。乡村旅游的发展带来了经济收益，直接反映在居民生活质量的提升上。这种提升不仅体现在经济上，还包括了生活环境的改善、基础设施的升级以及更多的文化和娱乐活动的可获得性。通过旅游资源规划，当地独特的文化和传统被重视和展示。这种展示不仅吸引了外来游客，也让当地居民对自己的文化传统感到自豪。这种文化归属感是社区凝聚力的重要组成部分，有助于维护社区文化的多样性和独特性。在乡村旅游资源的规划和开发过程中，社区成员需要协作，共同解决问题，推动项目的成功。这种团结和协作有助于加强社区内部的联系，促进居民之间的相互理解和尊重。乡村旅游资源规划还涉及历史、传统和地方故事的保护与讲述。这有助于居民特别是年轻一代对自己社区的历史和文化产生认同。通过了解和参与这些故事的传承，居民能更好地理解自己的身份和根源。乡村旅游资源规划不仅是经济发展的工具，更是社会发展的推动力。它通过促进社区成员间的相互理解和尊重，以及提升社区的整体福祉和质量，帮助构建更加和谐和包容的社会环境。

（三）促进地区间的互动与学习

乡村旅游资源规划在促进地区间互动与学习方面起着至关重要的作用。这种互动不仅丰富了各地区的旅游发展经验，还促进了区域间相互合作、文化交流和共同面对挑战，有助于整个旅游行业的健康、持续发展。

不同地区在乡村旅游资源的规划和管理中积累了各自独特的经验和知识。通过交流这些经验，各地区能够相互学习，借鉴成功的策略和规划方法。这种交流不仅限于成功案例，也包括在面临挑战时的应对策略，为其他地区提供了重要的参考。地区间的互动还促进了合作和协同发展。可以通过共同的旅游项目、联合营销活动或共享资源来实现。这种合作有助于提升整个区域的旅游吸引力，同时减少资源的重复投入和竞争。乡村旅游资源规划的交流也促进了不同地区在文化上的相互理解和尊重。了解不同地区的文化特色和旅游资源，有助于建立更加开放和包容的文化视野，使各地区相互欣赏和尊重。地区间的互动还有助于建立更广泛的区域旅游网络。这个网络不仅限于信息和经验的共享，还包括资源的共享、市场的共同开发等。这种网络能够更有效地推广区域内的旅游资源，增强区域整体的旅游吸引力。

（四）促进全域旅游发展

全域旅游是一种以整个地区为范围的旅游发展模式，它不仅限于某个特定的旅游点或景区，而是涵盖了整个区域的多种旅游资源和体验。乡村旅游资源的规划对于实现这种全面的旅游发展至关重要，具体如下：

其一，乡村旅游资源的有效规划有助于展示乡村地区的独特性。每个乡村都有其独特的自然景观、文化传统和历史故事，这些资源是全域旅游吸引力的关键组成部分。通过对这些资源的精心规划和开发，可以确保乡村旅游不仅是到访乡村的简单体验，还是一种深入了解和体验当地文化和自然的机会。其二，乡村旅游资源的规划促进了与其他旅游形式的融合。将乡村旅游与城市旅游结合，可以创建一种从城市到乡村的连贯性旅游体验，让游客能够在享受城市的现代化便利的同时体验乡村的宁静和自然。同样，乡村旅游与文化旅游、生态旅游的结合，从城市的历史建筑到乡村的自然景观，从传统节日庆典到生态探险，可以为游客提供更丰富、多样化的旅游选择。其三，乡村旅游资源规划对于全域旅游的可持续性至关重要。通过合理规划，可以确保乡村旅游的发展不会对自然环境造成破坏，同时有助于保护和传承乡村地区的文化遗产。

这种可持续性的发展模式不仅符合全域旅游的长远目标，也符合全球旅游业越来越重视的环境保护和社会责任的趋势。其四，乡村旅游资源规划在提升整个区域旅游吸引力方面发挥着重要作用。一个全面规划的乡村旅游项目可以成为吸引游客的亮点，增加整个区域的旅游吸引力。这不仅有助于提升游客的满意度和旅游体验的质量，还可以促进整个区域旅游业的经济增长。

二、乡村旅游资源规划的特点

乡村旅游资源规划的特点主要体现在其战略性、系统性和特色性（图5-4）。

图5-4　乡村旅游资源规划的特点

（一）战略性

战略性规划反映了对乡村旅游发展的深远洞察，确保规划与更广泛的区域发展计划、经济增长目标和社会需求相协调。

在战略性规划中，重要的是将乡村旅游视为一种综合的发展工具，不仅是为了满足短期的旅游需求或经济收益，而且是将其置于长期可持续发展的框架内。这包括考虑如何通过旅游促进当地社区的经济发展、社会和环境福祉提高，以及如何使乡村旅游资源的开发与全球旅游趋势、市场变化和环境保护等方面保持同步。战略性规划强调在旅游资源的开发和利用中采取前瞻性和预见性的方法。它要求规划者不仅关注当前的资源和条件，而且要预测未来可能出现的发展趋势和挑战，以及这些变化如何影响乡村旅游的可持续性发展。此外，战略性规划还意味着需要考虑到旅游发展对当地文化、社区生活和环境的长期影响，确保旅游活动能够为当地社区带来真正的好处，而不是短期的经济收益。

（二）系统性

系统性规划关注的是如何将自然资源、文化资源、社区需求、基础设施、市场趋势等不同元素有机结合，形成一个协调统一的整体。在这种规划模式下，每一个元素都不是孤立存在的，而是相互连接、相互影响的。一个地区的自然资源不仅是旅游吸引力的基础，也影响着当地社区的生活方式和文化特色，进而影响市场营销策略和基础设施建设。系统性规划还涉及在不同层面上寻求平衡和协调。它要求规划者在保护自然环境的同时考虑文化的保护和传承，以及经济发展的需要。这不仅包括对当前状况的评估，也包括对未来可能出现的变化和挑战的预判。在这个过程中，系统性规划强调的是旅游资源的可持续利用，确保旅游发展既满足当前需求，又不损害未来代际的利益。系统性规划还意味着要考虑到各个利益相关方的需求和预期，包括旅游者、当地社区、政府机构、企业等。通过理解和协调这些不同利益相关方的期望和需求，可以制订出更加全面和有效的旅游发展计划。

（三）特色性

乡村旅游资源规划的特色性强调了对每个乡村独有的文化和自然特征的重视和保护。这种特色性不仅是乡村旅游吸引力的关键，而且是保持乡村文化多样性和传承传统的重要手段。

特色性规划的核心在于识别并强调每个乡村的独特元素。这些元素可以是历史背景、文化传统、特有的自然景观或者社区的独特生活方式。通过专注于这些特色，可以创造出独一无二的旅游体验，吸引那些寻求特定文化或自然体验的游客。特色性规划还意味着需要采取措施保护和传承这些独特元素。不仅包括保存历史遗迹和传统文化，还包括保护自然环境和生态系统。通过将这些元素融入旅游体验，旅游活动本身可以成为传承和弘扬这些独特文化和自然遗产的途径。特色性规划还能加强当地社区居民的文化自豪感和归属感。当居民看到他们的文化和传统被游客欣赏和尊重时，他们对自己的文化身份和遗产的价值认同感会增强。这不仅促进了文化的保存，也加强了社区的凝聚力。在全球化和标准化的趋势下，特色性规划帮助乡村地区以其独特的文化和自然资源作为区分自身的手段，从而在全球旅游市场中脱颖而出。

三、乡村旅游资源规划的原则

乡村旅游资源规划的原则综合考虑了环境、社会、文化和经济等多个方面，旨在实现旅游资源的有效开发和长期可持续性。通过遵循这些原则，规划者可以确保乡村旅游资源的合理利用，同时促进当地社区的整体福祉和可持续发展（图 5-5）。

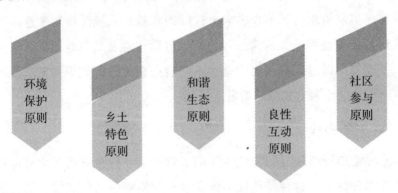

图 5-5　乡村旅游资源规划的原则

（一）环境保护原则

随着工业化进程对自然生态的不断冲击，社会各界对生态环境的保护给予了高度关注。在这样的大背景下，旅游规划作为一种反映时代发展的技术性工作，应当积极拥抱生态文化，承担起保护生态环境和文化多样性的责任。这意味着乡村旅游规划应当基于对景观生态学和生态美学等相关理论的深入理解和科学应用，推动乡村旅游与生态环境的和谐共生，并尽最大努力减少对生态环境的负面影响。在遵循自然环保原则的过程中，乡村旅游规划应注重因地制宜，最大限度地保留乡村的自然风貌和文化特色。在规划过程中，应谨慎对待乡村的自然状态和建筑物的改造，除非绝对必要，否则不应轻易改变其原有的面貌。这一点在当前国内的乡村旅游发展中尤为重要。目前，一些地方错误地将乡村旅游与一般的观光旅游等同对待，为了迎合游客的喜好，不顾原有的自然资源和人文景观，随意改造乡村，这种做法不仅对乡村的生态环境造成了巨大损害，而且背离了乡村旅游的本质和特征。

（二）乡土特色原则

乡土特色原则的核心在于突出和保护每个乡村独有的文化和自然特征，以此作为吸引游客的主要手段，确保在竞争激烈的旅游市场中脱颖而出。乡村旅游的魅力在很大程度上源于其独特的乡土文化。我国五千多年的悠久历史孕育了丰富多彩的乡村民俗文化，而不同地理环境则赋予每个乡村独特的自然和文化特色。正是这些特色，构成了乡村旅游的核心吸引力。因此，乡村旅游规划的关键在于发掘和展示这些特色，使其成为区别于其他旅游形式的显著标志。

实施乡土特色原则意味着在乡村旅游规划中要努力保持与城市环境截然不同的自然和文化景观，包括在环境设计上追求自然野趣和原始韵味，展现乡村的淳朴和天然之美。在植被配置上，应注重本土特色，选择适合当地自然条件的植物，以维持生态的多样性和稳定性。乡土特色原则还强调在乡村旅游规划中要深入挖掘并展现当地的农耕文化和民俗文化。这不仅仅是为了保护和传承这些宝贵的文化遗产，更是为了给游客提供独一无二的文化体验。通过展示地方特色的农业活动、传统节庆、

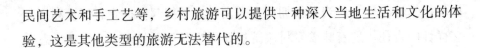

民间艺术和手工艺等，乡村旅游可以提供一种深入当地生活和文化的体验，这是其他类型的旅游无法替代的。

（三）和谐生态原则

乡村旅游资源规划中的和谐生态原则强调了自然环境、人文景观与人类活动之间的和谐共生。这一原则源于对地球表面各种自然元素之间天然和谐关系的深刻理解，强调在乡村旅游规划中保持和增强这种和谐。

从美学角度出发，自然界中土地、岩石、动植物之间形成了一种微妙的平衡，共同构成了一个统一且完整的生态系统。这种自然形成的景观的完整性，其越是突出和明确，就越能给游客带来强烈的视觉和感官体验。这不仅是因为景观的和谐程度直接影响了游客的审美体验，还因为这种和谐本身是自然美的体现。在乡村旅游资源的规划和设计中，应运用整体论的方法，维护和强化景观的内在品质。这意味着在规划时要保护自然景观的原始性和完整性，剔除不符合自然特性的元素，甚至可以适当引入新的元素来强化自然特色，以确保景区保持其原有的纯真、完整、统一、和谐。

乡村旅游的发展是农业（第一产业）与服务业（第三产业）的有机结合，因此，规划需要在经济效益、生态效益和社会效益之间取得平衡。规划应依据生态学原理，建立一个良性循环的生态系统，以获得优良的生态效益。和谐生态原则的实施涉及两个主要方面：生态平衡和生态美学。生态平衡着重于确保旅游区域有良好的生态循环和再生能力，而生态美学则从审美的角度体现生命力、和谐和健康。生命力在规划设计中表现为旅游区域应具备良好的生态再生能力，和谐则体现为人工建筑与自然环境之间的互利共生、相辅相成，形成一种美学上的和谐。健康的概念强调在追求人工与自然和谐的同时创造一个无污染、无害的旅游环境，使游客在生理和心理上都获得满足。

（四）良性互动原则

良性互动原则关注旅游活动与村民日常生活之间的相互作用，良好的人类居住环境能够吸引游客，从而促进旅游业的发展，旅游业的繁荣反过来又能改善当地居民的生活环境。因此，乡村旅游规划应坚持良性互动的原则，以实现旅游发展与居民生活质量提升之间的相互促进。

遵循良性互动原则意味着在规划乡村旅游时，应全面考虑并尊重自然环境，同时充分满足人类的生活和心理需求。在乡村旅游中，参与者主要分为两类：当地居民和游客。这两类群体有着不同的需求和期望：当地居民的需求通常以日常生活和生产为主，而游客则更多寻求休闲和娱乐。因此，规划时要平衡这些不同的需求。从经济效益的角度考虑，游客的休憩和娱乐需求通常是乡村旅游规划的重点，因此提高游客的舒适度和满意度成为规划的关键。然而，考虑到村民是乡村旅游的重要组成部分，提升他们的居住环境同样重要。通过改善村民的生活环境，不仅能提高他们的生活质量，还能为游客提供更加真实和愉悦的乡村体验。乡村旅游规划应致力于创造一个既能满足游客需求，又能改善当地居民生活环境的双赢局面。通过投资改善基础设施、社区发展和环境保护，可以确保乡村旅游的发展与当地居民的福祉相协调。这种良性互动可以带来更加持续和全面的旅游发展，既服务于游客，也惠及当地社区。

（五）社区参与原则

乡村居民不仅是乡村旅游的重要组成部分，也是其文化价值的守护者和传播者。他们对乡村旅游的认可和支持对于旅游业的成功至关重要。因此，确保社区参与成为规划和实施乡村旅游的关键环节，可以避免权利和利益分配不公正的问题，确保乡村旅游的健康发展。

在乡村旅游发展从规划到实施的每个阶段，乡村社区居民的参与都是必不可少的。这种参与应该涵盖从个人到群体，从非正式组织到正式机构的各个层面。具体来说，社区居民应参与到旅游经济的决策和实践中，参与旅游规划的制定和实施，以及环境保护和社会文化的进步。这种参与不仅限于追求经济利益，更重要的是在保护环境和维护社会传统文化方面发挥作用，如参与管理森林资源和参与规划决策的过程。确保社区居民的参与有助于规划更好地反映居民的观点和对旅游的态度，减少居民对旅游发展的反感和潜在冲突。这种参与的最终目标是实现经济发展与资源保护的有效平衡，创造公平的利益分配体系，并增强社区居民保护资源的责任感，使他们积极参与到旅游活动中来。

四、乡村旅游资源规划的要素

乡村旅游资源规划的要素是确保乡村旅游的成功和可持续性。这些要素涵盖了从规划的初期研究到最终实施的各个方面，包括资源的准确评估、社区的全面参与、环境可持续性要求、市场定位，以及监测、评估与反馈机制等（图5-6）。

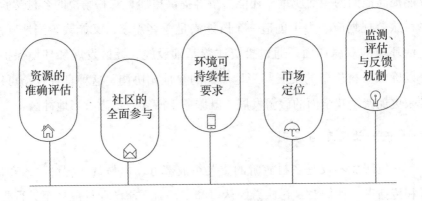

图 5-6　乡村旅游资源规划的要素

（一）资源的准确评估

在乡村旅游资源规划中，对资源的准确评估是确保规划成功的基石。这个过程不仅是对现有资源的简单盘点，还是一种深入的分析和理解，旨在充分挖掘乡村地区的潜力，并为其未来的旅游发展奠定坚实基础。

对乡村旅游资源进行准确评估首先涉及对自然资源的深入分析。这不仅包括传统的自然风光和野生动植物资源，还应包括地质特征、生态系统的多样性和稀有性，以及自然资源的独特性。例如，乡村可能拥有独特的地貌特征或者珍稀物种，这些都是吸引游客的重要因素。在评估这些资源时，考虑其对游客的吸引力、游客访问的难易程度以及资源的长期可持续性至关重要。乡村旅游资源的评估还应包括对文化资源的全面挖掘。这些资源可能包括历史遗迹、传统手工艺、民俗活动和节庆、当地的语言和文学作品，以及其他形式的非物质文化遗产。对这些文化资源的评估不仅要考虑它们的历史和文化价值，还要考虑如何将它们融入旅游体验，从而增强游客的文化体验和认同感。

社会经济资源的评估是乡村旅游规划中不可忽视的一部分，包括对当地社区的结构和动态、基础设施的现状和潜力、交通网络的便利性以及当地居民的态度和期望进行全面分析。了解社区的需求和期望有助于规划更贴近当地居民的生活，并促进社区参与和支持。在评估乡村旅游资源时，考虑资源的可持续性、吸引力和发展潜力至关重要。可持续性评估确保了旅游活动不会对自然和文化资源造成损害，同时促进当地社区的经济和社会发展。资源的吸引力评估则关注于如何最大化地利用资源的独特性来吸引游客。发展潜力的评估则关注于资源的长期价值和可塑性，以及如何在不损害资源可持续性的前提下使其经济和社会效益最大化。

（二）社区的全面参与

社区的全面参与不仅体现在让社区居民的声音被听到，更涉及让他们成为旅游发展的积极参与者和受益者。通过充分利用当地居民的知识、技能和经验，乡村旅游规划能够更加贴近当地的实际情况，增强旅游项目的有效性和可持续性。社区参与的核心在于激发居民的参与意识和积极性。这可以通过组织工作坊、公开会议和调查等形式实现，从旅游规划的初步构想到最终实施，让居民在旅游发展的各个阶段发表意见。通过这种方式，社区居民不仅能表达他们的需求和期望，还能对旅游项目的方向和内容有更深的理解和投入。社区的全面参与有助于识别和解决可能出现的冲突，如资源使用和利益分配方面的冲突。当社区居民参与决策过程，他们更可能接受和支持旅游项目，因为他们感到自己的需求和担忧得到了认真对待。这种参与还有助于建立共识，形成对旅游发展方向和方法的共同理解。

让社区居民参与旅游项目的监督和评估是确保旅游活动符合当地社区利益的有效方式。居民可以参与到旅游项目的定期评估中，帮助识别问题和挑战，提出改进建议。这样的参与不仅增强了旅游项目的透明度和问责机制，也促进了居民对旅游项目的所有权感。当地居民更倾向于支持那些考虑了他们长期利益和福祉的旅游项目。通过促进社区经济的发展、保护文化遗产和自然环境，社区参与有助于实现经济、社会和环境可持续性的平衡。社区参与还确保了乡村旅游项目能够真实地反映当地的文化和价值观。居民的参与有助于揭示和保护当地的文化特色，确保旅游活动尊重并弘扬当地传统和文化。

（三）环境可持续性要求

乡村旅游规划中的环境可持续性要求对自然环境的保护和恢复给予高度重视。这意味着在规划和实施旅游项目时，需要采取措施以减少对自然资源的消耗和对生态系统的破坏。规划中应考虑使用环境友好型材料，采用节能技术和有效的废物管理系统，也可以包括对受损生态系统的恢复工作，如重建自然栖息地、保护水源和提升土地的自然肥力。社会可持续性着重于保护和促进当地的文化和传统。乡村旅游规划应尊重当地社区的文化价值观和生活方式，支持当地的文化活动和节庆，以及保护历史遗址和文化遗产。通过这种方式，旅游不仅可以成为当地文化传承的工具，也能吸引游客认识和欣赏当地文化。经济可持续性则涉及通过旅游活动促进当地经济的发展，同时确保长期的经济稳定，包括创造就业机会、支持当地企业和手工艺的发展，以及提高旅游收入的再投资。此外，规划应鼓励当地居民参与旅游经济，从而确保旅游带来的收益能够惠及整个社区。

在乡村旅游规划中，实施环境友好型实践是实现可持续性发展的重要途径，包括采用可持续建筑设计、实施节水和节能措施、使用可再生能源，以及实施有效的垃圾和废物回收管理。这些措施有助于减少旅游活动对环境的负面影响，同时提高资源使用的效率。乡村旅游规划应结合当地的环境和社会特征。这意味着规划应基于对当地自然环境和社会文化背景的深入了解，设计既适合当地环境又能满足游客需求的旅游产品和服务。

（四）市场定位

乡村旅游规划中对市场定位的准确性至关重要，它直接影响着旅游项目的吸引力和成功。有效的市场定位不仅能够确保旅游产品和服务满足游客的需求和期望，还能够帮助乡村旅游目的地在竞争激烈的旅游市场中脱颖而出。

对目标市场的准确定位首先需要深入理解潜在游客的偏好和需求，包括了解游客的旅游动机、兴趣点、消费习惯和行为模式。有的游客可能更倾向于探索自然和野生动植物，有的游客则可能对当地的文化和历史更感兴趣。通过对这些偏好的理解，可以更好地设计旅游产品和服务，以满足不同游客的需求。市场定位的准确性还取决于对旅游市场的详细研究。这涉及对旅游趋势、竞争对手、市场细分和潜在机会的分析。市场研究能够揭示目标游客群体的特征和偏好，从而帮助规划者设计符合市场需求的旅游产品，如特色住宿、文化体验活动、生态旅游等。市场定位的准确性还体现在乡村旅游产品类型和风格的明确。这意味着根据目标市场的特点，确定乡村旅游的主题和特色，如强调农业体验、文化探索或生态旅游。明确的产品类型和风格有助于吸引对特定旅游体验感兴趣的游客。准确进行市场定位后还需要有效的营销策略来吸引目标游客群体，包括采用适合目标市场的推广渠道，如社交媒体、旅游展会、合作营销等。营销策略应根据游客的偏好和行为进行定制，以使影响力和吸引力最大化。

（五）监测、评估与反馈机制

监测、评估与反馈机制是乡村旅游资源规划的关键因素，它不仅有助于确保旅游项目的有效实施和目标达成，还促进了旅游项目的持续改进和可持续发展。通过这一机制，乡村旅游可以实现对资源的高效利用，同时确保其对环境、经济和社会的积极影响。监测机制的主要目的是实时跟踪乡村旅游项目的实施进度和表现。具体包括监控项目的关键指标，如游客数量、收入、运营成本等。此外，监测还应覆盖旅游项目对当地社区的影响，包括社会参与度、就业机会的增加以及对当地生活方式的影响。定期评估旅游项目的综合影响是确保其可持续性的重要步骤，环境影响评估着重于旅游项目对自然资源和生态系统的影响，包括资源消耗、污染排放和生物多样性的保护。经济影响评估则涉及旅游项目对当地经济的贡献，如旅游收入、就业机会和当地企业发展。社会影响评估则关注旅游项目对当地社区的影响，如社会结构、文化传承和居民生活质量。监测和评估的结果应用于对旅游规划和操作的调整和优化，这意味着根据收集到的数据和反馈，及时识别和解决问题，调整策略和实践，以提高旅游项目的效率和效果。这可能涉及调整旅游活动的规模、改善基础设施、提供新的服务或活动，甚至重新定位市场策略。

监测、评估和反馈机制是一个持续学习和改进的过程，它提供了宝贵的经验和教训，有助于未来旅游项目的规划和管理。这种机制还能够促进透明度的提升和建立问责制，增强社区和利益相关者对旅游项目的信任和支持。有效的监测和评估机制应涵盖多方利益相关者的视角，包括当地居民、游客、项目运营者、政府机构等。这样可以确保评估结果更全面，更能反映不同群体的需求和期望。

第三节 乡村旅游资源的开发

乡村旅游资源的开发是指运用一定的资金和技术，对乡村的自然旅游资源、文化旅游资源和社会旅游资源进行开发利用，使其产生经济价值及其他多种价值，或加强其已被利用的广度和深度而提高其综合价值。[①]

一、乡村旅游资源开发的重要意义

乡村旅游资源的开发对于经济增长、文化传承、环境保护和社区发展都具有重要的意义。它不仅能够带动乡村地区的经济和社会发展，还能够促进乡村文化的保护和环境的可持续利用（图5-7）。

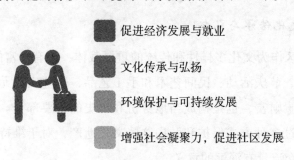

促进经济发展与就业

文化传承与弘扬

环境保护与可持续发展

增强社会凝聚力，促进社区发展

图5-7 乡村旅游资源开发的重要意义

（一）促进经济发展与就业

乡村旅游资源的开发在促进当地经济发展和就业方面发挥着至关重

---

① 崔勇前.新时代乡村旅游发展研究[M].北京：中国商业出版社，2021：62.

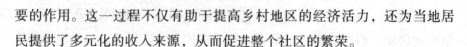

要的作用。这一过程不仅有助于提高乡村地区的经济活力，还为当地居民提供了多元化的收入来源，从而促进整个社区的繁荣。

乡村旅游资源的开发通过吸引游客，直接增加了旅游消费和投资。游客对各种旅游产品和服务的需求刺激了当地经济的活力，带动了与之相关的其他行业，如住宿、餐饮、交通、零售、文化娱乐、体育活动和地方特色产品的销售等。乡村旅游业的兴旺为当地居民提供了丰富的就业机会。这些就业机会不仅限于直接提供旅游服务的行业，如酒店、餐馆和导游服务，还包括与旅游业相关联的行业，如农业、手工艺品制作和地方特产销售。通过这些工作机会，旅游业有助于提高当地居民的收入水平，改善他们的生活条件。乡村旅游还能刺激当地农业和手工艺的发展。游客对地方特色产品的需求促进了农产品和手工艺品的销售，从而为当地农民和工匠增加了收入来源。这不仅有助于保护和发展当地传统技艺，还能推动农业向可持续和更加高效的方向发展。旅游业的发展也推动了当地基础设施的改善，如交通、卫生设施，这些改善不仅惠及游客，也极大地提升了当地居民的生活质量。

（二）文化传承与弘扬

乡村地区作为文化多样性和传统的重要载体，拥有丰富的文化遗产，如传统习俗、节庆活动、民间艺术和手工艺品，这些文化元素不仅是乡村地区的宝贵财富，也是构成当地身份和历史的重要部分。乡村旅游资源的开发通过多种方式保护和弘扬这些文化遗产，对于维持文化多样性和促进文化交流具有深远的意义。

乡村旅游的开发使当地的文化遗产得以保存和展示。许多乡村地区的传统文化在现代化和全球化的进程中面临着被遗忘和消失的风险。通过旅游业的发展，当地的传统习俗和手工艺品可以得到重新关注和重新认识。这不仅有助于保护这些文化遗产，还能够将其传承给后世。将当地文化元素融入旅游产品还可以显著提升游客的体验质量，游客通过亲身体验当地的文化活动，如节庆、民间艺术表演和手工艺品制作，能够更深入地理解和欣赏当地文化。这种文化体验通常比传统的观光旅游更加深刻和难忘。乡村旅游资源的开发还有助于提升当地居民对自己文化的自豪感和归属感。当地居民在向游客展示自己的文化和生活方式时，不仅能够得到经济上的收益，还能够加强对自身文化身份的认同。这种自豪感和认同感对于文化遗产的保护和传承至关重要。通过文化的展示和分享，乡村旅游还能够促进外界对当地文化的认识和尊重。游客对于不同文化的理解和欣赏能够促进文化间的相互尊重和理解，有助于构建多元和谐的文化环境。

（三）环境保护与可持续发展

在科学的规划和管理指导下，乡村旅游不仅可以带来经济上的利益，还能够促进环境的保护和可持续利用。

乡村旅游的发展提供了一个独特的机会来保护和恢复自然环境，通过生态旅游等形式，旅游业能够直接促进对自然景观和生态系统的保护，包括保护生物多样性、维护自然景观的完整性、恢复受损的生态系统，以及保护野生动植物。生态旅游的发展鼓励游客和当地社区珍惜和尊重自然资源，从而减少对环境的破坏。乡村旅游还可以促进可持续的农业实践。随着农业旅游的兴起，更多的游客对传统农业和有机农业产生兴趣。这不仅为当地农民提供了新的收入来源，还推动了环境友好型农业的实践，如有机种植、水土保持和生物多样性的保护。通过这种方式，旅游业可以帮助当地农民采用更加可持续和生态友好的农业方法。

在乡村旅游资源的开发中，合理利用自然资源是实现可持续发展的关键。这意味着在旅游活动中采取措施减少对自然资源的消耗和浪费。通过使用可再生能源、减少水资源浪费、实施垃圾分类和回收等措施，可以在保护环境的同时促进旅游业的发展。乡村旅游还有助于提升公众对环境的保护意识。通过参与生态旅游和农业旅游活动，游客可以直接体验自然环境和农业生产，从而更好地理解环境保护的重要性。这些活动也为当地居民提供了环境保护教育的机会，增强了他们对可持续生活方式的认识和实践。

（四）增强社会凝聚力，促进社区发展

乡村旅游资源的开发不仅促进了社区经济的增长，还加强了社区内部的联系和支持，改善了基础设施和公共服务，提升了居民的生活质量，并促进了文化交流和社会和谐。通过这种全面的发展，乡村旅游有助于实现社区的整体发展和长远繁荣。在乡村旅游项目的开发和实施过程中，社区成员的参与是关键。这种参与可以采取多种形式，如共同规划、决策、管理和营运旅游相关的业务。通过这种方式，社区成员可以共同体验合作的过程，分享成功的喜悦，从而增强社区内部的联系和支持。当地居民在共同努力实现共同目标的过程中，不仅能够加深相互间的理解和信任，还能够增强对社区的归属感和自豪感。

随着乡村旅游的发展，通常需要改善和扩展基础设施和公共服务以满足游客和当地居民的需求。其包括改善交通网络、提升医疗和教育设施、建设休闲和娱乐设施等。这些改善不仅使得乡村地区对游客更具吸引力，也显著提升了当地居民的生活质量。便利的交通可以减少居民出行的时间和成本，改善的教育和医疗设施可以提高居民的福祉。乡村旅游的发展还能推动社区经济的多元化，为当地居民提供更多的就业和创业机会。这些机会不限于传统的旅游业务，还包括与旅游相关的多种服务和产品供应。此外，旅游业的收入可以再投资于社区，用于支持教育、卫生和文化项目，从而提升社区的整体社会福祉。乡村旅游还为当地居民与来自不同文化背景的游客提供了交流的平台。这种交流有助于加深当地居民与游客对彼此文化的理解和尊重，吸收其他文化的有益元素，促进社会和谐。

二、乡村旅游资源开发的基本原则

乡村旅游资源开发过程中要遵循以下基本原则（图5-8）。

乡土特色原则　保护性开发原则　自然美和人工美协同原则　经济效益和社会效益相结合原则

图 5-8　乡村旅游资源开发的基本原则

（一）乡土特色原则

乡村旅游资源开发的乡土特色原则强调保持和弘扬乡村地区独特的文化和自然特质。这一原则的核心在于展现乡村地区的本土特色，包括自然环境、传统习俗、民风民俗以及地方特有的文化元素。实施乡土特色原则的目的是为游客提供一种独特的、根植于当地文化和环境的体验，同时保护和促进当地文化和自然环境的可持续发展。

乡村旅游的吸引力在很大程度上来自其提供的与都市生活截然不同的体验。这种体验源于乡村的自然环境、传统的生活方式和未经过度商业化的淳朴风情。保持乡村的"土味"和"野味"意味着在开发旅游资源时，要避免破坏乡村的自然风貌和独特的生活节奏，保持其原有的风味和特色。乡土特色原则还强调展示乡村本土的特有民俗民风，包括当地的历史故事、节庆活动、民间艺术、传统手工艺、农业实践等。通过展示这些文化元素，不仅能够丰富游客的旅游体验，还能够促进当地文化的传承和发展。

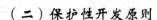
（二）保护性开发原则

乡村旅游资源开发的保护性开发原则强调在旅游资源的开发过程中应优先考虑对环境和文化的保护。这一原则的核心是确保在带动经济增长和满足旅游需求的同时不损害自然环境、文化遗产和社区的整体福祉。保护性开发原则要求旅游开发活动在提升经济价值的同时维护和增强环境和文化的可持续性。保护性开发原则要求在乡村旅游资源的开发过程中，将环境保护作为首要考虑因素。这意味着在规划和实施旅游项目时，需要采取措施使对自然景观、生态系统和生物多样性的影响最小化。其包括限制游客数量、采用环境友好的建设方法和材料，以及在设计中考虑到生态保护和景观恢复。保护性开发原则同样适用于文化资源的保护。乡村旅游开发应尊重和维护当地的文化遗产，包括传统习俗、历史遗迹和手工艺品等。这种保护不仅体现在物理保存上，也包括对当地文化价值观和生活方式的尊重。通过保护性开发，可以确保文化资源在旅游活动中得到合理利用和传承。保护性开发原则还强调社区的参与和福祉，乡村旅游的开发应鼓励当地社区积极参与，确保他们能从旅游活动中获益。旅游开发活动应考虑到社区的长期福祉，避免对当地居民的生活造成负面影响。通过与社区合作，可以找到既能促进旅游发展又能保护当地社区利益的方法。

（三）自然美和人工美协同原则

自然美和人工美协同原则强调在旅游开发过程中平衡自然环境的保护和人为干预。这一原则的核心在于创造一种既能展示自然之美，又能体现人类创造性和文化特色的旅游环境。它要求在尊重和保护自然景观的基础上，巧妙地融入人工元素，以增强旅游体验，保持自然环境的完整性和持续性。

在乡村旅游资源的开发中，保护自然景观是至关重要的。这意味着在规划旅游项目时，应考虑如何将对自然环境的影响最小化。保护自然景观包括维持生态系统的平衡、保护野生动植物的栖息地，以及保持自然资源的原始状态。这种保护不仅有助于维持生物多样性，也为游客提供了欣赏和体验自然之美的机会。人工美的融入是乡村旅游资源开发中不可或缺的一部分。人工美主要体现在旅游基础设施的建设、景观设计以及文化活动的创造上。人工元素的设计和布局应与自然环境和谐相融，既体现人类文化和艺术的创造性，又不破坏自然环境的原貌。旅游设施的建设应考虑到与周围景观的协调性，采用环保材料，并尊重当地的建筑风格和文化传统。实现自然美和人工美协调发展的关键在于精心的规划和设计。这需要旅游规划者具备极强的环境意识和文化敏感性，以及创新和审美能力。在规划过程中，应充分考虑地区的自然特点、历史背景和文化特色，设计出既能突出自然之美，又能展现人文之美的旅游产品。

（四）经济效益和社会效益相结合原则

经济效益和社会效益相结合原则强调在旅游业的发展过程中，既要考虑经济收益的最大化，也要兼顾社会福祉和文化价值的提升，从而实现经济增长和社会发展的双重目标，确保旅游业的发展为当地社区带来全面的利益。

在乡村旅游资源的开发中，追求经济效益是必不可少的。经济效益主要体现在增加旅游收入、创造就业机会、促进当地产业发展等方面。通过吸引游客，乡村地区可以从住宿、餐饮、旅游服务等方面获得直接收益。此外，旅游业的发展还可以带动当地的农业、手工艺品制作等相关产业，从而增强整个地区的经济活力。与经济效益相辅相成的是社会效益的考虑。社会效益涉及提升当地居民的生活质量、保护和传承文化遗产、促进社会和谐以及提高环境保护意识等。在乡村旅游资源的开发过程中，应注重给当地居民提供更多的参与机会，确保他们能从旅游发展中获得实际利益。旅游项目应尊重并保护当地的文化和传统，促进文化交流和理解，增强社区的凝聚力。实现经济效益和社会效益的平衡是乡村旅游资源开发中的重要挑战。这要求旅游开发不仅要追求经济上的回报，也要考虑到对社会和环境的长期影响。在旅游项目的规划和运营中，应采取措施减少对环境的影响，同时为当地居民提供培训和就业机会，保护当地的自然资源和文化遗产。

三、乡村旅游资源开发的一般流程

乡村旅游资源的开发是一项复杂的系统工程，要从资源固有的客观规律着手，有计划、有步骤地进行，避免旅游资源的浪费甚至破坏。[①]乡村旅游资源开发一般包括以下流程（图5-9）。

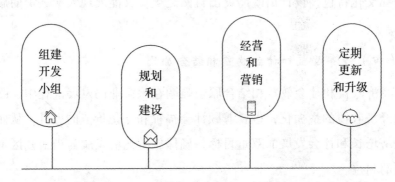

图5-9　乡村旅游资源开发的一般流程

（一）组建开发小组

在乡村旅游资源的开发中，组建开发小组是起始且关键的步骤。这一阶段的重点在于会聚不同领域的专家和利益相关者，形成一个多元化、高效能的开发小组。开发小组通常包括旅游规划师、市场营销专家、文化遗产专家、环境保护专家，以及地方政府和社区代表。团队的多学科背景确保了在开发过程中能够全面考虑旅游资源的各个方面，从而制订

---

① 崔勇前．新时代乡村旅游发展研究［M］．北京：中国商业出版社，2021：64．

出既实用又创新的开发方案。

开发小组的主要职责是对乡村旅游资源的开发进行全面规划和管理，包括明确项目的目标、范围、预算和时间表，以及评估潜在的风险和挑战。开发小组还需要深入分析目标市场，了解潜在游客的需求和期望，从而更有效地定位乡村旅游产品。开发小组还需与当地社区紧密合作，确保他们的利益和需求得到充分考虑。这种合作不仅有助于提升旅游项目的接受度和成功率，而且能确保旅游发展与当地的社会文化相协调。通过社区的参与，可以更好地保护和传承乡村文化，同时提升当地居民的生活质量。

（二）规划和建设

规划和建设是乡村旅游资源开发中的核心环节，直接决定了旅游项目的成功与否。在这个阶段，开发小组的主要任务是制订一个全面且可行的计划，涵盖从资源定位到具体实施的各个方面。

规划阶段的首要任务是确定旅游资源的定位。这涉及对当地的自然景观、文化遗产、民俗活动等进行深入的分析，以确定哪些资源最具吸引力，能够成为旅游开发的焦点。定位应结合乡村的独特性和市场需求，确保旅游产品既具有吸引力又具备可行性。随后是目标市场的分析，包括了解潜在游客的偏好、消费能力和旅游行为模式。基于这些信息，开发小组能够设计出符合市场需求的旅游产品，如生态游、文化体验游、农业旅游等。在旅游产品设计完成后，接下来的重点是基础设施的建设，包括道路、住宿设施、游客中心、娱乐设施等。这些基础设施的建设不仅要满足功能需求，还要考虑到对当地环境和文化的影响。建筑设计和材料选择应尽量与乡村的自然环境和传统风格相协调，以减少对景观的破坏。环境保护和文化遗产的保护也是规划和建设过程中不可忽视的要素。这意味着在开发过程中要采取相应措施，如限制游客数量、使用环保材料、保护重要的文化遗址等，以确保旅游发展不会对当地的生态环境和文化传统造成负面影响。

（三）经营和营销

在经营和营销阶段需要综合考虑服务质量、市场策略和社区合作，以确保乡村旅游项目的成功和可持续发展。通过精心规划的经营策略和创新的营销方法，乡村旅游项目能够在激烈的市场竞争中脱颖而出，实现长期的成功和增长。在经营策略方面，重点应放在提供高质量的服务管理上，确保游客体验的优质和连贯性。这包括但不限于员工培训、服务流程优化，以及对旅游设施的持续维护和管理。此外，质量控制机制的建立也同等重要，它确保了服务和体验的标准得以维持和提升。在定价策略上，需要考虑到成本、市场竞争状况以及目标群体的消费能力，制定合理的价格结构。在营销计划方面，现代的营销渠道尤其重要。这涉及通过数字媒体、社交平台、在线广告以及电子邮件营销等方式推广乡村旅游产品。这些渠道能够帮助项目连接更广泛的受众，同时提高效益。除了数字营销，传统的广告、公关活动和参与旅游展会等方式也能有效地提升旅游项目知名度。

在经营和营销的过程中，还需特别注意对当地社区的影响。所有经营活动应确保对社区利益的正面影响，如促进当地就业、支持当地产品等。可持续性是另一个重要考量点，应确保旅游活动对环境的影响最小化，同时促进当地经济发展和文化繁荣。

（四）定期更新和升级

定期更新和升级是确保乡村旅游资源长期具有吸引力和竞争力的关键。通过不断改进和创新，乡村旅游项目不仅能够吸引更多的游客，还能对当地社区产生积极的经济和社会影响，促进旅游业与乡村文化和谐共生。

更新和升级首先需要基于对市场趋势的深入理解。随着旅游市场的演变，游客的兴趣和需求可能会发生改变。因此，持续的市场研究和游客反馈分析对于识别新的机会和潜在的改进领域至关重要。这些信息可以指导开发小组调整旅游产品，如引入新的旅游活动或者改善现有的旅游路线。设施的改善和服务质量的提升也是更新和升级过程中的重要组成部分。这可能涉及对住宿设施、餐饮服务、娱乐活动等进行现代化升级，以提供更加舒适和丰富的游客体验。不断提高员工的服务水平和专业技能也是确保高质量服务的关键。在进行更新和升级的同时，旅游开发对当地社区和环境的持续影响进行监测也非常重要。这不仅涉及评估旅游活动对自然环境的影响，还包括评估其对当地社区经济和文化的影响。可持续性和社会责任应始终是旅游资源开发的核心考虑因素。

四、乡村旅游资源开发的管理策略

乡村旅游资源的有效管理可以确保乡村旅游资源的有效利用和长期保护，促进乡村文化的传承和当地社区的发展。以下管理策略有助于实现文旅融合，使旅游业成为推动乡村全面发展的重要动力。

（一）加强对创新型产品的开发

创新型产品的开发策略应当集中于挖掘和利用乡村独特的自然资源和文化遗产，同时关注市场动态和游客需求的变化。通过这种方式，不仅能够为游客提供独特且丰富的体验，还能够促进乡村经济的发展，实现旅游业与乡村文化的有效融合。举例来说，许多乡村地区拥有丰富的自然资源和独特的文化遗产，这些都是创新旅游产品开发的宝贵资产。通过利用这些资源，可以开发一系列与众不同的产品，如特色农产品体验、文化遗产主题游、生态农业旅游等。利用特定地区的独特地理环境，可以开发当地特色的农产品，如具有地方特色的食品、饮料或手工艺品。这些产品不仅能够引起游客的兴趣，还能够提升当地的经济水平。在开发乡村旅游产品时，结合当地的历史和文化元素也是一种有效的策略。对于名人故居或历史遗址周边的乡村，可以开发一系列与之相关的纪念品，如以名人为主题的工艺品、书籍或其他文化产品。这种开发方式不仅能够增强游客的文化体验，还能够促进大众对当地历史和文化的了解和传承。

在乡村旅游资源开发的过程中，重视市场需求和游客偏好的变化至关重要。这意味着需要定期进行市场研究，以了解最新的旅游趋势和游客的兴趣点。基于这些信息，乡村旅游产品的开发可以更具针对性，满足游客的需求。随着人们对健康和生态旅游兴趣的增加，开发与健康和生态相关的旅游产品，如农场体验、自然徒步、野生动植物观察等，将具有很大的市场潜力。

（二）开发多元化的旅游项目

开发多元化的旅游项目策略的核心在于整合乡村地区的多样资源，创造出独特的旅游体验，从而吸引更广泛的游客群体。通过这种方法，乡村旅游不仅能够提升其吸引力，还能够促进当地经济和文化的发展。结合乡村旅游与特色的旅游项目。在具有丰富历史和文化遗产的乡村地区，可以通过重现历史事件、展示当地的文化遗产等方式，提供深度的文化体验。比如，在红色资源丰富的村庄中，可以开发以革命历史为背景的主题旅游项目，通过再现历史场景、模拟战争体验等方式，让游客深入了解历史并亲身体验。还可以探索乡村旅游与生态旅游、农业体验游、民俗文化游等不同类型的融合。

在多元化旅游类型的开发中，重要的是确保这些活动能够真实地反映乡村的特色，同时保护和尊重当地的自然环境和文化传统。通过这种方式，不仅能够提升乡村旅游的吸引力，还能促进乡村旅游产业链的形成和发展，为当地社区带来经济和文化上的双重收益。这种策略有助于实现乡村旅游资源的全面开发，同时传承和保护乡村文化遗产。

（三）科学经营，提高服务水平

在乡村旅游资源的开发中，科学经营和提升服务水平是促进乡村旅游业发展的关键。通过连接各个独立景点，设计并打造一系列精品旅游路线，可以实现资源共享和优势互补。创建以特定主题或地域特色为基础的旅游路线，不仅能提供连贯的旅游体验，还能增加旅游项目的多样性和吸引力。一站式服务的实现，不仅方便游客，还能提高运营效率和游客满意度。在保证现有旅游发展专项资金的基础上，应扩大资金规模并提高资金使用效率，支持旅游项目的建设和升级。应降低行业准入门槛，吸引社会资本和民营企业投资。通过提供税收优惠、合理的价格政策和便利的建设用地政策，激励更多的投资者参与到乡村旅游业的发展中。提升接待与服务水平是提高乡村旅游吸引力的核心。这包括引进专业的接待和服务人员、提供高质量的培训以及优化服务流程。优质的服务不仅能提升游客体验，增强其对乡村旅游目的地的好感和忠诚度，还能促进口碑传播，吸引更多游客。

（四）加强宣传，提高乡村旅游知名度

乡村旅游资源的有效管理和发展离不开强有力的宣传和品牌建设。很多乡村景点由于缺乏足够的知名度，未能充分展示其独特魅力和吸引游客。因此，加强宣传和提高乡村旅游的知名度是至关重要的。其一，乡村旅游形象的设计和塑造是提高知名度的关键步骤。通过全面且准确地传达乡村的自然美，可以有效地表现乡村旅游的总体形象。这包括利用视觉艺术、文案创作和媒体内容，展现乡村的自然风光、文化特色和独特体验。这样的形象设计不仅能吸引游客的注意，还能增强他们对乡村旅游目的地的记忆。其二，营销策略的制定同样重要。以生态美和风景美为基点，乡村旅游品牌的打造应聚焦于其独特的自然和文化资源。其涉及市场细分、目标客户群的确定以及产品定位。通过有效的品牌策略，可以提高乡村旅游的市场竞争力，吸引更多的潜在游客。其三，多

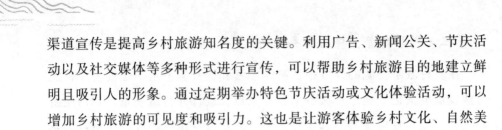

渠道宣传是提高乡村旅游知名度的关键。利用广告、新闻公关、节庆活动以及社交媒体等多种形式进行宣传，可以帮助乡村旅游目的地建立鲜明且吸引人的形象。通过定期举办特色节庆活动或文化体验活动，可以增加乡村旅游的可见度和吸引力。这也是让游客体验乡村文化、自然美景和当地生活方式的好机会。

（五）加强旅游风险管理和应急预案制定

在乡村旅游业的快速发展中，其所面临的风险多样化，包括自然灾害、健康危机和其他不可预见因素，这些都可能对旅游活动及其参与者产生重大影响。因此，建立全面的风险管理体系和应急预案对于确保旅游业的稳定和可持续发展具有重要意义。识别和评估潜在风险是风险管理的关键步骤，包括分析乡村地区可能面临的自然灾害风险，如洪水、山火、地震等。通过这一评估，可以确定哪些风险可能对旅游活动产生影响，从而采取相应的预防措施。接着还需要制订全面的应急预案。应急预案应包括详细的应对策略、资源分配计划、沟通机制以及恢复程序。确立清晰的沟通渠道和协调机制，能够在危机发生时迅速响应，有效地协调资源，减小风险带来的影响。应急预案还应包括对受影响区域和人群的救援和支援措施，确保在紧急情况下能够有效地保护游客、员工和当地社区的安全。定期对风险管理计划和应急预案进行审查和更新也至关重要。随着环境的变化和新的风险因素的出现，需要不断调整和改进风险管理策略，以适应新的挑战和需求。其包括对既有计划的有效性进行评估，根据最新的风险评估结果进行调整，以及定期进行应急演练，提高各方面的应对能力。

第四节 乡村旅游资源的保护

乡村旅游资源的丰富性和独特性为旅游业带来了巨大潜力，但也伴随着资源过度利用和环境破坏的风险。通过分析乡村旅游资源保护的相关问题，能够实现乡村旅游业的健康发展，保护和传承乡村地区的自然美景和文化价值。

一、乡村旅游资源保护的重要性

乡村旅游资源保护的重要性体现在多个方面，其中最为显著的是其对维持生态平衡、保持文化遗产、促进旅游业可持续发展的影响（图5-10）。

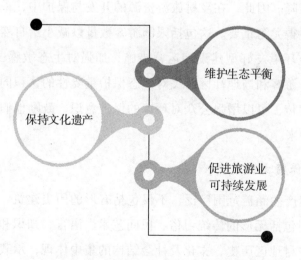

图 5-10 乡村旅游资源保护的重要性

（一）维持生态平衡

乡村地区的自然资源包括清新的空气、未受污染的水源以及多样的动植物种群，这些是构成生态系统的基础。这些资源的健康状态直接影响着生物多样性和生态系统的稳定性，它们是乡村生态环境的核心要素。生态系统的平衡状态体现在其多样性和复杂性上。每个生物种群，无论大小，都扮演着生态网络中的特定角色，共同维持着生态系统的平衡。湿地生态系统是一个典型的例子，它们不仅提供了丰富的生物栖息地，还在水质净化、洪水控制和碳储存等方面发挥着重要作用。此外，森林、草原、河流等生态系统同样重要，它们支持着地球上无数生命的生存和繁衍。过度的旅游开发和管理不善可能对这些脆弱的生态系统构成威胁。无序的建设活动、过多的游客流量和不当的垃圾处理都可能导致生态环境的退化，如水质污染、土壤侵蚀、生物栖息地丧失等。这些问题不仅损害生物多样性，还可能引发一系列连锁反应，如物种数量减少、生态服务功能下降。因此，在乡村旅游资源的开发与保护中，采取措施维持生态平衡显得尤为重要。这包括限制游客数量以减小给自然环境带来的压力、实施环境友好型建设和运营措施、加强对生态敏感区的保护等。此外，提升游客和当地社区居民对生态保护重要性的认识同样重要。通过教育和宣传，可以增强公众对环境的保护意识，鼓励他们参与到生态保护行动中来。

（二）保持文化遗产

文化遗产的涵盖范围广泛，不仅包括有形的历史建筑、古迹、艺术作品等，还包括无形的传统习俗、民间艺术、语言、知识和技能等。这些遗产是乡村地区历史、文化及社会结构的集中体现，承载着丰富的文化价值和深厚的历史意义。文化遗产的保护对于维护乡村地区的文化多样性至关重要。在全球化的背景下，很多乡村地区面临着文化同质化的风险，因此保护独特的地方文化遗产不仅有助于保持文化多样性，还能增强当地居民对自己文化身份的认同感。这些遗产也是连接过去和现在的重要桥梁，有助于传承历史教育，增强社区的凝聚力。保护文化遗产还对促进乡村旅游业发展具有重要价值。文化遗产可以为游客提供独特的旅游体验，如参与传统节庆活动、学习地方手工艺技能、品尝传统美食等。这些体验不仅丰富了游客的旅行内容，还能促进地方经济的发展，为当地社区带来经济收益。

（三）促进旅游业可持续发展

乡村旅游资源的保护是实现旅游业可持续发展的关键。这不仅涉及环境保护，还包括经济和社会层面的可持续性。可持续的旅游业发展意味着能够在不损害环境和社会资源的前提下，满足当前和未来游客的需求。

环境层面上，保护乡村旅游资源意味着维护生态系统的完整性和稳定性。这包括防止过度开发导致的自然景观破坏、生物多样性丧失和环境污染等问题。限制特定区域的游客数量、采用生态友好型的建设和运营方法、保护重要的自然栖息地和物种等，都是实现旅游业环境可持续发展的重要措施。经济层面上，可持续发展要求旅游业能够为当地社区带来长期的经济利益。这涉及发展多元化的旅游产品和服务，提高当地居民的收入水平，以及促进相关产业的发展。社会层面上，乡村旅游资源的保护应尊重并促进当地社区的文化和传统。这意味着旅游活动不应破坏当地的文化特色，反而应通过旅游来传承和弘扬这些文化。开展文化交流活动、支持当地的节庆活动、鼓励游客参与和体验当地的生活方式等，都能促进社会层面的可持续发展。可持续发展还要求旅游业的规划和管理适应环境、经济和社会的变化，确保长期的稳定性和适应性。这包括建立有效的监管机制、投资可持续发展的技术和实践，以及建立多方利益相关者之间的合作和对话机制。

二、乡村旅游资源保护的具体措施

在探讨乡村旅游资源保护的具体措施时，需要全面地考虑各个方面的因素，以确保旅游资源得到有效的保护和可持续利用。

（一）提高社会大众的环保意识

通过教育、媒体宣传和社区活动，可以有效地提升公众的环保意识，为乡村旅游资源的可持续发展打下坚实的基础。教育是提高环保意识的基石。这不仅包括在学校教育中融入环保知识，还涉及成人教育和社区教育。通过讲座、研讨会和环保项目，可以有效地提升公众对于生态系统、生物多样性，以及人类活动对环境影响的认识。此外，也可以在乡村旅游区域设置信息牌和展览，向游客展示当地生态和文化的独特性，以及保护这些资源的重要性。媒体宣传在提高公众环保意识方面扮演着重要角色。通过电视、网络、社交媒体和其他传播渠道，可以广泛传播环保信息，分享成功的环保案例，提高社会大众的环保意识。精心设计的宣传活动，如环保主题的公益广告、纪录片和影响力人物的倡导，能够触达更广泛的受众。社区活动也是提升环保意识的有效途径。组织开展开展清洁活动、植树造林、野生动物保护等活动，可以让居民和游客亲身参与环境保护，从而增强他们的环保意识和责任感。通过这些活动，他们不仅能学习到环保知识，也能体会到保护环境的实际成效和乐趣。

（二）完善乡村旅游资源保护的法律法规

法律法规不仅为生态环境保护措施提供了法律依据，也为旅游业的可持续发展提供了明确的框架。法律法规需要涵盖对自然资源的保护。这包括制定严格的环境影响评估程序，确保在开发旅游项目前，对其可能对自然环境造成的影响进行全面评估。此外，还需要制定针对特定生态区域的保护法规。法律法规还应当关注对于文化遗产的保护。乡村地区常常拥有丰富的历史和文化资源，因此，法律需要规定如何保护这些文化遗产不受破坏、不受过度商业化的影响，包括对古迹的修复和保养、对传统手工艺和习俗的保护，以及对文化活动的支持和推广。立法还应确保当地社区的利益得到保护。这意味着在旅游开发的过程中，需要保障当地居民的参与权和决策权，确保他们能从旅游业中获得公平的经济和社会利益。法律可以规定开发商必须与当地社区合作，或者确保一部分旅游收入用于社区的发展。立法还应包括对旅游业务操作的规范，确保旅游服务提供者遵循环境保护和社会责任的标准，如使用环保材料、减少能源消耗和公平对待员工。

（三）加强对旅游活动的监管

通过严格的项目审批、持续的监测、及时的执法以及对旅游业从业者的培训和指导，可以有效地加强对旅游活动的监管，确保对乡村旅游资源的保护和可持续利用。

旅游项目审批的严格控制是监管的第一步。这意味着所有旅游开发项目都应经过详细的审查过程，确保它们的设计和运营符合环境保护、文化保育和社会责任的标准。在审批过程中，政府部门需要考虑旅游项目对当地生态系统和社会文化的潜在影响，并确保旅游项目有利于当地社区的可持续发展。持续监测旅游活动是确保长期可持续性发展的关键。这包括对旅游地点的环境状况、文化遗产的保护状况以及社区反馈进行定期评估。通过收集和分析数据，监管机构能够及时发现问题并采取相应措施，如调整游客数量限制、优化旅游路线，或是改进垃圾处理和污染控制措施。对违法违规行为的及时查处是监管的一个重要方面。这包括对不遵守环境保护规定、破坏文化遗产或未经许可进行旅游开发的行为进行查处。为了有效执行这些规定，需要有明确的法律框架，并且监管机构需具备足够的权力和资源来执行法律。监管还应包括对旅游业从业者的培训和指导。通过提供培训和教育，可以提升从业者对环境保护和文化遗产保护的认识，同时帮助他们掌握旅游业可持续发展的最佳实践。

（四）促进当地社区的参与和受益

为了支持当地企业，政府和旅游开发者可以提供各种形式的援助，如提供创业指导、贷款和补贴，帮助当地居民开展与旅游相关的业务。具体包括餐饮服务、住宿设施、导游服务，以及销售当地手工艺品等。通过这种方式，旅游业的发展直接促进了当地经济的繁荣。提供就业和培训机会是促进社区参与的另一个重要方面。旅游项目可以创造多种工作岗位，为当地居民提供就业机会。通过提供专业培训，如语言培训、服务技能培训、环境保护知识培训，可以提升当地居民的职业技能，帮助他们更好地从事旅游相关工作。还可以通过建立合作社、社区基金或者其他形式的组织来实现收益的公平分配。这样的机制能确保旅游收入的一部分用于社区的基础设施建设、教育、医疗和其他公共服务，从而提升整个社区的生活水平。鼓励社区居民在旅游开发决策过程中发声也是重要的。通过社区会议、公开听证会等形式，可以确保社区居民对旅游项目的规划和运营有话语权，从而使得旅游项目更加符合社区居民的需求和期望。

本章小结

本章讨论了在文旅融合背景下，如何开发和保护乡村旅游资源。涉及乡村旅游资源的规划、开发和保护策略，强调了可持续发展的重要性。

第六章　文旅融合下乡村旅游形象建设

第一节　乡村旅游形象的定位

形象定位是乡村旅游形象塑造的核心，也是形象塑造与传播的前提，鲜明独特的形象定位已经成为乡村吸引旅游者的关键因素。[①]

旅游形象定位就是通过设计和宣传有特色的旅游产品，让社会公众和旅游者了解本地区与其他地区的差异从而形成独特的市场销售点。[②]有效的形象定位是乡村旅游成功的关键，因为它不仅决定了旅游目的地将如何吸引游客，也影响着旅游目的地的长期可持续发展。

乡村旅游形象定位包含多个层面的含义。首要的层面是对旅游地点独特性的识别和强调。这涉及挖掘和展示该地区的独特自然资源、文化遗产、历史背景、社会风貌等元素。一个拥有丰富历史故事的乡村地区可以将其作为形象定位的核心，而一个自然风光优美的地区，则可以将自然美景作为其形象的主要卖点。乡村旅游形象定位还应考虑目标受众

---

① 王野 . 基于旅游人类学视角的乡村旅游文化建设研究 [M]. 成都：四川大学出版社，2018：86.

② 李立安 . 基于乡村旅游规划中的开发与利用研究 [M]. 长春：东北师范大学出版社，2019：32.

的期望和需求。不同的游客群体可能对乡村旅游有不同的期望，如寻求休闲放松、探险体验、文化学习或生态体验。因此，了解目标游客的兴趣和需求对于塑造吸引特定群体的旅游形象至关重要。针对寻求文化体验的游客，可以强调乡村地区的传统手工艺、民俗活动和历史遗迹。乡村旅游形象的定位还需考虑到市场竞争。在日益拥挤的旅游市场中，鲜明的形象可以帮助旅游目的地在竞争中脱颖而出。这需要分析竞争对手的旅游产品和市场策略，明确自身的独特优势。通过强调这些独特点，乡村旅游目的地可以在众多选择中吸引游客的注意。乡村旅游形象的定位还应与地区的可持续旅游目标相结合。这意味着在塑造和宣传旅游形象时，需要考虑其对环境、文化和社会的长期影响。避免过度宣传可能导致的游客过多所引发的资源过度消耗和环境破坏。同时，形象定位应鼓励负责任的旅游行为，强调游客对当地文化和环境的尊重。

一、乡村旅游形象定位的基础

乡村旅游形象定位的基础包括地脉分析、文脉分析、游客感知分析、潜在市场分析等方面（图 6-1）。这些方面的综合考虑为乡村旅游形象的有效定位提供了坚实的基础，有助于吸引游客，提升旅游目的地的知名度和吸引力，同时促进当地的可持续发展。

地脉分析

文脉分析

游客感知分析

潜在市场分析

图 6-1　乡村旅游形象定位的基础

（一）地脉分析

地脉分析主要是指对乡村地区的自然地理特征和生态环境进行深入的研究和理解。主要包括乡村地区的地形地貌、气候条件、生物多样性、自然资源以及与之相关的生态系统。地脉分析的目的是揭示乡村地区在自然环境方面的独特性和吸引力，为其旅游形象的塑造打下坚实的基础。

地脉分析着重识别和强调乡村地区的自然景观特色。一个地区可能因其壮丽的山脉、清澈的湖泊、广阔的草原或丰富的野生动植物而著称。这些自然特征不仅构成了该地区的物理外貌，而且深刻影响着当地的文化和历史发展。通过地脉分析，可以识别出那些能够吸引游客并提供独特旅游体验的自然元素。地脉分析还包括对地区生态环境的评估，涉及对当地生态系统的健康状况、生态敏感区域以及生态保护措施的分析。这样的评估有助于确定可持续旅游开发的方式，确保旅游活动不会对自然环境造成负面影响，而是促进其保护和恢复。

在地脉分析的基础上，乡村旅游形象的塑造应充分利用这些自然特点和生态价值。这不仅有助于塑造独特和吸引人的旅游形象，还有助于提高游客对自然保护的认识，促进环境可持续性。通过强调自然和生态元素，乡村旅游形象能够吸引那些对自然风光和生态体验感兴趣的游客，同时能够传达出保护生态的承诺和责任感。

（二）文脉分析

文脉分析涉及对乡村地区的文化特色、历史传承、民俗习惯、艺术形式以及当地故事和传说的深入研究。这一过程的目的是揭示和强调乡村地区在文化和历史方面的独特性，从而增强其在旅游市场的吸引力和竞争力。

文脉分析首先关注的是乡村地区的历史背景。历史不仅塑造了一个地区的文化特征，还影响其社会结构和传统价值观。通过研究历史，可以发掘出那些与过去相关的有趣故事、重大事件或重要人物，这些都可能成为吸引游客的亮点。例如，某个村落可能是历史上某个著名事件的发生地，或者是某位历史人物的故乡。文脉分析还需要考察当地的文化传统和民俗活动，包括传统的节庆活动、民间艺术、手工艺品、习俗和信仰等。这些文化元素不仅反映了当地社区的生活方式，还能为游客提供独特的文化体验。乡村地区的传统节日或民间艺术表演可以成为吸引游客的重要文化活动。文脉分析还涵盖了当地的艺术形式和文化表达，包括当地的音乐、舞蹈、绘画、雕塑和其他艺术形式。这些艺术形式不仅是文化传承的载体，也是吸引文化旅游爱好者的重要资源。文脉分析还应考虑当地居民的观点和故事。与当地人交流和分享他们的故事和生活经验，可以提供更深层次的文化理解。这种从当地人视角出发的文化体验是游客难以从其他途径获得的。

通过对乡村地区文脉的深入分析，可以有效地揭示其独特的文化和历史特色，为乡村旅游形象的塑造提供丰富的内容。这种基于文脉的旅游形象定位不仅能吸引游客，还能促进乡村文化的保护和传承，提升旅游目的地的文化价值和吸引力。

（三）游客感知分析

游客感知分析涉及对游客的期望、偏好、体验和满意度的深入理解。这一分析的核心目的是识别游客对于乡村旅游目的地的感知和反馈，从而指导旅游形象的有效塑造和市场营销策略的制定。游客感知分析需要关注游客对乡村旅游目的地的初步印象和期望，包括游客对于目的地自然景观、文化特色、服务质量、设施条件等方面的预期。通过问卷调查、访谈、社交媒体分析等方法，可以收集游客的期望和偏好信息。这些信息对于塑造旅游目的地的形象、设计旅游产品和提升服务质量至关重要。游客感知分析还要考虑游客在旅游过程中的实际体验，涉及对游客在乡村旅游活动中的互动、感受和满意度的评估。对于这些体验的分析和评估有助于识别乡村旅游的优势和不足之处，为改善旅游产品和服务提供依据。游客感知分析还需要关注游客的反馈和建议，包括对旅游目的地的评价、意见和改进建议。这些反馈可以通过在线评论、满意度调查或直接交流获得。这些信息不仅为旅游目的地改进指明方向，还能揭示游客的真实需求和未来的市场趋势。

通过对游客感知的深入分析，可以更好地理解游客对于乡村旅游目的地的需求和期望，从而制定更有效的营销策略、提升旅游体验。这不仅有助于提高游客的满意度和忠诚度，还能够促进口碑传播，吸引更多游客前来体验。总之，游客感知分析是乡村旅游形象定位和发展的关键，它直接影响到旅游目的地的吸引力和市场竞争力。

（四）潜在市场分析

潜在市场分析为乡村旅游形象定位提供了科学的依据和方向。通过深入的市场分析，可以更精准地对乡村旅游目的地进行定位，开发出符合市场需求的旅游产品和服务，有效吸引目标游客，实现可持续的发展和成功。

潜在市场分析涉及识别和理解可能对乡村旅游目的地感兴趣的不同市场细分群体，这个过程包括评估市场规模、游客偏好、消费趋势以及市场潜力。进行深入的潜在市场分析，有助于更有效地对乡村旅游目的地进行定位，吸引目标游客群体，从而实现更高的市场渗透和收益。

潜在市场分析需要对旅游市场的整体规模和结构进行评估，包括评估当前的旅游趋势、市场需求变化以及游客的旅游动机。了解市场规模和结构有助于预测未来的市场发展趋势，从而为乡村旅游的市场定位和产品开发提供参考。对不同细分市场的游客偏好和需求进行分析也是至关重要的。不同的游客群体可能对乡村旅游有不同的期望和需求。有的游客可能倾向于探索自然和参与户外活动，有的游客则可能对体验当地文化和传统手工艺更感兴趣。通过识别这些偏好，乡村旅游目的地可以更有针对性地设计旅游产品和营销活动。分析旅游消费趋势对于潜在市场分析同样重要，主要涉及游客在旅游过程中的消费行为、消费能力以及对价值的感知。理解游客的消费趋势有助于乡村旅游目的地制定合适的定价策略和提供符合游客预期的服务。潜在市场分析还需要考虑竞争对手的情况，通过分析竞争对手的市场定位、产品特点和营销策略，乡村旅游目的地可以找到自己的独特优势和差异化策略。这不仅有助于在激烈的市场竞争中脱颖而出，还能够吸引那些需求未被充分满足的游客群体。

二、乡村旅游形象定位的方法

乡村旅游形象定位的方法涉及多种策略，每种策略都有其独特的应用场景和优势。在实际应用中，乡村旅游目的地需要根据自身的特点、资源及市场情况，选择最合适的定位策略来塑造和强化其旅游形象（图6-2）。

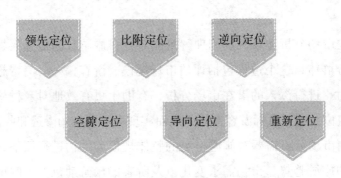

图6-2　乡村旅游形象定位的方法

（一）领先定位

领先定位是乡村旅游形象塑造的一种有效策略，它通过强调乡村地区的独特优势和特色，帮助旅游目的地在激烈的市场竞争中脱颖而出，并吸引那些寻找独特体验的游客。通过精心的规划和创造性的营销，乡村地区可以通过领先定位策略建立起强有力的品牌形象。

在实施领先定位策略时，乡村地区需要深入挖掘并凸显其独特的自然景观、历史背景和文化特色，主要涉及对地区的自然美景、特有的野生动植物、独特的地质地貌、古老的历史遗迹和丰富的民俗文化进行宣传。实施领先定位策略的关键在于展示这些特点如何使该地区与众不同，以及为什么游客应该选择这个旅游目的地而不是其他地方。在进行领先定位时，创造性地使用营销工具和策略至关重要，包括有效利用数字媒体、社交平台、传统广告以及公共关系活动来传播乡村地区的独特形象。通过这些渠道，可以有效地向目标受众传递关于该地区的吸引人的信息和故事，从而在潜在游客心中建立起一个强烈且持久的印象。领先定位还需要关注可持续性。在推广乡村地区的独特特征时，应确保旅游发展不会对当地环境和文化造成负面影响。这意味着在推广其独特性的同时应该考虑如何保护和维护这些旅游资源，以确保长期可持续发展。

（二）比附定位

比附定位是一种通过关联乡村旅游目的地与已广为人知的地点或概念来塑造其形象的策略。这种策略适用于那些拥有相似特征但尚未建立强大品牌影响力的乡村地区。通过比附定位，这些地区可以利用已知的品牌或目的地的声誉和形象来提升自己的知名度和吸引力。

比附定位的关键在于找到与乡村旅游目的地相似的、已被广泛认可的地点或概念，并将其作为参照物来塑造自身形象。这不仅帮助游客快速理解旅游目的地的特色，还能激起他们的兴趣和好奇心。如果一个乡村地区拥有美丽的水乡景观，它可以将自己比作"小威尼斯"或"东方的阿姆斯特丹"，从而引起对类似水乡风光感兴趣的游客的注意。实施比附定位时，重要的是要确保所选的参照物与乡村地区的实际特征相符合。这种策略的成功在很大程度上依赖于游客对比附对象的正面印象和认知。因此，选择与乡村地区特色相符且具有积极形象的知名地点或概

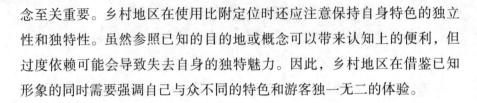

念至关重要。乡村地区在使用比附定位时还应注意保持自身特色的独立性和独特性。虽然参照已知的目的地或概念可以带来认知上的便利,但过度依赖可能会导致失去自身的独特魅力。因此,乡村地区在借鉴已知形象的同时需要强调自己与众不同的特色和游客独一无二的体验。

(三)逆向定位

逆向定位核心在于通过与常规或主流的旅游形象截然不同的方式来吸引游客的注意力。这种策略特别适合那些愿意探索新领域、吸引特殊市场细分群体的乡村旅游目的地。它反转了传统的旅游推广思路,通过提供与众不同的体验和服务,吸引那些寻求新奇和不同体验的游客。

逆向定位的实施首先需要对现有市场进行深入分析,了解当前乡村旅游市场的主流形象和游客的普遍期望。然后,目的地可以选择一个与这些主流形象相反的方向来塑造自己的形象。若大部分乡村旅游目的地强调宁静、自然和文化体验,那么采取逆向定位的乡村旅游目的地可以提供冒险旅游、户外极限运动或其他刺激的活动。逆向定位的关键在于创造性和差异化,这种定位策略要求乡村旅游目的地勇于突破传统框架,提供独特的、非主流的旅游产品。这不仅可以吸引那些寻求特殊体验的游客,还可以帮助旅游目的地在激烈的市场竞争中脱颖而出。在实施逆向定位时,还需注意平衡创新和实用性。虽然提供与众不同的体验是吸引游客的关键,但这些体验仍需符合游客的兴趣和安全要求。逆向定位策略也需要与旅游目的地的实际条件和资源相匹配,确保可行性和持续性。

(四)空隙定位

空隙定位侧重于发现并利用旅游市场中尚未被充分满足或未被充分开发的旅游需求。这种策略适用于具有特殊资源或能提供独特体验的乡村地区,旨在吸引那些寻求特别或差异化旅游体验的游客。

实施空隙定位首先需要对旅游市场进行全面的分析,以识别现有旅游产品和服务的不足之处，包括对旅游市场趋势的研究，对游客的不同需求和偏好的了解，以及对竞争对手的产品和服务的评估。通过这些分析，乡村旅游目的地可以发现那些尚未被满足的旅游需求或市场空隙。一旦识别了这些市场空隙，乡村旅游目的地需要开发符合这些需求的独特旅游产品或服务，主要涉及提供独特的文化体验、特色活动，或是与众不同的住宿和餐饮服务。例如，如果市场上缺乏深入体验当地农业生活的旅游产品，一个乡村旅游目的地可以开发农场体验活动，让游客参与农作、品尝当地食物并了解农业知识。

空隙定位的成功在很大程度上取决于旅游目的地能否有效地沟通其独特的价值主张，并通过营销策略吸引目标游客，包括利用传统媒体、数字营销和社交媒体等多种渠道来推广其独特的旅游产品和体验。空隙定位还应关注旅游产品和服务的质量及可持续性。乡村旅游目的地不仅要满足游客的特殊需求，还要确保提供的旅游产品和服务对当地社区和环境具有积极影响。

（五）导向定位

导向定位策略的核心在于精确理解并满足目标市场游客的特定需求和偏好，从而塑造一个能够与游客期望相匹配的旅游形象。导向定位的成功在很大程度上依赖于对市场趋势和游客行为的深入分析。

在实施导向定位时，首先需要通过市场调研来识别目标游客群体的兴趣和需求，包括对不同年龄段、文化背景和经济水平的游客进行调查，以了解他们对乡村旅游目的地的期望。有的游客可能偏好自然和生态体验，有的游客可能对文化探索和历史了解更感兴趣。基于这些调研结果，乡村旅游目的地可以开发符合这些需求的旅游产品和服务。比如，对于那些对生态旅游感兴趣的游客，旅游目的地可以提供生态导览、自然观察和环保教育活动。这些活动不仅能够满足游客的特定兴趣，还能加强他们对乡村地区自然环境和生态系统的理解和尊重。

导向定位还需要考虑如何通过有效的营销和传播策略来沟通乡村旅游目的地的特色。具体包括使用适当的广告语言、视觉元素和营销渠道，以确保信息能够到达目标游客群体。通过社交媒体和旅游网站上的定制内容，乡村旅游目的地可以向对生态旅游感兴趣的游客传达乡村地区的独特生态体验。导向定位策略的另一个关键要素是持续性和适应性。市场需求和游客偏好可能随时间而变化，因此，乡村旅游目的地需要不断评估和调整其产品和服务，以保持与目标市场的相关性。

（六）重新定位

重新定位是一种有效的乡村旅游形象更新策略，它要求乡村旅游目的地对现有形象进行深入的反思和更新，以适应市场的变化和游客的新需求。通过实施有效的重新定位策略，乡村旅游目的地可以改善其形象，吸引新的游客群体，并在竞争日益激烈的旅游市场中保持竞争力。

实施重新定位策略的关键在于识别和理解需要改变的原因。这可能是由于旅游目的地的形象已经过时，或者由于市场竞争和游客需求的变化，原有的形象不再吸引游客。例如，一个曾以农业生产为主要特色的乡村旅游目的地，可能会发现，随着旅游市场趋势的变化，游客更加追求文化体验和休闲娱乐。重新定位的过程涉及重新定义乡村旅游目的地的核心特色和价值主张，包括更新旅游产品和服务、改善基础设施、提升服务质量或开发新的旅游体验。以前述的农业村庄为例，它可以通过开发乡村文化体验活动、生态旅游项目或艺术工作坊来吸引对这些领域感兴趣的游客。

为了有效地实施重新定位，必须通过有效的营销和传播策略来向目标市场传达新的形象。具体包括更新广告材料、运用社交媒体平台、举办推广活动或与旅游机构合作等。传达的信息需要清晰地反映乡村地区的新特点和提供的新体验，以吸引新的游客群体。重新定位还需要考虑到与当地社区的合作。当地社区成员的参与和支持对于成功的重新定位至关重要。当地社区居民不仅是乡村旅游体验的提供者，也是乡村地区文化和传统的守护者，确保社区成员对新形象的认同和参与，有助于创造更加真实和丰富的旅游体验。

三、利用地方特色打造独特形象

利用地方特色打造独特形象是一个全面而深入的过程，需要充分考虑乡村地区的文化、自然、历史和社会特点。

（一）挖掘和呈现文化特色

通过挖掘和展示乡村地区的文化特色，可以有效塑造其独特的旅游形象。这不仅使乡村旅游目的地在众多选择中脱颖而出，还为游客提供了丰富、多元和深入的旅游体验。

乡村地区的历史传说和故事是文化特色的重要组成部分，它们富含乡村地区的历史背景和文化遗产。通过讲述这些故事，可以增强游客对乡村地区的兴趣。这些故事可以通过各种方式呈现，如地方向导的讲解、互动式展览或特色表演。民俗活动和传统手工艺展示了乡村地区的传统生活方式和艺术形式。组织这些活动或展示手工艺品，不仅能为游客提供深入的文化体验，还有助于保护和传承这些珍贵的乡村文化遗产。具体包括工艺展览、文化节庆或互动工作坊等。地方节庆和习俗通常与乡村地区的历史和农业活动密切相关，它们是当地文化的生动体现。通过举办节庆活动，乡村地区不仅可以展现其文化特色，还能吸引游客参与和体验。这些节庆活动为游客提供了与当地社区互动和了解乡村文化的机会。许多乡村地区拥有重要的文化遗址，这些遗址是连接过去和现在的重要桥梁。有效地利用这些遗址，不仅可以保护文化遗产，还可以吸引对历史和文化感兴趣的游客。文化遗址的利用包括专门的旅游路线、文化活动或教育项目等。

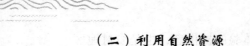

（二）利用自然资源

自然资源是乡村地区塑造旅游形象的宝贵资产。通过有效利用这些资源，并结合保护措施，乡村地区不仅可以吸引寻求自然体验的游客，还能在促进旅游发展的同时保护自然环境。

乡村地区的山脉、湖泊和森林等自然景观是吸引游客的重要资源，这些景观不仅提供了美丽的视觉享受，还为游客提供了探索和体验自然的机会。山脉提供了徒步旅行和攀岩的绝佳场所，湖泊和河流则适合划船、垂钓等水上活动，而森林则是进行野餐、观察野生动植物和自然摄影的理想之地。乡村地区的生态系统中所体现的生物多样性也是一大吸引力。提供生态旅游和野生动植物观察活动，可以让游客更加亲近自然，了解生物多样性的重要性。这不仅有助于教育公众，还能够增强游客对环境的保护意识。为了充分利用这些自然资源，乡村地区可以开发多样的旅游活动和项目，如设计各种徒步路线、设置观鸟点、建立生态教育中心或开设自然摄影工作坊。通过这些活动，游客不仅能够体验到乡村地区的自然美景，还能学到关于自然和生态的知识。

利用自然资源和景观开展旅游活动的乡村地区需要注意保护这些宝贵的自然资源。这意味着在开展旅游活动时需要考虑到其对环境的影响，并采取相应的保护措施。例如，限制某些脆弱区域的游客数量，提供环保指导和教育，以及开展生态恢复项目。

（三）突出历史和文化遗产

乡村地区的历史背景和文化遗产是其旅游吸引力的关键组成部分，为乡村旅游形象的塑造提供了丰富的内容。这些历史和文化遗产元素不仅体现了乡村地区的独特性，还为游客提供了深入了解和体验当地历史文化的机会。

历史遗迹和古建筑是乡村地区的宝贵财富，它们见证了历史的变迁和文化的积淀。保护和恢复这些遗迹和建筑，可以使游客在参观时感受到历史的厚重和文化的魅力，也有助于保护历史文化遗产，为后代留下宝贵的历史资料。乡村地区的历史故事和传说为旅游增添了一种神秘和吸引力。这些故事可能是关于历史事件、传统习俗、地方传说或历史人物的，是乡村地区文化特色的重要体现。通过讲述这些故事，可以吸引游客深入了解乡村地区的文化背景，提升旅游体验的丰富性和趣味性。乡村地区可以通过举办各种与历史和文化遗产相关的活动，如历史重现、文化节庆、展览和教育项目，来进一步增强其旅游吸引力。

（四）社区参与和生活体验

通过让游客融入社区的日常生活和活动，乡村旅游可以提供一种独特的、根植于当地文化和传统的体验。这种参与和体验不仅能够丰富游客的旅行，还能促进游客对乡村文化的理解和尊重，同时为当地社区带来经济和社会上的好处。

乡村地区的日常生活和社区活动为游客提供了深入了解当地文化和生活方式的机会，如参与当地市场经营的活动，体验当地的食物和手工艺品，以及参与乡村地区的社区节庆和活动。这样的体验不仅使游客能够近距离观察和参与当地人的生活，还能增加游客与当地社区之间的互动和交流。社区参与对于乡村旅游的可持续发展也至关重要。当地社区的积极参与不仅有助于保护和传承当地文化和传统，还能促进社区的经济发展。通过吸引游客参与当地活动，乡村地区可以创造新的就业机会并增加当地居民的收入。

第二节　乡村旅游形象的塑造

乡村旅游不单是一种休闲方式，它还肩负着文化传承和自然保护的使命。通过强调乡村的自然风光、传统习俗、地方特色美食及生活方式，可以塑造一个迷人且独特的乡村形象，吸引更多游客的关注。此外，有

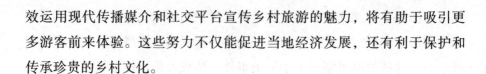

效运用现代传播媒介和社交平台宣传乡村旅游的魅力，将有助于吸引更多游客前来体验。这些努力不仅能促进当地经济发展，还有利于保护和传承珍贵的乡村文化。

一、强化乡村文化在旅游形象中的体现

有效地强化乡村文化在旅游形象中的体现，不仅有助于构建一个独特且吸引人的乡村旅游形象，还能促进乡村文化的保护和可持续发展。这一过程需要细致地探索乡村文化的多个方面，并巧妙地将它们融入旅游体验。

（一）创新乡村文化的呈现方式

创新乡村文化的呈现方式既要保留乡村文化的传统精髓，又要探索新的表达和体验方式。通过创新和多元化的呈现方式，乡村旅游形象可以更加丰富多彩，吸引更广泛的游客群体。

创新乡村文化的呈现方式要在保持传统文化精髓的同时引入现代元素和创新思维。可以将传统的民间故事和传说以数字艺术展览的形式呈现，或者利用虚拟现实技术让游客深入体验乡村的历史和文化。这种融合方式不仅可以吸引年轻游客，也为传统文化注入新的活力。在乡村文化的呈现中增加互动性体验是另一种重要的方法，如组织互动式民俗活动、体验式手工艺工作坊或互动剧场表演。参与这些活动，游客不仅作为观众，而且体验成为文化的一部分，增强了他们对乡村文化的理解和印象。多媒体和不同的艺术形式可以有效地用于展现乡村文化，使其更加生动和引人入胜。比如，通过摄影展览展示乡村风景，或者通过电影和短片讲述乡村的故事。这些媒介不仅能够更广泛地传播乡村文化，也能以视觉和听觉的方式深化游客的体验。每个乡村都有其特色和故事，可能是一个与众不同的节庆活动、一个独特的手工艺品或一个有趣的地方传说，重点应放在挖掘这些特色并以创新的方式展示出来。通过强调

这些独特性，可以增强乡村旅游形象的吸引力和独特性。

（二）创新文化体验活动

创新文化体验活动不仅是展示乡村文化的途径，也是提高游客参与性和提升整体旅游体验的关键。通过创新的方式展现乡村的独特文化，可以更有效地吸引游客，并为他们提供难忘的旅游体验。

乡村文化体验活动的创新主要体现在将传统文化与现代元素相结合，创造独特的游客体验。这可以通过多种方式实现，如通过将传统手工艺与现代艺术设计相融合，设计新型的文化工艺品，或者利用现代科技手段，如增强现实和虚拟现实来展现乡村的历史和传说。这样的融合不仅使得传统文化更加生动和有趣，而且能够吸引不同年龄和背景的游客。除了传统文化的现代化呈现，创新的文化体验活动还包括为游客提供亲身参与的机会。具体包括参加特色的乡村工作坊，如学习制作地方特色美食、参与传统农耕活动，或者参加当地的传统节庆活动。通过这样的参与，游客不仅能够更加深入地了解乡村文化，还能与当地社区建立起更为紧密的联系。将故事讲述融入文化体验活动也是一种有效的方式。通过讲述乡村地区的历史故事、传说或者当地人的生活故事，可以增加游客对乡村文化的兴趣。这些故事可以通过口头讲述、现场表演或者数字媒体的形式传达，为游客提供更加丰富和动人的文化体验。

（三）文化故事的当代传播

在乡村旅游形象的塑造过程中，利用现代传播方式来讲述乡村文化的故事是极其重要的。在数字化时代背景下，这种传播策略不仅能够扩大乡村文化的影响力，还能吸引更广泛的受众群体。

数字媒体为讲述乡村文化提供了一个创新和互动平台，通过制作视频或微纪录片，可以生动地展现乡村地区的自然风光、文化活动、日常生活等。这种形式不仅信息量大，而且视觉效果丰富，更容易引起人们的兴趣和共鸣。社交媒体是传播信息的重要工具，通过在社交媒体平台上分享乡村文化相关的内容，可以迅速触及大量用户。分享的内容可以是乡村地区的风景照片、文化故事、节庆活动，甚至是当地居民的日常生活。这种亲民且接地气的内容更容易使人产生共鸣，增强人们对乡村地区的好奇心和游玩欲望。整合不同的在线平台进行乡村文化故事的传播，可以扩大受众范围，同时提高传播效率。结合使用微博、在线旅游杂志、电子邮件和在线论坛等，可以更全面地展现乡村文化的多样性。这种多平台策略能够满足不同用户的信息获取习惯，有效提升乡村旅游的知名度和吸引力。创新传播方式，如使用增强现实、虚拟现实技术或互动式网络体验，可以为用户提供更加身临其境的体验。这些技术可以使观众在虚拟环境中亲身体验乡村文化和活动，从而激发他们实地参观的兴趣。

二、乡村旅游品牌与视觉形象开发

乡村旅游品牌与视觉形象开发是一个全面的过程，涉及从深入理解乡村文化的本质到创造独特视觉表达的每一个步骤。这些策略的有效实施，将对乡村旅游的吸引力和竞争力起到决定性的作用。通过创新和专注于细节的设计，可以确保乡村旅游品牌在竞争激烈的旅游市场中脱颖而出。

（一）乡村旅游品牌的打造

乡村旅游品牌与视觉形象的开发是一个综合性的过程，需要对乡村地区的独特性有深入的理解，同时创造性地将这些特性转化为吸引人的品牌和视觉形象。通过品牌故事讲述和视觉设计，可以增强乡村旅游的吸引力，吸引更多游客来体验乡村的独特魅力。

乡村旅游品牌的建立，首先是一个深入探索和理解乡村地区特色的过程。具体包括乡村地区的历史背景、文化遗产、自然景观，以及当地社区的生活方式。了解这些元素对于创建一个真实且有吸引力的旅游品牌至关重要。品牌故事应该围绕这些独特元素展开，讲述乡村地区的历史，展示其文化和自然美景，以及描绘乡村生活的魅力。视觉形象的开发则需要将这些品牌故事转化为视觉上引人入胜的元素。具体包括标志设计、配色方案、字体选择和其他视觉元素，这些都应该反映乡村地区的独特性。标志设计可以结合乡村地区的自然景观，如山脉、河流或特有植物；配色方案可以来自乡村地区的传统手工艺品或自然色彩；字体选择则应确保易于阅读，同时具有当地特色。

在旅游品牌和视觉形象的传播中，重要的是找到创新的方式，使这些元素在各种媒介和平台上生动呈现。具体包括在线和离线的广告、社交媒体推广、印刷品，以及参与地方和国际旅游展览。在这些推广活动中，一致性和创新性是保持旅游品牌吸引力的关键。此外，与目标受众的有效沟通也非常重要。这意味着了解他们的需求和兴趣，然后通过定制的营销信息来吸引他们。

（二）专注于视觉设计的创新

专注于视觉设计的创新涉及如何捕捉和展示乡村地区的传统和文化特色，包括如何将这些元素转化为吸引游客的视觉语言。视觉设计的创新可以帮助乡村旅游目的地在竞争激烈的旅游市场中脱颖而出，吸引更广泛的受众群体。

在乡村旅游品牌的视觉设计中，可以创新地使用色彩来传达特定的情感和氛围。柔和的自然色调可以传达乡村的宁静和舒适感，而鲜亮的色彩则可以反映乡村文化的活力和热情。色彩方案的选择应与乡村地区的特色和旅游品牌信息相协调。图标和符号是视觉传达中的重要元素，能够快速传达旅游品牌信息。在乡村旅游品牌的视觉设计中，可以创造性地开发与乡村文化、历史或自然景观相关的图标。这些图标不仅增加了视觉设计的识别度，还能传达乡村地区的独特故事和特色。摄影是展现乡村旅游魅力的重要方式。通过采用创新的摄影风格和技巧，可以生动地展示乡村地区的景观、文化活动和当地人的生活状态。使用航拍摄影展示乡村的自然景观，或者通过纪实摄影捕捉当地居民的日常生活，可以为潜在游客提供独特的视角，给他们留下深刻的印象。在视觉设计中融入现代设计元素，可以确保乡村旅游品牌在视觉上既传统又现代。具体包括使用简约的设计风格、现代的排版技术或最新的图形设计软件等。结合现代设计趋势可以确保乡村旅游品牌在视觉上既有吸引力又易于传播。

（三）融合传统元素与现代元素

融合传统元素与现代元素的核心在于有效地结合乡村地区丰富的历史和文化遗产与当代的设计理念和技术，以创造出既有文化内涵又符合现代审美的品牌形象。这种融合不仅让乡村旅游品牌更具吸引力，也使其更易于被现代消费者接受和欣赏。

在融合传统与现代元素的过程中，首先需要对乡村地区的传统文化有深入的理解。具体包括当地的历史故事、民俗活动、传统艺术、手工艺品等。这些元素是乡村旅游品牌独特性的源泉，代表了该地区的历史和文化身份。将这些传统元素与现代设计技术和趋势结合起来是挑战也是机遇。可以通过现代图形设计手段重新解读传统图案，或将古老的故事以数字艺术的形式呈现。这种创新的表达方式不仅保留了传统文化的原始魅力，还增添了现代的创意和活力。在视觉呈现方面，结合传统与现代元素意味着要在保持传统美感的同时注入现代设计的简洁性和视觉冲击力。这可以通过色彩、排版和材料的创新使用来实现，如运用鲜明对比的色彩来吸引视觉注意，或采用简洁的线条和形状来传达现代美学。融合传统与现代元素还体现在品牌故事和市场沟通上。通过讲述连接过去和现在的故事，旅游品牌不仅向游客展示了乡村地区的历史和传统，还能展现其在现代社会中的活力和发展。

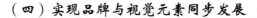

（四）实现品牌与视觉元素同步发展

实现品牌与视觉元素同步发展是一个动态且持续的过程，需要不断地调整和创新，以适应市场和乡村地区的变化。通过这种方式，乡村旅游品牌可以保持其吸引力和市场竞争力，同时能更好地反映乡村地区的最新发展和特色。旅游品牌的持续发展需要定期评估和更新，这意味着要持续监测市场趋势、目标受众的变化以及竞争环境的动态。基于这些信息，品牌可能需要调整策略以更好地满足市场的需求和期望。视觉元素也应随之更新，以确保它们与品牌策略保持一致，并且对目标受众保持吸引力。随着乡村地区的发展和变化，品牌形象也需要相应地进行调整。具体包括展示乡村地区的新景点、文化活动或其他发展成果等。通过更新品牌和视觉元素以反映这些变化，可以确保品牌形象始终保持活力和吸引力。

在品牌与视觉同步发展的过程中，创新和灵活性至关重要。这意味着旅游品牌需要不断寻找新的方式来吸引和保持受众的兴趣，同时需要灵活地适应市场的变化。创新可以体现在新的营销活动、视觉设计方法或者与受众互动的新方式上。在品牌和视觉元素不断发展的过程中，保持旅游品牌的核心价值和身份也是非常重要的。这确保了旅游品牌的一致性和识别度，即使在面临市场和乡村地区变化时也能维持旅游品牌的完整性和信任度。

三、乡村旅游服务的优化与创新

乡村旅游服务的优化与创新对于提升乡村旅游目的地的吸引力至关重要。通过提升服务质量、开发新的体验项目、创新服务方式、强化游客参与感以及进行持续的质量管理和改进，乡村旅游目的地可以更好地满足游客的需求，提升其在旅游市场中的竞争力。

（一）提升服务标准

乡村旅游的服务如住宿、餐饮和导游服务，是构成游客整体满意度的基石。因此，不断提升这些服务的标准是至关重要的。

在住宿服务方面提供高品质且具有当地特色的住宿体验是吸引游客的一个重要因素。这不仅涉及房间的舒适度和设施的现代化，也包括整体环境的布局和设计。住宿地点可以融入当地的自然景观，采用传统建筑风格，同时提供现代化的便利设施。此外，住宿地点可以举行与当地文化相关的活动，如现场音乐演出或传统手工艺教学，让游客更深入地体验当地文化。

餐饮服务的优化也是提升乡村旅游体验的一个关键方面。使用新鲜的当地食材和传统烹饪方法不仅能提供美味的餐食，还能让游客体验乡村地区的饮食文化。餐厅可以创建特色菜单，展示当地的特色菜肴，同时提供故事性的菜单介绍，让游客在品尝美食的同时了解食物背后的历史和文化。

导游服务质量的提升也是提高乡村旅游体验的重要部分。提供专业、知识丰富且友好的导游服务，可以帮助游客更好地理解乡村地区的历史、文化和自然环境。优秀的导游不仅是信息的传递者，还是文化的交流者，他们能够激发游客的兴趣，促进游客对乡村地区的了解和尊重。

（二）开发新的旅游体验项目

通过开发新的旅游体验项目，乡村旅游目的地不仅能够满足游客日益增长的多样化需求，也有助于增强自身的吸引力，推动当地经济和文化的发展。开发新的体验项目需要充分考虑当地的特色和资源。户外探险活动可以包括徒步旅行、骑行，甚至是水上运动，如皮划艇或钓鱼，这些活动能让游客亲近自然，体验当地的自然美景。此外，文化体验工作坊可以围绕当地的传统手工艺、烹饪艺术或音乐和舞蹈等组织，这些活动不仅传承了当地文化，也让游客有机会亲手制作和体验当地的文化特色。生态旅游项目是乡村旅游中不可或缺的一部分，强调可持续旅游和环境保护。通过组织生态旅游项目，如野生动植物观察、生态徒步和参与环境保护活动，不仅提高了游客对自然和生态的认识，也促进了当地生态环境的保护。乡村旅游目的地还可以考虑开发一些创新型旅游体验，如夜间天文观测、乡村摄影课程或者农事体验活动。这些活动不仅为游客提供了与众不同的体验机会，还可以展现乡村地区的独特之处。

（三）创新服务方式

在当前的旅游市场中，游客越来越追求个性化和特色化的体验，这要求乡村旅游目的地不断创新服务方式，以满足游客不断变化的需求。乡村旅游服务创新的核心在于融合传统服务与现代技术，创造独特的游客体验。这意味着不仅要提高服务如住宿、餐饮和导游的质量，还要通过数字化手段和个性化服务来满足游客的特殊需求。例如，利用移动应用和在线平台简化预订流程，提供个性化旅游路线规划，以及根据游客兴趣定制活动等。乡村旅游服务创新还包括开发新型的旅游项目，如生态旅游、农事体验、文化工作坊等，这些活动可以让游客更深入地体验乡村文化和生活方式。通过这些独特的体验，游客可以更加亲近自然，了解当地文化，从而获得不同于传统观光的深层次体验。乡村旅游服务的创新还应关注可持续性和社区参与。这意味着在提供服务的同时要考虑保护自然环境，尊重当地文化，支持当地社区的发展。通过这种方式，乡村旅游不仅能为游客提供愉悦的体验，还能促进当地经济和社会的可持续发展。

（四）增强游客参与感

通过组织互动性强的活动和利用数字工具，可以有效地增强游客在乡村旅游中的参与感。这些努力不仅提升了游客的满意度和忠诚度，也有助于促进大众对乡村文化的深入了解和欣赏，进一步增强了乡村旅游目的地的吸引力和竞争力。

为了增强游客的参与感，乡村旅游目的地可以组织一系列互动性强的活动。例如，当地的节庆和庆典活动往往是体验乡村文化的绝佳机会。游客可以参与传统节日的庆祝活动，体验当地的习俗和传统。社区活动如集市、音乐会或者工艺展览，也为游客提供了与当地居民交流和体验乡村生活的机会。互动式展览和体验活动也是提升游客参与感的有效方式。这些活动可以设计成教育性和互动性并重的形式，如通过互动展览让游客深入了解乡村的历史、文化和自然环境，或者通过参与式的工作坊让游客亲身体验传统手工艺或农事活动。乡村旅游地区还可以利用数字工具和社交媒体来增强游客的参与感。通过社交媒体平台分享游客的体验故事和照片，可以鼓励更多游客分享他们的经历，从而增强其参与感。数字应用程序也可以用于提供游客导览、自助游览路线或游戏化的探索活动，增加旅游体验的趣味性和互动性。

（五）服务质量管理和持续改进

乡村旅游服务的质量管理和持续改进涉及多个方面，包括但不限于定期评估服务质量、积极收集和响应游客反馈，以及对服务人员的持续培训和发展。其一，定期收集和分析游客反馈。包括通过问卷调查、在线评论或直接交流等方式了解游客对住宿、餐饮、导游服务以及其他体验活动的满意度。这些反馈提供了宝贵的信息，有助于识别服务中的优势和改进方面。其二，监测服务标准的执行情况。涉及确保所有服务环节都符合既定标准，包括客户服务、设施维护和安全协议等。定期的内部评估和审计有助于确保服务的一致性和高质量。其三，对服务人员的持续培训。其不仅包括基本的客户服务技能培训，还包括对当地文化、历史和自然环境的知识培训。确保员工了解乡村旅游地区的独特性和价值，提升他们的服务质量，并帮助他们更好地与游客互动。

乡村旅游地区还需要适应市场变化和游客需求的变化。这意味着服务和体验活动不仅要保持当前的高标准，还要不断创新和改进，以满足新的市场趋势和游客期望。随着可持续旅游和生态旅游越来越受欢迎，乡村旅游地区可以开发更多与自然和环境保护相关的活动。

第三节　乡村旅游形象的传播

乡村旅游形象传播是指通过各种媒介和渠道，向公众推广和介绍乡村旅游目的地的特色、文化、景观以及旅游产品和服务的过程。这种传播的目的在于塑造和提升乡村旅游目的地的形象，吸引游客，促进当地旅游业的发展。

一、乡村旅游形象传播的构成要素

乡村旅游形象传播的构成要素包括传播的内容、传播的方式、传播的渠道、传播过程的关键参与者（图6-3）。

图6-3　乡村旅游形象传播的构成要素

（一）传播的内容

乡村旅游形象传播的内容是构建和维护乡村旅游形象的核心部分，

它直接影响着游客对于乡村旅游目的地的认知和兴趣。有效的传播内容不仅要涵盖丰富多彩的乡村特色，还要包含游客的体验和反馈，以及媒体对乡村旅游目的地的评价和报道。

乡村旅游形象传播的内容应深入挖掘和展示乡村旅游目的地的文化和历史内涵，包括当地的传统习俗、节庆活动、民间艺术、手工艺品、历史遗迹等。这些元素不仅展示了乡村地区的独特魅力，也是连接游客与乡村旅游目的地的桥梁。通过传播这些文化和历史元素，可以让游客在旅游体验中感受到更深层次的文化内涵，增强他们对乡村旅游目的地的吸引力。乡村旅游形象的传播还应包括对自然景观的详细介绍。乡村地区的自然风光，如山脉、河流、森林、田野等，通常是吸引游客的重要因素。传播内容应突出这些自然景观的美丽和独特性，同时强调乡村环境的宁静和纯净，从而吸引那些寻求亲近自然和逃离城市喧嚣的游客。乡村旅游形象的传播还需要考虑到游客的评论和反馈。游客的实际体验和评价是传播内容的重要组成部分，它们提供了关于旅游目的地的客观视角。正面的游客评论和反馈可以有效提升乡村旅游目的地的吸引力，产生口碑效应，吸引更多的游客前往。游客的反馈还可以为乡村旅游目的地提供宝贵的改进意见，帮助经营者提升旅游服务质量。乡村旅游形象的传播还应包括媒体对乡村旅游目的地的评价和报道。专业媒体的报道，如旅游杂志、旅游网站的文章等，可以提供更加深入和全面的信息。专业媒体的评价通常具有较高的可信度，能够有效提升乡村旅游目的地的专业形象和品牌价值。

（二）传播的方式

乡村旅游形象的传播需要综合运用故事讲述、视觉艺术和互动体验等多种方式。这些方式既可以单独使用，也可以相互结合，形成一种全方位的传播策略。通过这种多元化的传播方式，可以有效地提升乡村旅游目的地的知名度，吸引更多游客的关注和兴趣。

故事讲述在乡村旅游形象传播中扮演着核心角色。故事是文化传承的载体，它们激发情感、创造共鸣，并帮助游客建立起对乡村旅游目的地的深层次连接。通过讲述乡村地区的历史故事、民间传说，或者当地人的日常生活，可以将游客带入一个丰富多彩的文化世界。此外，故事讲述还可以是基于游客自己的体验，如他们在乡村旅游目的地的独特经历和感受，这些故事可以通过口口相传或者社交媒体分享，进一步扩大乡村旅游目的地的影响力。视觉艺术作为传播乡村旅游形象的另一个重要方面，包括摄影、视频制作、平面设计等多种形式。高质量的视觉内容不仅能够吸引人们的注意，还能直观地展示乡村地区的美丽景观和独特文化。在社交媒体盛行的今天，引人入胜的视觉内容尤为关键，它能迅速吸引大众的注意，并广泛传播。一组精美的乡村风光照片或一段生动的文化活动视频，可以让人即使在屏幕前也能感受到乡村的魅力。互动体验在现代乡村旅游传播中变得越来越重要。随着科技的发展，提供虚拟现实旅游体验、在线互动游戏或者参与式的社交媒体活动等方式，使得乡村旅游形象的传播更加生动和互动。这种方式不仅仅是单向的信息传递，更是一种双向的互动体验。游客可以通过这些互动体验深入地了解乡村的文化和历史，这种参与感也极大地提高了乡村旅游目的地的吸引力。

（三）传播的渠道

乡村旅游形象的有效传播需要结合使用传统媒体、新媒体以及口碑传播这三种渠道。每种渠道都有其独特的特点和优势，通过综合运用这些渠道，可以全面覆盖不同的目标群体，有效地提升乡村旅游目的地的知名度和吸引力。这种多渠道的传播策略也有助于构建一个立体丰富的乡村旅游形象，促进旅游业的发展。

传统媒体，如电视、广播和报纸，长久以来一直是信息传播的主流渠道。尽管在数字时代，它们的影响力可能有所减弱，但仍然在特定人群和区域中发挥着重要作用。传统媒体通常具有较高的权威性和信任度，能够覆盖不经常使用互联网的人群。此外，它们通常有固定的受众群体，这可以帮助精准定位特定的市场。通过电视广告或者特定栏目，可以向关注旅游和文化内容的群体推广乡村旅游目的地。社交网络平台如博客、在线视频平台等新媒体在当今社会扮演着越来越重要的角色。新媒体的主要优势在于其互动性和实时性，以及能够覆盖广泛的受众。通过新媒体，乡村旅游目的地可以及时发布更新的信息，与潜在游客进行互动，并通过内容的分享和转发迅速扩大影响力。通过在社交媒体上发布吸引人的乡村旅游照片和视频，可以激发用户的兴趣并促使他们将旅游信息分享到自己的网络中。口碑传播是一个非常强大的传播渠道，它依赖于个人推荐和用户体验的分享。在旅游领域，口碑传播尤其重要，因为人们在选择旅游目的地时，往往会参考亲朋好友或其他游客的建议和体验。良好的游客体验可以转化为积极的口碑，进而吸引更多游客。为了促进口碑传播，乡村旅游目的地要激励满意的游客在个人社交网络上分享他们的旅行体验，或者在旅游评价网站上留下评论。

（四）传播过程的关键参与者

当地社区、政府、旅游运营商和游客在乡村旅游形象的传播过程中各司其职，相互依赖，共同推动乡村旅游目的地的形象建设和发展。通过这些关键参与者的协调合作，可以有效地传播乡村旅游的魅力，吸引更多游客，促进当地经济和文化的繁荣。

当地社区是乡村旅游形象传播的基础和源泉。当地社区成员不仅是文化和传统的守护者，也是旅游体验的直接提供者。他们的生活方式、文化活动、传统技艺和故事构成了乡村旅游的核心吸引力。当地社区的积极参与不仅可以保证传播内容的真实性和独特性，还可以提高乡村旅游的可持续性，确保旅游活动与当地文化和环境和谐共存。政府在推广乡村旅游形象中发挥着关键作用，不仅负责制定相关政策和标准，还提供必要的支持和资源，如资金、培训和营销援助。政府的参与有助于确保旅游活动的质量和安全，同时能够促进乡村旅游的整体规划和长期发展。此外，政府还可以通过国际和国内的旅游展会来推广乡村旅游目的地，吸引更广泛的人群关注和兴趣。旅游运营商是连接游客和目的地的桥梁。他们负责提供旅游服务和产品，如住宿、交通、导游服务和旅游套餐等。运营商不仅需要了解市场需求和游客偏好，还要确保提供高质量的服务体验。他们在设计旅游产品和体验时，需要与当地社区紧密合作，确保旅游活动既能吸引游客，又能体现乡村的独特文化和价值。游客是乡村旅游形象传播的终端接收者，也是传播者。他们的体验和反馈对乡村旅游的形象至关重要。积极的游客体验可以转化为口碑推广，通过社交媒体分享、旅游评论网站和个人网络传播乡村旅游的吸引力。因此，确保游客满意度不仅有助于提高复访率，也是有效传播乡村旅游形象的关键。

二、乡村旅游形象传播的特征

乡村旅游形象传播的特征体现了其独特的传播方式和影响。这些特征不仅塑造了乡村旅游的公众形象，还决定了传播的效果。乡村旅游形象传播的主要特征如图 6-4 所示。

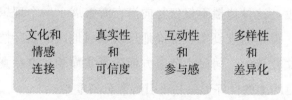

图 6-4 乡村旅游形象传播的特征

（一）文化和情感连接

文化和情感连接这一特征强调了在乡村旅游形象传播中，将文化价

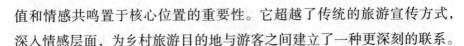

值和情感共鸣置于核心位置的重要性。它超越了传统的旅游宣传方式，深入情感层面，为乡村旅游目的地与游客之间建立了一种更深刻的联系。

乡村旅游的本质不仅仅在于提供一处旅游地点，而是在于提供一种文化体验和情感体验。当传播重点放在文化价值和情感共鸣上时，它关注的是展现乡村地区的文化深度、历史根源和生活方式的独特性。这种传播方式使得乡村旅游不仅仅是一种视觉上的享受，更是一次心灵上的触动。在这种传播方式下，乡村的故事、历史和生活方式成为主要的叙述内容。乡村地区的历史中往往蕴藏着丰富的文化故事，如传统节日的庆祝方式、民间艺术的传承、传统手工艺品的制作过程等。这些故事和历史的传播不仅让游客了解到一个地方的文化背景，更是触动了游客的情感，使他们能够与这个地方产生情感上的联系。当游客听到一个关于乡村地区如何庆祝传统节日的故事，他们不仅学到了关于该节日的知识，还感受到了当地人的情感和对传统的重视。同样，当传播聚焦于乡村居民的日常生活方式时，如农耕、捕鱼或者手工艺品制作，不仅展示了一种与城市生活截然不同的生活方式，还让游客感受到一种质朴和宁静的生活之美。

（二）真实性和可信度

真实性和可信度不仅关乎信息的准确性，更关乎建立和维护游客的信任和满意度。这种传播不仅仅是向潜在游客展示一个理想化或美化的旅游目的地，而是力求真实、准确地反映乡村地区的实际情况，包括其自然环境、文化传统、居民生活等方面的真实面貌。这种真实性对于建立乡村旅游目的地的良好形象和吸引游客至关重要。

真实性是乡村旅游形象传播中最具吸引力的要素。游客往往被真实的体验和未经雕饰的自然美景所吸引。真实展示乡村地区的田园风光、当地的农耕活动、居民的日常生活等，可以为游客提供一种逃离城市、回归自然的纯净体验。通过传播真实的内容，乡村旅游目的地可以在游客心中建立长期的信任。这种信任是基于游客对传播内容真实性的认可。当游客发现实际体验与乡村旅游目的地传播的信息高度一致时，他们更有可能成为回头客，甚至推荐给其他人。乡村旅游的真实性传播还涉及对当地社会和文化的真实展现。这包括当地的文化传统、历史故事和社区生活。通过这种方式，游客不仅能够获得愉悦的旅游体验，还能深入了解和尊重当地文化和社会。真实性传播能够在游客心中建立正确的期望。美化或虚构的传播可能会导致游客体验与期望之间的差距，从而影响他们的满意度。真实、准确的传播有助于减少这种差距，提高游客的整体满意度。

（三）互动性和参与感

互动性和参与感是新媒体技术发展带来的一个显著变化，这一特征在现代旅游营销中扮演着越来越重要的角色，因为它直接影响游客的参与度和对旅游目的地的感知。

在乡村旅游形象传播中，互动性和参与感的提升使得游客不再是被动的信息接收者，而是乡村旅游形象传播和体验过程中的积极参与者。通过社交媒体平台，游客可以直接与乡村旅游目的地或其他游客互动，分享自己的体验、提出问题或反馈。这种参与不仅增强了游客的体验感，还提升了他们对旅游目的地的认知和情感投入。

在社交媒体时代，游客生成的内容（如照片、视频、博客文章等）成为乡村旅游形象传播中极其重要的一环。这些内容由游客在真实场景下制作，具有极高的可信度和感染力，能够有效吸引潜在游客的注意力，并激发他们对目的地的兴趣。

新媒体平台如社交网络和旅游论坛提供了即时互动的可能。游客可以通过这些平台实时获取信息，也可以分享自己的疑问和体验。旅游目的地和运营商可以通过这些平台及时回应游客的反馈，从而提升服务质量和游客满意度。随着技术的进步，越来越多的乡村旅游目的地开始利

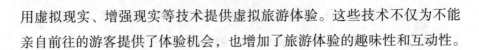

用虚拟现实、增强现实等技术提供虚拟旅游体验。这些技术不仅为不能亲自前往的游客提供了体验机会，也增加了旅游体验的趣味性和互动性。

（四）多样性和差异化

乡村旅游目的地具有多样性，而有效的传播策略应当突出这种多样性，以吸引不同兴趣和需求的游客。

每个乡村旅游目的地都有其独到之处，无论是自然环境、文化遗产、历史背景还是社区生活。差异化的传播强调这些独特的卖点，而不是采用一种统一的、"一刀切"的营销方法。通过这种方式，乡村旅游目的地可以在众多竞争对手中脱颖而出。由于不同的游客有不同的兴趣和旅游偏好，差异化的传播能够精确地满足这些需求。有的游客可能对自然和生态旅游感兴趣，而有的游客则可能更关注文化体验或农业旅游。通过差异化传播，可以更有效地吸引目标游客群体。差异化传播往往涉及故事性营销，这意味着使用具有吸引力的故事来展示乡村目的地的特色。这些故事可以是关于当地的历史、传说、风土人情或者独特的旅游体验。通过讲述故事，可以增加传播内容的吸引力和记忆点。差异化的传播还涉及将营销活动与当地的特色相结合。具体包括特色活动的举办、当地产品的展示或者与当地艺术家和手工艺人的合作等。这种策略不仅有助于提升游客体验，也能够促进当地经济和文化的发展。

三、乡村旅游形象传播的策略

乡村旅游形象传播的策略是确保旅游目的地吸引力和游客参与度的关键。这些策略不仅需要考虑如何有效地传递信息，还需要考虑如何与目标受众建立持久的联系。

（一）精准定位与差异化营销

精准定位与差异化营销策略的核心在于深入理解每个乡村旅游目的

地的独特性，并根据目标受众的偏好来塑造和传播这些特点。这不仅能够有效吸引目标游客，也能提升乡村旅游目的地的品牌形象，使其在竞争激烈的旅游市场中脱颖而出。

对于乡村旅游目的地而言，其独特卖点可能包括丰富的历史背景、独特的文化传统、壮观的自然景观或丰富的农业体验等。这些特点不仅是吸引游客的重要因素，也是乡村旅游目的地区别于其他旅游地点的关键所在。因此，进行乡村旅游形象传播时需要精准地捕捉并强调这些独特卖点，使其成为吸引特定目标受众群体的亮点。在了解目标受众方面，进行市场调研和受众分析至关重要。不同的游客群体可能对乡村旅游的不同方面感兴趣。年轻的探险者可能倾向于户外运动和探索活动，而家庭游客则可能注重乡村的安静环境和亲子活动。了解这些需求后，乡村旅游形象的传播就可以更加有针对性地突出相关内容，通过展示引人入胜的自然徒步路线来吸引探险者，或展示家庭友好的乡村度假村和教育活动来吸引家庭游客。

（二）整合营销

整合营销是乡村旅游形象传播的关键策略之一，它强调在不同的传播渠道和平台上提供一致和连贯的信息。这种策略的实施涉及多方面的考量和操作：其一，跨平台内容统一。在不同的传播渠道上保持信息的一致性是整合营销的核心。无论是在社交媒体、电视广告还是印刷品上，传达的信息和形象应该是相同或相互补充的。社交媒体上的帖子可以深入展示某个特定的乡村旅游特色，而电视广告则可以用更广泛的视角来吸引观众的注意。其二，利用多种媒体形式。在整合营销传播中，利用不同媒体形式的特点来使传播效果最大化是关键。社交媒体适合发布实时更新和互动的内容，而印刷媒体则适合提供更详细的信息和故事。视频平台可以用于展示乡村旅游的视觉魅力，吸引大众的视觉兴趣。其三，线上线下活动相结合。整合营销还应包括线上和线下活动的结合。可以通过线上平台宣传即将举行的乡村旅游活动，在现场活动中鼓励参与者将他们的体验分享到线上。这种线上线下结合的策略不仅扩大了传播范围，也增加了用户参与和互动的机会。其四，内容的多样化和个性化。整合营销中还应注意内容的多样化和个性化。这意味着根据不同平台的特点和目标受众的偏好，调整内容的风格和形式。年轻游客可能偏好图像和视频丰富、风格轻松活泼的内容，而成熟游客可能喜欢详细的信息和深入的故事叙述。

（三）参与式营销

参与式营销策略旨在通过与各种不同的合作伙伴合作，来拓展传播渠道，提升传播效果，并丰富乡村旅游的体验。在这个营销策略中，合作伙伴的范围广泛，包括但不限于旅游博主、当地艺术家、手工艺人以及其他旅游目的地。这些合作关系可以采取多种形式，如共同的营销活动、互利的推广协议或内容共享等。与这些合作伙伴的合作能够带来多方面的益处。一方面，可以帮助乡村旅游目的地触及更广泛的受众群体。不同的合作伙伴拥有不同的受众基础和专业领域，这使得乡村旅游的信息能够在更广泛的范围内传播。另一方面，通过与这些合作伙伴共同举办活动或分享内容，可以使乡村旅游目的地的形象更加丰富和多元。与当地艺术家的合作可以展示乡村文化的独特性，而与旅游博主的合作则可以通过他们的故事和体验来吸引更多的游客。这种合作关系还能够增加乡村旅游目的地的吸引力。通过共同举办的活动或特色体验，可以吸引对特定主题或活动感兴趣的游客。这种合作还有助于提升乡村旅游目的地的品牌形象，因为它展示了目的地愿意与不同的团体和个人合作，为游客提供更丰富的体验。

（四）多元化的合作伙伴

合作伙伴的选择应涵盖多个领域，包括旅游博主、当地艺术家、手工艺人、其他旅游目的地，甚至是环境保护组织和当地社区。这些合作伙伴各自拥有独特的资源和受众，能够帮助乡村旅游目的地触及更广泛的受众群体。共同营销活动是实现多元化合作的有效途径之一。这些活动可以是联合推广活动、特别主题活动或者文化交流活动，旨在提升参与双方的知名度和吸引力。例如，与旅游博主合作举办特色体验之旅，让他们亲身体验乡村生活并通过他们的平台分享体验，能够有效地吸引更多潜在游客的关注。互利的推广协议或内容共享同样是加强合作关系的重要手段。乡村旅游目的地可以与当地艺术家合作，共同开发以当地文化为主题的产品，同时在各自的平台上进行推广。这种方式不仅能够增加旅游目的地的文化吸引力，还能带动当地的经济发展。合作关系的建立还能为游客提供更加丰富和独特的旅游体验。通过与当地手工艺人合作，游客可以参与到传统手工艺品的制作过程中，从而获得独一无二的文化体验。与其他旅游目的地的合作则可以提供更广泛的旅游选择和联合套餐，吸引不同类型的游客。

本章小结

本章集中于乡村旅游形象的构建，包括形象定位、塑造和传播，探讨了如何有效建立和推广乡村旅游的品牌形象。

第七章 文旅融合下乡村旅游市场的开拓

第一节 乡村旅游市场结构分析

通过对旅游市场结构的细致解析，能够为乡村旅游目的地提供战略性的见解和指导，以更好地适应市场变化，把握发展机遇。

一、乡村旅游市场结构的界定

乡村旅游市场结构可以定义为乡村旅游市场中参与者之间的相互关系及其对市场运作的影响。这一结构涵盖了市场参与者的角色定位、市场资源的分配以及市场动态的管理机制。具体来说，乡村旅游市场结构可以从以下几个维度进行界定：其一，市场参与者多样性。乡村旅游市场中有游客、当地社区成员、旅游服务提供商、政府及非政府组织等多种参与者。每一类参与者都有其独特的需求和目标，相互之间形成了复杂的合作与竞争关系。其二，市场资源分布。乡村旅游资源包括自然风光、文化遗产、农业活动和传统生活方式等。这些资源的地理分布、质量和可接入性直接影响到乡村旅游市场的吸引力和竞争力。其三，市场需求动态。乡村旅游市场的需求受到旅游消费者偏好、社会趋势、经济状况和技术进步等多重因素的影响。需求的变化促使市场供给持续调整，以满足不断变化的游客需求。其四，市场运作机制。乡村旅游市场的运作机制涉及政策制定、市场推广、基础设施建设和服务提供等多个方面。有效的市场运作机制能够促进资源的合理配置和市场的平衡发展。

　　将这些维度结合起来，可以对乡村旅游市场结构形成全面、深入的理解。这不仅有助于揭示乡村旅游市场的内在规律，也为市场策略的制定和资源的优化配置提供了理论依据。

二、乡村旅游市场结构的理论基础

　　乡村旅游市场结构的理论基础有助于更好地理解市场现状，也为制定有效的市场策略和应对市场变化提供了理论支持（图7-1）。

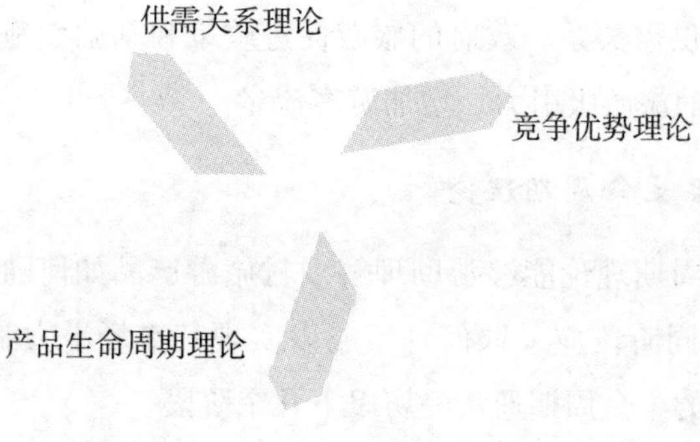

供需关系理论

竞争优势理论

产品生命周期理论

图7-1　乡村旅游市场结构的理论基础

（一）供需关系理论

　　供需关系理论在乡村旅游市场中的应用不仅包括理解当前的市场状况，还包括预测未来趋势和制定相应的策略。通过对供需动态的深入分析，旅游目的地和管理者可以更有效地规划旅游资源，提升服务质量，最终实现市场的可持续发展。

　　乡村旅游市场的需求侧受多种因素影响，包括社会经济趋势、消费者偏好、市场宣传和外部环境因素。随着人们生活节奏的加快和生活压力的增大，越来越多的人倾向于寻求一种回归自然、体验乡村生活的旅游方式。这种趋势推动了对乡村旅游的需求增长。此外，对健康、可持续旅游的关注也增加了游客对乡村旅游的兴趣。供给方面，乡村旅游目的地需要提供吸引游客的旅游资源和服务，包括自然风光、文化遗产、农业体验、当地美食、住宿设施以及相关的旅游活动。乡村旅游目的地能否成功，很大程度上取决于其能否提供符合游客预期的高质量体验。因此，旅游目的地需要不断评估和改进其服务和设施，以确保满足不断变化的市场需求。供需关系还受到季节性因素的影响。许多乡村旅游活动具有明显的季节性特征，如某些特定节庆、农业活动或自然景观。这要求旅游目的地在不同季节调整其产品和服务，以吸引不同时间段的游客。从宏观角度来看，政府政策、经济状况和全球旅游趋势也会影响乡村旅游市场的供需关系。政府的旅游促进政策和基础设施投资可以显著提升一个地区的旅游吸引力，增加游客流量。

（二）产品生命周期理论

产品生命周期理论能够帮助理解乡村旅游产品如何随时间发展和演变，以及在不同阶段应采取何种策略以实现其市场潜力和寿命最大化。乡村旅游产品的生命周期通常经历以下几个阶段。

引入期：在这一阶段，乡村旅游产品刚刚推向市场。由于公众对新产品的认知有限，这一阶段的主要挑战是提高知名度和吸引旅游者。策略重点可能是通过有效的宣传和营销活动来增加旅游目的地的曝光度，以及通过体验活动或特价优惠吸引游客尝试新的旅游产品。

成长期：随着市场接受度的提高，乡村旅游产品进入成长期。这一阶段的特点是游客数量的增长和市场需求的扩大。策略上应集中于市场推广和品牌建设，同时强化服务质量，以满足不断增长的市场需求。在这个阶段，构建良好的客户关系和良好的口碑至关重要。

成熟期：乡村旅游产品进入成熟期后，市场增长速度放缓。此时，市场竞争加剧，需要通过创新和差异化策略来维持市场份额。在这一阶段，重点可能转向提供更具个性化和高质量的旅游体验，以及开发新的旅游活动或服务，以保持竞争优势。

衰退期：随着市场饱和和新竞争者的出现，乡村旅游产品可能进入衰退期。在这一阶段，旅游目的地需要重新评估和调整市场策略。可能涉及重新定位旅游产品，或寻找新的市场机会和合作伙伴，以重振市场需求。

综合考虑产品生命周期的各个阶段，乡村旅游管理者可以更有效地规划和实施市场策略，从而延长产品的市场寿命，最大化地发挥其市场潜力。这不仅有助于乡村旅游目的地在激烈的市场竞争中保持竞争力，也有助于确保乡村旅游的可持续发展。

（三）竞争优势理论

竞争优势理论的核心在于识别和利用乡村旅游目的地的独特优势，以在激烈的市场竞争中脱颖而出。在乡村旅游市场中，竞争优势可能来自多个方面，包括自然资源、文化遗产、地理位置、服务质量以及创新的旅游产品和服务。

乡村旅游目的地的自然资源和环境是构建竞争优势的重要元素。美丽的自然风光、独特的生态系统以及丰富的野生动植物种类可以吸引那些寻求亲近自然和探险的游客。通过强调这些自然资源的独特性，乡村旅游目的地可以吸引特定市场细分群体，如生态旅游爱好者或摄影爱好者。文化遗产和历史背景也是构建竞争优势的关键因素。乡村地区的传统习俗、节日庆典、民俗活动以及历史古迹可以提供独特的文化体验。通过将这些文化元素融入旅游产品和服务，乡村旅游目的地可以吸引对文化和历史感兴趣的游客。

地理位置的优势也不容忽视。靠近主要交通路线或城市中心的乡村旅游目的地可能更容易吸引游客。偏远的乡村地区也可以利用其隐秘性

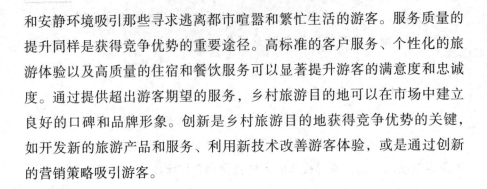

和安静环境吸引那些寻求逃离都市喧嚣和繁忙生活的游客。服务质量的提升同样是获得竞争优势的重要途径。高标准的客户服务、个性化的旅游体验以及高质量的住宿和餐饮服务可以显著提升游客的满意度和忠诚度。通过提供超出游客期望的服务，乡村旅游目的地可以在市场中建立良好的口碑和品牌形象。创新是乡村旅游目的地获得竞争优势的关键，如开发新的旅游产品和服务、利用新技术改善游客体验，或是通过创新的营销策略吸引游客。

三、市场细分和目标群体

市场细分和目标群体是乡村旅游市场结构解析中的关键组成部分，它涉及将广泛的乡村旅游市场划分为较小、更易管理的细分市场，以便更有效地满足特定游客群体的需求。市场细分的首要步骤是识别不同的游客群体，并理解他们的特定需求和偏好。这一过程通常涉及对游客的人口统计特征、心理特征、行为特征和地理特征的分析。人口统计特征包括年龄、性别、收入和教育水平，心理特征包括生活方式和个性，行为特征涉及购买习惯、使用频率和品牌忠诚度，而地理特征则涉及游客的居住地点。在乡村旅游市场中，市场细分可以基于不同的标准来进行。一个常见的方法是根据游客的旅游动机进行细分。有的游客可能对自然和户外活动感兴趣，有的游客可能更关注乡村地区的文化和历史。理解游客的旅游动机有助于乡村旅游目的地开发针对性的产品和服务，从而更好地满足不同游客群体的需求。除了旅游动机，市场细分还可以基于游客的预算、旅游时长和期望的体验类型来进行。有的游客可能在寻找经济实惠的短途旅行，有的游客则因为独特和高质量的旅游体验而愿接受更高的价格。此外，不同的游客可能对旅游活动的类型有不同的偏好，如探险旅游、生态旅游、农业体验旅游和文化体验旅游等。

在进行市场细分后，接下来就是确定目标群体。目标群体是乡村旅游目的地希望吸引和服务的特定游客群体。选择目标群体时，乡村旅游目的地需要考虑自身的资源、能力和市场位置。一个拥有丰富自然资源的乡村旅游目的地可能会将自然爱好者作为其目标群体，而一个拥有丰富文化遗产的乡村则可能更关注文化旅游爱好者。确定目标群体后，乡村旅游目的地需要开发适合这些群体的特定旅游产品和服务。这可能涉及创建特定的旅游路线、提供特殊的住宿体验或组织独特的活动和节庆。此外，营销和宣传策略也应针对目标群体进行制定，以确保有效地吸引和满足这些游客的需求。

第二节　乡村旅游产品创新

乡村旅游产品的创新关乎如何在保持乡村文化和传统的同时创造新颖、吸引人的旅游体验。这个过程不仅包括传统产品的改良，还涵盖了新产品的创造，以适应不断变化的市场需求和旅游趋势。

一、乡村旅游产品创新的原则

乡村旅游产品创新的原则主要涉及以下几个方面（图 7-2）。

市场导向原则　　文化敏感性原则

以人为本原则　　可持续性原则

图 7-2　乡村旅游产品创新的原则

（一）市场导向原则

市场导向原则强调旅游产品的设计和调整应紧紧围绕市场需求和趋势展开，这意味着必须深入分析和理解消费者的偏好，以及市场的动态变化。在这个过程中，旅游产品的创新不仅是对新需求的响应，也是对竞争环境的适应。有效的市场导向策略要求旅游产品开发团队不断追踪和预测市场趋势，确保旅游产品设计既具有创新性，又能满足目标客户群体的期望和需求。

在市场导向原则的指导下，乡村旅游产品的创新也包括对现有旅游产品的持续改进和升级。这种持续的旅游产品优化过程是确保旅游产品与市场需求同步，保持旅游产品的竞争力的关键。这种方法还涉及市场细分的策略，即识别并针对特定的市场细分群体开发专门的产品，以满足其独特的需求。市场导向原则的另一个重要方面是对竞争对手的产品和策略的理解和分析。通过分析竞争对手的旅游产品和策略，乡村旅游产品可以找到差异化的创新点，从而在市场中获得独特定位。这要求旅游企业和组织不仅要关注内部的旅游产品开发，还要有对外部市场环境的广泛认识。

（二）以人为本原则

以人为本原则注重将游客体验和满意度置于核心位置。这一原则要求在旅游产品的设计和服务中充分考虑游客的个性化需求和偏好。体现以人为本的旅游产品不仅满足游客的基本需求，还提供超出期望的体验，包括高标准的服务质量、确保游客安全和舒适以及对不同游客群体特殊需求的关注。在实践中，以人为本的原则强调创建一个包容的、访客友好的环境，其中包括适应各种能力水平和年龄游客的设施和活动。此外，它还涉及对游客反馈的积极响应，将游客的意见和建议纳入未来的旅游产品改进和服务升级。在提供乡村旅游服务时，强调文化的敏感性和对地方传统的尊重也是以人为本原则的重要方面。通过这种方式，乡村旅

206

游产品能够为游客提供更加丰富和深入的体验，同时促进当地文化和自然环境的保护。

（三）文化敏感性原则

文化敏感性原则在乡村旅游产品创新中的应用强调了对当地文化、传统和习俗的深刻理解与尊重。在开发旅游产品的过程中，这一原则的核心是确保旅游活动和项目不会对当地的文化遗产和社区产生负面影响。要求旅游产品的设计者和运营者在规划和实施旅游体验时，充分考虑到当地文化的特殊性和脆弱性。通过对当地文化的保护和尊重，乡村旅游产品不仅能够为游客提供真实和丰富的体验，还有助于维护和弘扬当地的文化传统。文化敏感性原则的贯彻，有助于实现旅游发展与文化遗产保护之间的和谐共生，确保乡村旅游的可持续发展。

（四）可持续性原则

可持续性原则在乡村旅游产品创新中强调了旅游发展与环境保护、社会公正和经济效益之间的平衡。这个原则指导着旅游业在发展过程中必须考虑其对环境的影响，同时支持当地的经济发展和维护社会和谐。在实施可持续性原则时，旅游产品的创新应该采取措施减少对自然资源的消耗和环境污染，同时确保旅游活动能够为当地社区带来经济上的益处，如提供就业机会和增强当地经济活力。可持续性原则还涉及促进当地社区的参与和福祉，确保旅游发展成果惠及当地居民，并尊重他们的文化和传统。通过这样的方式，乡村旅游产品的创新既能够为游客提供高质量的体验，又能确保旅游活动的长期可持续性，为当地环境、经济和社会带来积极影响。

二、乡村旅游产品创新中需要处理的关系

乡村旅游产品创新中需要处理好以下几个方面的关系（图7-3）。

207

图 7-3　乡村旅游产品创新中需要处理的关系

（一）传统继承与创新的关系

传统继承与创新的关系处理主要体现在如何在保护和传承乡村地区的传统文化、历史和价值观的基础上，融入创新元素和现代理念，以吸引更广泛的游客群体。这种平衡要求旅游产品的开发既要深刻理解并尊重当地的文化遗产，又要具有足够的创造性来满足日益多样化的市场需求。在实际操作中，可结合当地的传统手工艺、乡村风光、历史故事等元素，同时引入新的服务模式、体验活动或技术应用，以提升游客的体验。这样的创新不仅有助于保持乡村旅游的独特魅力和文化深度，还有助于乡村旅游产品在竞争日益激烈的旅游市场中保持吸引力和竞争力。通过这种方式，乡村旅游产品创新能够实现传统与现代的有机结合，促进当地文化的传播与发展，同时满足游客的需求。

（二）实用性与艺术观赏性的关系

在设计乡村旅游产品时，既要考虑到游客的实际需求，如住宿的舒适性、交通的便利性、服务的可靠性等实用方面，也要兼顾旅游产品的艺术观赏价值，如地方特色的展示、文化元素的融入、美学设计的考虑等。实用性是确保游客基本需求得到满足和保障其体验顺畅的基础，它关注的是旅游产品能否提供安全、舒适、方便的服务和设施，包括但不限于易于导航的环境、清洁舒适的住宿条件、有效的客户服务以及其他旅游必需品。良好的实用性设计能够确保游客的基本体验无忧，从而提高整体满意度。艺术观赏性的考虑则赋予乡村旅游产品更深层次的吸引力，不仅仅是对美的追求，还是对当地文化、历史和传统的一种展现。通过艺术化的设计和文化元素的融入，旅游产品能够更好地传达乡村地区的独特故事和精神面貌，为游客提供丰富的文化体验和视觉享受。例如，利用地方艺术、建筑风格、传统工艺或是地方传说故事等，创造独特的、富有文化特色的旅游体验。平衡实用性与艺术观赏性是乡村旅游产品创新过程中的关键任务。这要求设计者在满足游客的实际需求的同时，巧妙地融入当地的文化和艺术元素，使产品既具有实际的使用价值，又能够提供独特的文化体验和审美享受。通过这种方式，乡村旅游产品不仅能够满足游客的基本需求，还能够在心灵和文化层面上吸引和满足游客，从而提升整体的旅游体验。

（三）环境保护与商业发展的关系

对于环境保护与商业发展的关系的处理涉及如何在促进乡村地区的旅游经济增长的同时保护和维护自然环境。这一关系的核心在于找到一个平衡点，既能实现经济收入增长，又能持续保护和支持当地的生态系统。在实践中，意味着旅游产品的开发和运营需要采用环境友好的方法和实践。使用可再生能源和环保材料可以减少对环境的影响，同时提高能源效率。此外，减少废物产生和实施垃圾分类和回收计划也是重要的措施，旨在减轻旅游活动给环境带来的负担。推广生态旅游项目也是实现这一平衡的关键途径之一。生态旅游强调对环境影响最小化的同时提供教育性和可持续性的旅游体验，这不仅包括开发与自然环境和谐共存的旅游活动，还涉及提升游客的环境保护意识，以及支持当地环境保护项目。与当地社区合作也是保证环境保护与商业发展平衡的关键。当地社区居民的参与可以确保旅游活动符合当地的环境保护标准和需求，同时有助于确保旅游收益能够支持当地经济和环境的可持续发展。

（四）社区福祉与旅游需求的关系

对社区福祉与旅游需求的关系的处理涉及在满足游客需求和促进旅游业增长的同时确保旅游发展与当地社区的福祉相协调。这意味着旅游产品的设计和推广不应以牺牲当地居民的生活质量为代价，而应当考虑如何通过旅游活动支持和提升社区的经济、社会和文化福祉。在具体实践中，这可能涉及多个方面。第一，旅游产品的开发应当促进当地经济的发展，如通过创造就业机会、支持当地企业和手工艺品的销售等。第二，旅游产品创新应考虑到对当地文化的保护和促进，包括支持传统艺术、文化节庆活动，以及保护历史遗迹和自然景观。第三，与当地社区的紧密合作和沟通也至关重要，以确保旅游发展计划符合社区的需求和期望，同时为当地居民带来实惠。旅游产品创新还应当考虑到环境保护，确保旅游活动不会对当地的自然环境造成不可逆转的损害，包括实施环境友好的旅游实践，减少资源消耗，以及促进对环保教育和环保意识提升。

三、乡村旅游产品创新的具体路径

乡村旅游作为连接自然、文化与人类体验的重要领域，在当今社会日益受到重视。随着旅游市场的不断发展和游客需求的日益多样化，创新成为乡村旅游持续发展的关键。乡村旅游产品创新不仅关乎提供新颖的旅游体验，还涉及促进当地经济、保护文化遗产及实现可持续发展的广泛目标。以下是实现这一目标的具体路径（图7-4）。

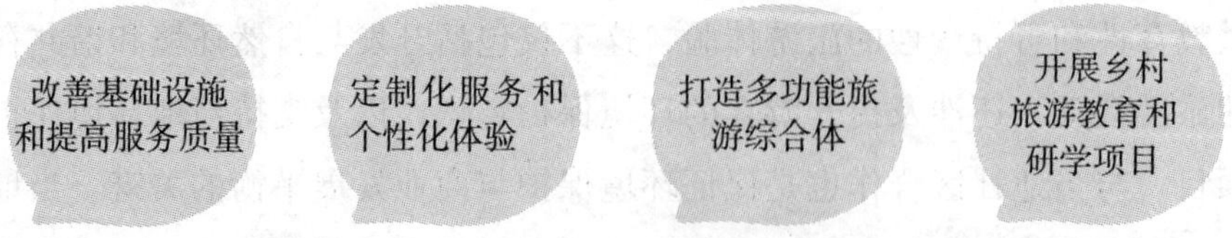

改善基础设施和提高服务质量　　定制化服务和个性化体验　　打造多功能旅游综合体　　开展乡村旅游教育和研学项目

图7-4　乡村旅游产品创新的具体路径

（一）改善基础设施和提高服务质量

改善乡村旅游的基础设施、提高服务质量涉及从住宿、餐饮到交通和员工培训的各个环节。通过这些措施，可以显著提高游客的满意度，吸引更多的游客到访，促进当地经济的发展。

住宿是乡村旅游体验的重要组成部分，提升住宿设施的质量，意味着不仅要提供干净、舒适的住宿环境，还需要反映出乡村地区的特色和文化。例如，可以翻修传统建筑，在保留其原有风格和特色的同时引入现代的舒适设施，如高质量的床上用品、现代化的卫生设施和无线网络服务。此外，住宿地的选择也至关重要，理想的位置应便于游客探索当地景点，同时提供安静和放松的环境。餐饮服务是另一个影响乡村旅游体验的关键因素。高质量的餐饮不仅满足游客的基本需求，还是展示当地饮食文化的窗口。乡村地区的餐厅可以提供以当地食材制作的传统菜肴，这不仅支持当地农业，还为游客提供了独特的饮食体验。为了提高餐饮服务质量，餐馆可以定期培训员工，更新菜单以反映季节性的食材和当地的美食文化。交通是连接游客和乡村旅游目的地的关键，改善交通基础设施，如道路状况、标志清晰度和公共交通可达性，是提高游客体验的重要环节。对于那些偏远的乡村旅游目的地，提供清晰的路线指示和可靠的交通服务尤为重要。此外，提供租车服务、定制班车或其他交通服务也能显著提高游客的便利性。服务质量在很大程度上取决于服务人员的专业水平。定期对员工进行培训，不仅提升他们的专业技能，还能加深他们对客户服务的认识。具体包括接待技巧、语言沟通能力、急救知识和对当地文化的深入了解。优秀的服务人员应能够提供及时、友好且有效的服务，帮助游客解决问题，提升游客整体旅游体验。现代科技的运用可以显著提高乡村旅游的服务质量和效率。通过在线预订系统，游客可以轻松预订住宿、餐饮和旅游活动。移动应用程序可以提供实时的旅游信息、路线指导和当地文化背景介绍。此外，运用智能系统来管理客房设施，如智能温控、自动照明系统等，也能提高住宿的舒适度。

（二）定制化服务和个性化体验

定制化服务和个性化体验通过精心设计符合个别游客需求的旅游体验。旅游服务提供者通过定制化服务和个性化体验不仅能够提高游客的满意度和忠诚度，还能在竞争激烈的旅游市场中脱颖而出。

考虑到不同游客群体的特殊需求，提供专门服务是提升乡村旅游吸引力的关键。例如，为家庭游客提供儿童友好的住宿和活动，为老年人设计易于访问的景点和舒适的旅游体验，或为冒险爱好者安排户外探险和挑战活动。这种针对性的服务可以确保每个游客都能在旅游中得到满足自己需求的体验。

实施定制化服务和个性化体验需要细致的规划和良好的资源整合能力。旅游服务提供者应与当地的文化机构、旅游景点、餐饮和住宿提供者密切合作，共同开发和推广特色体验。了解和收集游客的反馈对于不断改进服务和提供更符合游客需求的体验至关重要。现代技术如大数据分析和人工智能，可以帮助旅游服务提供者更好地理解游客的偏好，并据此设计个性化的服务。通过分析游客的在线搜索和预订行为，可以获得关于其兴趣和偏好的信息，进而提供更精准的定制旅游服务。

（三）打造多功能旅游综合体

打造多功能旅游综合体的目的是为游客提供一个既能放松身心，又能深入了解和体验当地文化的场所。这种综合体通过提供多样化的服务和体验，不仅增加了乡村旅游的吸引力，也为当地社区的经济发展和文化保护作出了重要贡献。在这种综合体中，住宿设施通常设计得既舒适又具有当地特色，能够反映乡村地区的传统风貌和文化特色。游客可以参与各种活动，如当地的节庆庆典、音乐会、传统工艺制作等，这些活动不仅丰富了游客的旅行体验，还有助于当地文化的传承和推广。教育元素也是多功能旅游综合体中不可或缺的部分，特别是对于那些希望在旅行中学习和成长的游客来说。教育体验可能包括自然生态教育、文化历史讲座、农业体验等，既有助于提升游客的知识，也增强了大众对当地环境和文化的保护意识。

（四）开展乡村旅游教育和研学项目

乡村旅游的教育和研学项目通过提供多元化的学习体验，不仅能够提升游客尤其是年轻人对乡村文化和自然环境的认识，还能激发他们对传统和自然保护的兴趣。这些项目为乡村旅游增添了更深层次的教育价值，有助于培养负责任和有环保意识的未来公民。

乡村旅游教育和研学项目通常涉及多个方面，包括农业实践、传统手工艺品制作、环境保护教育和历史文化探索等。这些项目的共同目标是通过亲身体验和实践学习，使学习过程既有趣又富有教育意义。农业实践是乡村旅游教育项目的核心部分。通过参与实际的农事活动，如种植、收割、养殖等，游客特别是年轻人和学生可以直观地了解食物从田间到餐桌的过程，加深对自然和食物来源的认识。这种体验有助于培养他们对农业和自然环境的尊重与责任感。传统手工艺品制作的体验则让游客有机会直接参与到当地的文化和艺术活动中。制作陶器、编织、木工或传统绘画等活动不仅能够传承和展示当地的手工艺技术，还能促进游客对当地文化的理解和欣赏。环境保护教育也是乡村旅游教育项目的重要组成部分。通过组织关于生态保护、可持续发展和自然资源保护的研讨会和实地考察，可以提高游客特别是年轻人对环境问题的认识和参与意识。这些活动不仅对个人有益，也对社会和环境产生积极影响。历史文化探索则让游客深入了解乡村地区的历史背景和文化遗产。通过访问历史遗迹、博物馆，以及参与相关的文化活动和讲座，游客可以更深入地了解当地的历史故事和文化传统。

第三节　乡村旅游产品营销创新

在乡村旅游业的日益发展中，乡村旅游产品营销创新显得尤为重要。随着消费者需求的多样化和技术的进步，乡村旅游产品的推广方式也需要不断更新。

一、乡村旅游产品营销的策略

乡村旅游产品的营销着重于将乡村地区的独特性和吸引力有效地传达给目标市场。具体有以下几种常见营销策略（图 7-5）。

图 7-5　乡村旅游产品营销的策略

（一）产品营销

乡村旅游产品营销的核心在于精确捕捉和展示乡村旅游的独特价值和体验。有效地进行产品营销的关键在于深入挖掘乡村旅游目的地的特色元素，并将其转化为吸引游客的产品，即利用乡村地区的自然景观、文化遗产、农业活动和社区生活等元素，创造出独一无二的旅游体验。乡村旅游产品的营销也需注重旅游产品的多样化，以满足不同游客的需求。可以提供从简单的乡村风景游览到深度的文化体验之旅的多种选择，还可以开发一系列与当地文化紧密相关的旅游产品，如手工艺体验、农场活动或烹饪课程，这些都能够让游客更加贴近当地的生活方式。乡村旅游产品营销的成功还依赖于对乡村旅游目的地故事的有效讲述。通过讲述乡村旅游目的地的历史故事、传说或当地居民的日常生活，可以增加游客与旅游产品的情感连接。故事讲述不仅是营销的工具，也是一种方式，让游客获得更加丰富和真实的旅游体验。

（二）价格营销

价格营销在乡村旅游领域同样占有重要地位，它直接影响到游客的选择和消费决策。在制定价格策略时，既要考虑吸引游客，又要确保业务的可持续性和盈利性。价格营销不仅涉及票价、住宿费用等直接成本，还包括提供的服务价值和体验质量。

在乡村旅游的价格策略中，首要任务是确保定价与所提供的价值相匹配。高质量的旅游体验，如专业导游服务、独特的住宿环境、丰富的文化活动等，通常可以支撑较高的价格。然而，重要的是要确保价格对目标客户群体来说是可接受的，并且与市场上类似产品的价格相比具有竞争力。灵活的定价策略也是价格营销的一个重要方面，包括季节性定价、早鸟优惠、团体折扣等，以适应不同季节和不同类型游客的需求。在旅游淡季提供折扣，可以吸引那些寻求性价比较高的旅游体验的游客，从而平衡旺季和淡季的游客流量。另一个关键因素是透明度。在定价策略中，确保所有费用都是透明和清晰的，对于建立信任和提高游客满意度至关重要。隐藏费用或不明确的额外收费可能会导致游客不满和负面口碑，影响旅游目的地的长期声誉。价格策略还应考虑成本效益和市场需求。进行市场调研，了解竞争对手的定价策略和游客的支付意愿，可以帮助营运者制定出既有竞争力又能保证盈利的价格策略。

（三）品牌营销

品牌营销的核心在于创建一个独特的品牌形象，它不仅代表了乡村

215

旅游的质量和信誉，还体现了其特有的文化价值和体验。在乡村旅游的品牌营销中，首先需要确定品牌的核心价值和独特卖点，包括乡村地区的自然景观、文化遗产、生态环境、地方传统或是当地社区的生活方式。品牌信息应清晰地传达这些元素，向潜在游客展示为何该目的地值得一游。品牌建设还应通过一致性和持续性的策略来加强。例如，从网站设计到社交媒体帖子，再到印刷宣传材料，都应维持一致的品牌信息和视觉风格。这种一致性有助于加强品牌识别度，使游客更容易记住和识别品牌。故事讲述也是品牌营销中的一个强有力的工具。通过讲述引人入胜的故事，如关于当地的历史传说、文化故事或是社区成员的真实经历——可以更好地吸引目标受众，与他们产生情感连接。这种类型的营销不仅是信息传递的方式，还是一种让品牌更加人性化、更容易引起共鸣的方法。为了扩大旅游品牌影响力，还可以利用合作伙伴关系和影响者营销。例如，与当地企业、旅游博客、社交媒体影响者或其他相关组织的合作可以扩大品牌的覆盖范围和影响力，吸引更多的目标受众。

（四）广告营销

通过有效的广告策略，可以显著提高乡村旅游目的地的知名度，吸引更多游客。在乡村旅游的广告营销中，应综合考虑多种广告媒介和技术，确保信息传达的有效性和广泛性。利用搜索引擎广告、社交媒体广告、电子邮件营销和其他在线平台，可以精准地触及目标受众。这些渠道的优势在于能够根据用户的行为和偏好进行定向广告，从而提高广告的相关性和效果。传统媒体广告仍然有效，尤其是在目标市场中数字渠道覆盖有限的情况下。电视、广播和印刷媒体（如杂志、报纸、宣传册）可以用来覆盖更广泛的受众群体。这些渠道尤其适合于建立品牌形象和提高乡村旅游目的地的知名度。

在广告内容的设计上，应充分展示乡村旅游的独特魅力，如自然风光、文化活动、农业体验和当地社区的生活方式。高质量的视觉内容

（如引人入胜的图片和视频）在吸引潜在游客方面尤为有效。应确保广告内容真实可信，准确反映乡村旅游目的地的特点和提供的体验。利用情感营销策略也是广告的一个重要方面。通过讲述感人的故事或展现富有情感的画面，可以使受众产生情感共鸣，增强他们对广告内容的记忆。

（五）渠道营销

渠道营销涉及选择和使用有效的渠道来分销和推广旅游产品，确保信息能够到达广泛的潜在游客。对乡村旅游来说，采用多元化的渠道营销策略是吸引游客和提高信息可达性的关键。线上渠道包括旅游预订网站、在线旅游代理、自有网站以及社交媒体平台。通过这些在线平台，旅游服务提供者可以直接与广泛的潜在游客接触，提供方便快捷的信息获取方式和预订服务。通过与知名的OTA（在线旅行社）合作，可以将乡村旅游产品介绍给更广泛的受众。传统的旅游代理和旅游信息中心特别适用于那些不经常使用互联网的游客群体。通过这些渠道，可以提供个性化的服务和建议，因此对于一些特定的市场细分群体尤为重要。参加旅游展会和行业活动提供了与旅游业内其他专业人士交流合作的机会，可以建立合作伙伴关系，拓展销售网络。乡村旅游也可以通过与当地社区和组织的合作来拓展营销渠道。例如，与当地艺术家、工艺品制作者和农场主合作，为游客提供独特的旅游体验，同时为社区带来经济效益。

二、互联网背景下乡村旅游产品营销的创新

随着互联网的发展，乡村旅游营销的策略也需要不断创新和适应新的技术环境，互联网背景下乡村旅游产品营销的创新方式如图7-6所示。

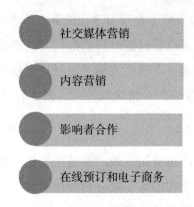

社交媒体营销

内容营销

影响者合作

在线预订和电子商务

图 7-6　互联网背景下乡村旅游产品营销的创新

（一）社交媒体营销

社交媒体平台如微博等不仅允许营销者以视觉内容吸引潜在游客，还提供了与受众互动的机会，从而深化他们对乡村旅游目的地的认识和兴趣。通过社交媒体分享引人入胜的图片和视频，可以展示乡村地区的自然美景、文化活动和独特体验。这些内容不仅增强了乡村旅游目的地的吸引力，还能激发大众的好奇心和探索欲。展示乡村的风景照片、当地节庆活动的视频或是游客的亲身体验故事，可以有效地吸引那些寻求新奇和原生态体验的游客。社交媒体平台还提供了与游客互动的机会。通过回复评论、分享用户生成的内容和参与在线对话，乡村旅游营销者可以建立与潜在游客的联系，增强他们对品牌的忠诚度和信任感。这种互动性也为营销者提供了宝贵的反馈，帮助他们更好地了解目标受众的需求和偏好。社交媒体广告是一个重要的工具，它允许针对特定的受众进行定向营销。通过精准定位功能，乡村旅游目的地可以有效地触及其目标市场，如年轻家庭、冒险爱好者或文化探索者等。

（二）内容营销

内容营销通过提供教育性、信息性和娱乐性的内容，不仅能够吸引游客，还能提升他们对乡村旅游目的地的认知和兴趣。通过这种方式，乡村旅游目的地能够以更深入、更丰富的方式与潜在游客建立联系。

博客文章是内容营销的一种重要形式，它能够详细介绍乡村旅游的各个方面，如当地的自然景观、历史背景、文化特色和即将开展的活动。通过这些文章，营销者可以展示乡村地区的独特之处，并提供实用的旅行建议和小贴士，这样不仅增加了内容的实用价值，还能提升旅游目的地的吸引力。视频日志（Vlog）是另一种有效的内容营销工具。通过视频，可以更生动地展现乡村地区的风貌，让潜在游客在视觉上有更直接的体验。Vlog 可以展示乡村地区的日常生活、特色活动、游客体验等，从而使观众感觉仿佛亲自在场一般。

在线旅游指南则为游客提供了详尽的信息，包括景点介绍、住宿推荐、餐饮地点和旅行路线等。这些指南通常包含丰富的图片和详细的描述，有助于游客规划他们的行程。内容营销还可以包括对当地文化、风俗和活动的深入介绍，不仅让内容更加丰富和多样化，还能帮助游客在访问前对目的地有更深层次的了解。

（三）与影响者合作

与旅游博客作者和社交媒体影响者合作是提升乡村旅游产品吸引力的有效途径。它不仅能够扩大乡村旅游目的地的知名度和影响力，还能提供真实、乡村旅游目的地亲身的推广方式，帮助乡村旅游目的地吸引更多对乡村旅游感兴趣的游客。影响者通常拥有大量忠实的粉丝群体，他们的推荐和体验分享对于粉丝的旅游决策有着较大的影响。与影响者合作意味着可以利用他们的影响力来推广乡村旅游目的地。影响者可以通过他们的社交媒体账号分享关于乡村旅游地的照片、视频和个人体验故事，这些内容通常比传统的广告更加真实和引人入胜。合作的内容可以多样化，从简单的乡村旅游目的地介绍和推荐，到更深入的体验分享，如参与当地的文化活动、体验特色住宿或品尝地方美食。通过这种方式，影响者不仅可以展示乡村旅游目的地的美丽和魅力，还可以向潜在游客展示如何在这些地方获得独一无二的体验。影响者营销也为乡村旅游目的地提供了具体的反馈和市场洞察。通过监测合作带来的互动（如点赞、评论和分享）和流量变化，乡村旅游目的地可以更好地了解目标受众的兴趣和反应，进而优化营销策略。

（四）在线预订和电子商务

在线预订和电子商务通过提供便捷、快速且个性化的预订体验，不仅可以提高用户满意度和忠诚度，还可以提高销售效率和收入。

提供在线预订服务的首要优势在于它的便利性和即时性。游客可以随时随地通过智能手机或电脑进行预订，无须通过电话或面对面交流。这种无缝预订体验不仅节约了游客的时间和精力，也增加了预订的可能性。整合电子商务功能可以使预订过程更加简单快捷。一个用户友好的网站或应用界面可以引导游客轻松地浏览不同的旅游产品和服务，如住宿、活动、旅游套餐等，并提供清晰的价格信息和预订选项。加上安全的在线支付系统，游客可以方便快捷地完成预订和支付过程。在线预订系统还提供了更多的个性化服务。基于用户的预订历史和偏好，系统可以推荐个性化的旅游产品和特别优惠，从而提升用户体验并促进销售。此外，这些系统还可以收集用户反馈和评价，有助于乡村旅游服务提供者不断改进旅游产品和服务。电子商务还有助于更好地管理库存和需求。通过实时跟踪预订数据，乡村旅游服务提供者可以更有效地管理资源和调整营销策略，以应对旅游需求变化。

本章小结

本章分析了乡村旅游市场的结构，探讨了旅游产品的创新和营销策略，强调了市场开拓在乡村旅游发展中的重要性。

第八章　文旅融合下乡村旅游的可持续发展策略

第一节　乡村旅游顶层设计的加强

综合的顶层规划和详细的实施计划，能够有效地推动乡村旅游的发展。综合的顶层规划包括对乡村旅游资源的合理规划、基础设施建设、文化和生态保护，能够平衡经济发展的需求与环境保护的责任。通过这样的顶层设计，乡村旅游可以朝着全面、均衡和可持续的方向发展。

一、顶层规划

乡村旅游的顶层规划主要包括发展规划和专项规划。

（一）发展规划

在发展乡村旅游最初阶段，一般需要制定旅游发展规划，以明确发展方向、思路、步骤。① 发展规划的核心在于明确乡村旅游发展的总体目

---

① 崔勇前 . 新时代乡村旅游发展研究 [M]. 北京：中国商业出版社，2021：100.

标和方向。规划者制定这些目标时，应当综合考虑提升旅游品质、提高当地社区的参与度、促进当地经济增长以及保护自然和文化资源。明确这些目标后，规划者可以更有效地指导资源的分配和政策的制定，确保旅游活动能够在不损害自然环境和社会文化的前提下进行。市场定位也是发展规划的一个重要方面，包括识别目标客户群体，如家庭游客、生态游客、文化探索者等，并根据这些群体的需求和兴趣定制旅游产品和服务。针对寻求自然体验的游客，可以开发以生态旅游和农业体验为主的旅游项目；针对对文化感兴趣的游客，可以为他们提供深入了解当地风俗和手工艺的机会。

在确定了总体目标和市场定位之后，发展规划还应考虑利用和保护当地的旅游资源，主要涉及保护自然景观、历史遗迹及当地社区的生活方式等。有效的资源管理不仅能够保护这些宝贵的资源，还能确保资源能够持续地使旅游业和当地社区获益。发展规划还应包括具体的行动计划和时间表，以实现长期目标，主要涉及基础设施的改善、旅游服务质量的提升、市场推广策略的实施以及旅游项目的开发。规划者还应考虑可能出现的风险和挑战，如环境变化、市场波动或资源限制，并制定应对策略。另外，发展规划需要定期评估和调整。通过监测旅游活动的影响、游客满意度以及当地社区居民的反馈，规划者可以了解规划实施的效果，并根据需要对规划进行调整。这样的动态规划可使乡村旅游的发展适应不断变化的环境和市场需求。

（二）专项规划

专项规划涉及对乡村旅游发展的各个方面进行详细和具体的规划，以确保旅游活动的可持续性和有效性。专项规划不仅关乎旅游资源的合理利用，还涉及环境保护、社区发展、基础设施建设和旅游产品的创新。

环境保护规划是专项规划中的重要部分。在乡村旅游发展过程中，保护自然资源和生态平衡是至关重要的。环境保护规划需要考虑如何最大限度地减少旅游活动对自然环境的负面影响，包括野生动植物栖息地的保护、废物管理和污染控制。例如，可以通过限制某些敏感区域的游客人数，实施废物回收计划，或采用环保材料和能源来减少对环境的影响。文化遗产保护规划同样至关重要。乡村地区通常拥有丰富的文化资源，包括传统艺术、手工艺、民俗和历史遗迹。这些文化资源不仅是乡村旅游吸引力的重要组成部分，也是当地身份和历史的重要载体。因此，制定专门的规划来保护和传承这些文化遗产至关重要。具体包括修复和保护历史建筑、支持传统手工艺和艺术，以及举办文化节庆活动等。社区发展规划旨在确保乡村旅游发展惠及当地社区。通过促进社区居民参与和分享旅游收益，可以提高社区成员对旅游项目的支持，并促进社区的整体发展。主要包括为社区居民提供就业机会、培训和教育项目，以及支持当地产品和服务。例如，可以通过培训项目提升当地居民在旅游服务、导游、手工艺品制作等方面的技能。基础设施建设规划是支持乡村旅游发展的基础。良好的交通连接、高质量的住宿设施和有效的服务设施对于吸引和满足游客的需求至关重要。这些基础设施的建设和改善应考虑环境影响，并力求与当地风景和文化相协调。基础设施的规划还应考虑未来的增长和扩展需求。旅游产品的创新是专项规划中的另一重要方面。随着游客需求的多样化和市场的变化，开发新的旅游产品和服务对于吸引不同类型的游客至关重要。具体包括开发特色旅游项目、提供定制化体验和利用数字技术创新服务等。例如，可以开发基于当地特色文化或自然资源的体验项目，或利用移动应用技术和虚拟现实技术提供独特的旅游体验。

二、落地规划

在乡村旅游的顶层设计中，落地规划是确保规划得以有效实施的关键环节。它涉及将抽象的规划理念和战略转化为具体的行动和措施，以

实现乡村旅游发展的目标。以下是对落地规划三个主要方面的详细阐述
（图 8-1）。

图 8-1　乡村旅游顶层设计落地规划

（一）实施细则

通过制定详细的项目时间表、合理的预算安排、明确的责任分配以
及有效的风险管理，实施细则确保了旅游发展项目能够按照既定目标和
标准顺利实施，为乡村旅游的可持续发展打下坚实的基础。

项目时间表不仅要明确项目的开始和结束时间，还应包括各个重要
阶段的时间节点，如规划、设计、实施和评估阶段。例如，在提升基础
设施的项目中，时间表应详细说明何时开始施工，何时完成关键节点，
以及何时进行验收。这样的时间规划有助于确保项目按计划进行，同时
为项目管理提供清晰的时间框架。在资金预算安排方面，必须对项目的
财务需求进行细致的规划和监控，包括为每项工作分配足够的资金，确
保资金投入与项目目标和预期成果相符合。有效的资金预算管理还包括
定期审查预算使用情况，以确保资金使用的透明性和合理性，防止超支
和资金浪费。例如，对于基础设施项目，预算规划应包括建设成本、维
护费用以及可能的意外支出。责任分配要求明确每个参与团队或个人的
职责范围，确保每个人都清楚自己的角色和任务。这种明确的责任划分
有助于提高团队效率，避免工作重叠或遗漏。在责任分配中，应考虑到
各参与方的专业技能和资源，确保他们能够有效地完成任务。实施细则

还应包括有效的风险管理，以应对项目实施过程中可能出现的风险和挑战。具体包括识别潜在风险，评估其影响，并制定相应的应对策略。

（二）监测和评估机制

监测和评估机制为乡村旅游的可持续发展提供了重要支撑。通过有效的监测和评估，可以确保乡村旅游项目不仅能够按计划实施，还能在实现旅游发展的同时保护当地的文化和环境，增进当地社区的福祉。

监测和评估机制的核心在于定期跟踪项目的进展，并与原定的目标和预期进行比较。这个过程涉及多个层面，包括项目完成的情况、预算使用的情况，以及项目对目标群体和环境的实际影响。有效的监测需要收集具体的数据和信息，如游客数量、旅游收入、当地就业情况，以及环境保护的具体指标等。项目影响的评估则进一步深入，不仅关注项目是否按计划进行，还要考察项目是否达到其旨在实现的社会、经济和环境效益。例如，一个旨在促进乡村经济发展的旅游项目，其评估指标可能包括当地收入增长、新增就业岗位，以及旅游活动对当地文化和环境的影响。反馈循环在监测和评估机制中非常重要。这意味着将从监测和评估中获得的信息反馈到项目规划和实施的各个阶段。如果发现某个旅游项目对环境产生了意料之外的负面影响，项目管理者就需要采取措施进行调整，以消除这种影响。同样，如果某个项目特别成功，其成功经验也可以用来指导未来类似项目的规划和实施。

（三）利益相关者参与

将当地社区、企业和政府机构等不同利益相关者纳入规划和实施过程，不仅可以增强项目的多方支持，还能够促进项目更为全面和均衡地发展。当地社区的参与尤为关键。社区成员对当地的环境、文化和社会结构有着深刻的理解，他们的参与可以确保旅游项目更好地适应当地条件，同时避免可能对社区造成的负面影响。社区参与也可以采取多种形式，如社区会议、工作小组或合作项目，这些都是收集社区居民意见和建议的有效途径。此外，确保社区成员能从旅游发展中获益，如通过提供就业机会、支持当地企业和手工艺品销售，可以促进社区成员对项目的支持。企业的参与同样重要。旅游公司、酒店、餐馆和其他旅游相关企业可以提供必要的专业知识、市场经验和资金。他们可以协助设计和实施吸引游客的旅游产品和服务，提高旅游项目的商业可行性和吸引力。企业的参与还可以带来创新的思维和管理方法，提高项目的效率和效果。政府机构在乡村旅游项目中扮演着支持者和协调者的角色。政府不仅可以提供政策和资金支持，还能协助解决规划和实施过程中的行政和法律问题。政府的参与对于确保旅游项目符合国家和地方的发展规划、环境标准和社会目标至关重要。

通过促进不同利益相关者的合作，可以整合各方资源和专长，共同应对旅游发展过程中的挑战。这种合作有助于确保乡村旅游项目不仅在经济上可行，而且能够增进当地社区的福祉、保护环境和传承文化，实现真正的可持续发展。

第二节　乡村旅游产业业态的更新

乡村旅游产业业态的更新不仅关乎提升游客的体验，也涉及促进当地经济发展和文化保护。通过对乡村旅游业态的综合更新，可以更好地满足游客的需求，同时确保乡村旅游活动对环境和社区产生积极的影响。

一、提高乡村地区可达性和连通性

提高乡村地区的可达性和连通性是吸引更多游客的关键。改善交通设施可以极大地提升游客的访问体验，降低出行难度。这可能涉及以下几个方面（图8-2）。

226

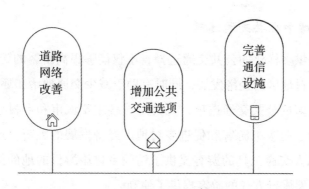

图 8-2　提高可达性和连通性

（一）道路网络改善

优化乡村地区的道路网络不仅能提高游客到达目的地的便利性，还能增强旅游体验的整体舒适度和安全性。改善道路网络通常包括修缮旧路、建设新路、提高路标指示的清晰度等，以确保道路的可靠性和安全性。

修缮旧路涉及对现有道路的维护和修复，包括填补坑洼、平整路面、加固路基等，以提高道路的使用寿命和安全性，还包括提高道路等级。对于那些长期未维护或损坏的路段，进行必要的重修和加固是必不可少的。这不仅有助于提高道路的通行能力，还能减少由于道路状况不良导致的交通事故。建设新路对于提升偏远乡村地区的可达性尤为重要。在规划新路时，需要考虑如何以最少的环境干扰实现最大的交通效益。新路的规划和建设应充分考虑当地的地形地貌、生态敏感区以及文化遗址等因素，以避免对自然环境和文化遗产产生不利影响。新建道路应能够承受旅游高峰时期的交通压力，确保游客在旅游季节能够顺畅到达和离开。提高路标指示的清晰度对于提升游客的旅行体验同样重要。清晰的路标不仅能帮助游客轻松找到旅游目的地，还能减少迷路和交通拥堵的情况。路标应包括方向指示、景点标识、距离信息以及安全警示等，以确保游客在乡村旅游目的地的行驶既安全又便捷。

（二）增加公共交通选项

通过提供多样化的公共交通选择，不仅能够提高游客的访问便利性，还能促进乡村地区的经济发展，同时有助于减少交通拥堵和环境污染。

提供更多的公共交通选项，尤其是连接主要城市和乡村旅游目的地的公共交通，是吸引游客和促进乡村地区经济发展的关键。这种连接不仅为没有私人交通工具的游客提供了访问乡村旅游目的地的机会，也为那些寻求环保旅行方式的游客提供了便利。

巴士服务是最常见的公共交通方式之一，特别适用于中短程的乡村旅游路线。巴士路线可以规划为连接主要城市交通枢纽（如火车站、长途汽车站）和乡村旅游目的地的直达或定期服务。此外，针对特定旅游季节或活动，还可以提供定制化的巴士服务，如节日专线或周末游览车，以便更好地满足游客的需求。火车服务适用于长距离的旅游连接，尤其是当乡村旅游目的地距离主要城市较远时。增加火车班次或优化火车运行线路，可以显著提高乡村旅游目的地的可访问性。在某些情况下，还可以开发专门的旅游列车，提供额外的舒适性和便利设施，如观景车厢、餐饮服务和文化介绍。班车服务则为游客提供了更为灵活的旅行选择。班车可以按照固定的时间表运行，连接热门的乡村旅游点和主要的交通枢纽或城市中心。班车服务不仅为游客提供了便捷的交通方式，也有助于减少私家车辆的使用，从而降低对环境的影响。

（三）完善通信设施

随着数字化时代的发展，游客对于网络接入的需求日益增加，不论是为了导航、信息查询、社交分享还是紧急联系，良好的通信覆盖都是必不可少的。在乡村旅游目的地增强网络和移动信号覆盖，涉及多方面的工作。这不仅包括在游客频繁出入的区域如旅游景点、住宿区域、餐饮和休闲娱乐场所建设更多的通信基站，提高这些区域的网络信号强度，也包括在相对偏远或交通不便的区域加强网络覆盖，以确保游客在整个旅行过程中都能保持网络连接。提供高效可靠的公共 Wi-Fi 服务也是完善通信设施的一个重要方面。在游客聚集的公共场所安装 Wi-Fi 热点，使游客能够方便地接入互联网，大大提高了他们的旅游体验。

二、利用数字化工具提升服务质量

随着数字技术的快速发展和普及，数字化工具不仅提高了操作效率，还为游客提供了更加丰富和便捷的旅游体验。以下是利用数字化工具提升服务质量的几个关键方面（图 8-3）。

图 8-3　利用数字化工具提升服务质量

（一）建立在线平台

在线平台的建立，包括网站和移动应用程序，为游客提供了直观且易于访问的信息源。这些旅游在线平台可以详细介绍乡村旅游目的地的特色和吸引点，如风景名胜、文化活动、当地美食和住宿选择。通过丰富的内容和图像，游客可以轻松地了解乡村旅游目的地的独特魅力和可供体验的活动。为了提高游客的使用体验，这些平台应当具备易于导航的界面和用户友好的设计。直观的布局和清晰的指示不仅能够帮助游客快速找到所需信息，还能提高他们使用平台的意愿。此外，确保平台的多语言支持和响应性设计以满足不同背景游客的需求也很重要。在线平台的一个创新的功能是提供虚拟旅游体验，如 360 度全景展示和互动地图。这种虚拟体验使游客能够在实际访问之前，就对乡村旅游目的地有

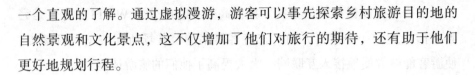

一个直观的了解。通过虚拟漫游，游客可以事先探索乡村旅游目的地的自然景观和文化景点，这不仅增加了他们对旅行的期待，还有助于他们更好地规划行程。

（二）提供实时信息和预订服务

实时信息服务的重要性在于它能够使游客随时了解乡村旅游目的地的最新动态，包括乡村旅游目的地的天气预报、交通状况、即将开展的活动或节庆等。通过提供这些信息，游客能够更好地规划行程，也能对突发情况做出及时调整。例如，如果某个活动因天气原因取消或改期，游客可以通过在线平台及时获知，并做出相应的计划变更。在线预订和支付服务则大大增加了游客安排旅行的便利性。游客可以在一个在线平台上预订住宿、交通工具、旅游套餐和特定活动，而无须分别访问多个网站。这种一站式服务不仅节省了游客的时间和精力，也降低了预订过程的复杂性。此外，通过提供多种支付选项，如信用卡、电子钱包或在线银行支付，游客可以选择最适合自己的支付方式，进一步提升游客的旅游体验。在线预订系统的另一个优势是能够为游客提供更多的选择。游客可以根据自己的需求和偏好，选择不同类型的住宿、交通方式或旅游活动。此外，一些在线平台还提供个性化推荐，根据游客的旅行历史和偏好，推荐适合他们的产品和服务。

（三）客户反馈系统

客户反馈系统的核心在于收集和分析游客的评价、意见和建议。这些反馈可以通过多种方式获得，包括在线调查、评分系统和评论功能。在线调查可以设计得简单易用，让游客在访问结束后轻松填写，以收集他们对住宿、餐饮服务、旅游活动和整体体验的看法。评分系统允许游客快速给出他们对特定服务或体验的直观评价，而评论功能则为游客提供了分享详细体验和意见的空间。收集到的游客反馈对于识别和解决服务中的问题至关重要。如果多名游客对某个特定的旅游活动的组织方式或内容作出了负面评价，管理者可以针对这些反馈进行调查，进而做出必要的调整。积极的反馈同样重要，它可以帮助管理者了解哪些方面是游客特别满意的，从而在未来的规划中继续强化这些优势。客户反馈系统还可以帮助管理者更好地理解游客的需求和偏好。通过分析反馈数据，可以发现游客对某些服务或活动感兴趣，或者他们对新体验的期待。这些信息对于设计新的旅游产品或服务、制定市场策略以及改善客户体验都至关重要。

三、促进乡村旅游与当地文化融合

促进乡村旅游与当地文化融合的关键在于深化游客对乡村旅游目的地独特文化和传统的体验，同时为当地社区的文化传承和经济发展提供支持。乡村旅游不仅是一种休闲活动，更是一种文化交流和学习的机会。乡村旅游活动能够为游客提供更加丰富和真实的体验，同时帮助保护和传播乡村旅游目的地的文化遗产。乡村旅游与当地文化的融合可以通过多种方式实现。例如，可以通过组织各种以当地文化为主题的活动和体验来实现，如传统工艺品的制作体验、当地风俗习惯的介绍、传统音乐和舞蹈表演以及参与当地节庆和仪式等。通过这些互动体验，游客不仅能够更深入地了解和欣赏当地的文化和艺术，还能与当地社区建立联系，从而获得更加真实和深刻的旅行体验。乡村旅游与文化的融合还可以通过展示和销售当地手工艺品和特产来实现。这不仅有助于支持当地经济和手工艺者，还为游客提供了将文化体验带回家的机会。通过建立当地产品的展览和销售点，可以使游客更直接地了解当地的文化和生活方式，同时为当地的传统技艺和产品提供了宣传和销售渠道。

乡村旅游还可以通过与当地社区的合作来促进文化融合。例如，可以邀请当地居民参与旅游服务，如作为导游、在餐饮服务中提供地方风味菜肴或在住宿服务中展现当地的生活方式。这种合作不仅有助于提升

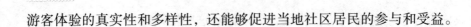

游客体验的真实性和多样性，还能够促进当地社区居民的参与和受益。

第三节　乡村旅游运营主体的充实

乡村旅游运营主体的充实是促进乡村旅游可持续发展的关键，不同的运营主体模式可以根据当地的具体情况和资源进行选择和调整，以实现旅游业的最优发展和可持续发展。这些模式包括农户主导型、政府主导型、企业主导型、村集体主导型以及混合型。每种模式都有其独特的优势和局限性。

一、农户主导型

农户主导型模式下个体农户或家庭不仅是旅游活动的参与者，而且成为其核心运营者。这种由下而上的发展模式对于促进乡村旅游的可持续发展和地方经济的发展具有显著影响。农户主导的乡村旅游模式通常涉及农家乐、民宿服务以及各种农业体验活动。农家乐和民宿服务提供了一种亲密和个性化的旅游体验，游客可以在这里享受到与传统酒店不同的住宿环境，更接近自然和乡村生活。通过这种方式，农户可以直接利用自己的住宅或农田，将其转化为旅游资源，从而为自己创造收入。农业体验活动则是另一种吸引游客的方式，它允许游客直接参与到农业生产过程中，体验收获农产品、喂养家禽或其他农事活动。这不仅为游客提供了一种独特的娱乐方式，也促进了他们对农业和乡村生活的理解和尊重。

农户主导型模式的一个重要优势在于它有助于维持乡村旅游的真实性和独特性。这种模式下的旅游体验通常本地化和原生态，远离商业化和人造的旅游景点，为游客提供了一种原汁原味的乡村体验。这样的体验对于追求逃离城市喧嚣、体验不同生活方式的游客具有极大吸引力。农户主导型模式还有助于促进当地社区的经济发展。随着乡村旅游的发展，农户不仅可以通过直接提供旅游服务来增加收入，还能通过销售农产品、手工艺品等间接获益。此外，这种模式的发展还可以带动其他相关行业，如餐饮、交通和零售等，从而对整个社区的经济产生积极影响。

二、政府主导型

政府主导型模式下政府不仅是乡村旅游发展的推动者，也是规划者和协调者。政府通过一系列的政策制定、投资支持和管理措施，可以有效地推动乡村旅游的发展，同时确保其符合区域发展的整体目标。政府在乡村旅游发展中的主要作用有以下几个方面。

（一）规划与策略制定

进行长远和全面的规划意味着政府需要考虑乡村旅游与区域整体发展计划的协调一致。这种规划不仅关注旅游业本身的发展，还要考虑其对社会、经济、环境和文化的广泛影响。在规划过程中，政府需要进行详尽的市场研究，了解旅游市场的需求和趋势。基于这些数据，政府制定出符合实际情况的政策和策略，如针对不同旅游市场细分的推广策略，或针对特定旅游产品的开发计划。同时，资源评估是规划过程中的另一个关键部分，包括对自然景观、文化遗产、人力资源等方面的全面评估。基础设施规划是确保乡村旅游可持续发展的基石。涉及交通、水电供应、废物管理和通信网络等方面的规划，以保证旅游地的可达性和运行效率。环境保护和文化遗产保护也是政府规划的重要内容，以确保旅游活动不会对当地生态和文化遗产造成不可逆转的影响。政府规划还需要包括社区参与和利益相关者的协调。这意味着当地社区、企业和其他利益相关者都应该参与到规划过程中，以确保旅游项目得到广泛支持并符合当地社区的利益。

（二）政策支持与资金投入

政府为乡村旅游的发展提供政策支持和资金投入，这对于激发企业的投资热情和确保项目的成功至关重要。政策支持包括税收优惠、营业执照便利化、简化审批流程等，这些措施可以降低企业运营成本，鼓励更多企业参与乡村旅游的开发。财政补贴和低息贷款则直接为乡村旅游项目提供资金上的支持，尤其是对于那些初创企业和小型企业来说至关重要。这些资金可以用于项目的启动、基础设施建设、市场推广等多个方面，降低创业风险，提高项目的可行性和吸引力。政府还会直接投资基础设施建设，如改善乡村地区的道路条件、增加水电供应、提升网络覆盖等。这些基础设施的完善不仅为游客提供了便利，也使当地居民的生活质量得到提升。同时，这也有助于吸引更多游客，促进乡村旅游地区的经济发展。

（三）环境与文化保护

政府不仅负责制定相关的法律法规，还负责监督和执行这些法律法规，确保乡村旅游的发展不会对自然环境和文化遗产造成不可逆转的影响。在环境保护方面，政府需要制定涵盖废物管理、水资源保护、生物多样性保护等多个方面的法律法规。政府通过规定游客数量上限、推广环境友好型旅游设施和实践，以及加强对敏感生态区域的保护来减小旅游活动对环境的影响。政府还应推动环保教育和开展环保意识提升活动，提高公众对环境保护重要性的认识。文化遗产保护则涉及保护乡村地区的历史建筑、传统习俗、艺术形式和其他文化表现。政府通过制定文化遗产保护法律、提供资金支持修复历史建筑、支持传统艺术和手工艺等方式，保护这些文化资源免受破坏。同时，政府还应促进文化遗产的活化利用，如将历史建筑转化为博物馆或文化展览中心，使之成为吸引游客的亮点。

（四）社区发展与参与

政府通常与当地社区紧密合作，确保旅游活动能够带动当地经济的发展，同时保护当地居民的利益。在社区发展方面，政府通过提供培训和创业支持来增强当地居民的能力，使他们能够更好地参与到旅游业中来。例如，提供旅游管理、外语、客户服务等方面的培训，帮助当地居民开设民宿、提供餐饮服务或成为旅游向导。此外，政府还支持当地企业发展，如通过提供贷款、营销支持或商务咨询服务，帮助他们发展与旅游相关的产品和服务。政府还促进社区内的文化交流活动，如传统节庆、文化展览和工艺展示等。这些活动不仅有助于保护和传播当地文化，也为游客提供了深入体验当地文化的机会。

（五）监督与管理

政府在乡村旅游项目实施前负责进行审批，确保每个旅游项目都符合环境标准、安全规范和质量要求。包括对旅游项目提出的环境影响评估的审核，以及对旅游设施和服务质量的预审。通过这种方式，政府确保所有的旅游活动都能在不破坏自然环境和文化遗产的前提下进行。政府对乡村旅游市场的监管不仅关注经营者的合法性和诚信度，还涉及消费者权益的保护。政府通过制定和执行旅游业的各项标准和法规，如定价透明、广告真实以及保证服务质量等，来监管市场。这有助于维护公平竞争的市场环境，防止欺诈和误导性营销。政府在监督管理过程中还需平衡游客的需求与当地社区的利益。这意味着在推动旅游业发展的同时，政府需确保当地居民生活不被干扰，并从旅游发展中获得实际的经济和社会利益。政府通过促进包容性增长和确保旅游收益的公平分配，构建和谐的游客与当地社区之间的关系。

政府主导型模式的优势在于它能够保证乡村旅游发展计划的全面性和系统性。政府能够从更广泛的视角考虑旅游发展的影响，确保旅游项目不仅符合经济目标，也符合社会和环境的可持续性要求。此外，政府

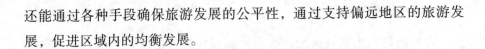

还能通过各种手段确保旅游发展的公平性，通过支持偏远地区的旅游发展，促进区域内的均衡发展。

三、企业主导型

企业主导型模式下企业成为推动乡村旅游发展的主要动力。不同于政府或农户主导的模式，企业主导型模式侧重于利用企业的资源、专业知识和市场运作能力来促进乡村旅游的发展。

在企业主导型模式中，企业通过投资建设旅游设施、开发旅游产品、提供服务以及市场营销等方式参与乡村旅游的各个环节。这种模式的优势在于企业的灵活性、创新能力以及对市场需求的快速响应。企业可以根据市场变化迅速调整策略，开发符合游客需求的新产品，从而吸引更多游客。企业主导型模式下的乡村旅游往往注重提供高质量的服务和独特的旅游体验，如提供特色住宿、开发体验式旅游活动、提供专业的导游服务等。通过这些措施，企业能够创造出与众不同的旅游产品，满足游客对新奇和个性化体验的追求。企业在运营乡村旅游项目时要考虑可持续发展的重要性，包括采取环保措施、促进当地经济发展、保护当地文化遗产等。例如，采用环保材料建造住宿设施，支持当地手工艺品的销售，或者开展与当地文化相关的旅游活动。企业还通过有效的市场营销策略来推广乡村旅游目的地，如利用数字营销工具（如社交媒体、在线广告、内容营销等）吸引游客。通过这些营销手段，企业能够将乡村旅游目的地推介给更广泛的潜在游客，扩大其影响力。

四、村集体主导型

村集体主导型模式的实施涉及整个社区的共同努力，使得村落或村集体成为乡村旅游项目的主要运营和管理实体。在这一模式下，村集体利用其共有资源，如自然风光、历史遗迹和文化活动，开发旅游项目，以达到增进当地经济发展和社区福祉的目标。村集体主导型模式的核心在于社区的整体参与和收益共享。在这种模式中，决策过程往往更加民主和透明，社区成员不仅能够共同决定旅游发展的方向，还能够确保旅游收益能公平分配给社区成员。这种参与感和所有权感使得社区成员更有动力维护旅游项目的长期成功。村集体主导型模式有助于保护和传承当地的文化遗产和传统。由于这些旅游项目直接涉及社区成员的生活和文化，因此他们自然倾向于保护这些文化资产。通过展示传统手工艺、组织文化节庆活动、恢复和维护历史建筑，村集体不仅能够为游客提供独特的文化体验，也能够保护和弘扬当地文化。

村集体主导型模式能够促进当地的经济发展。通过发展乡村旅游，社区能够创造新的就业机会，如旅游导览、餐饮服务、手工艺品制作和销售等。这种模式不仅帮助当地居民增加收入，也促进了当地经济的多元化，减少对单一经济来源的依赖。尽管村集体主导型模式有诸多优势，但它也面临着一系列挑战，如管理和运营能力的提升、市场变化的适应以及与外部投资者和游客的有效沟通。为了应对这些挑战，村集体组织需要加强内部的组织和管理能力，同时积极寻求外部专业支持和合作机会。

五、混合型

在混合型模式中，不同的运营主体通过合作协议或联合体的形式来共同运作乡村旅游项目。这种合作可以是形成长期的战略伙伴关系，也可以是针对特定项目的临时合作。合作的方式多种多样，有资源共享、收益分成、联合营销等。资源共享是混合型模式的一个重要方面。政府提供土地和基础设施，企业投入资金和管理经验，农户提供当地的资源和劳动力，村集体负责协调和监督。通过这种方式，各方能够有效地利用各自的资源，降低成本，提高旅游项目的整体效益。收益分成是确保各方利益得到满足的重要机制。各参与方根据其贡献和投入，共同分享旅游项目带来的经济收益。这种分成机制有助于保持合作各方的积极性，同时确保社区成员能够从旅游发展中获得实际利益。联合营销是提高乡村旅游知名度和吸引力的有效方式。各方可以共同制定市场营销策略，利用各自的渠道和资源进行宣传推广。这种方式不仅能够扩大乡村旅游目的地的影响力，还能够提升旅游产品的市场竞争力。

第四节　乡村旅游发展模式的创新

不同的发展模式能够满足不同游客的需求，同时有助于突出乡村地区的独特性和吸引力。通过创新和多样化的发展模式，乡村旅游能够更有效地吸引游客，促进当地经济和文化的发展。具体有以下几种模式。

一、民俗风情型发展模式

民俗风情型发展模式专注于利用当地的传统文化和民俗特色，创造独特的旅游体验。其核心在于展示和分享当地的历史、文化、艺术和生活方式，让游客能够深入了解和体验乡村社区的真实面貌。这一模式的实施通常涉及当地文化元素的广泛利用，如民间故事和传说的讲述、传统节庆的庆祝、地方特色手工艺的展示和教学，以及地方美食的制作和品尝。通过这些活动，游客不仅能欣赏到富有特色的文化表演和手工艺品，还能亲身参与其中，体验当地的日常生活和文化实践。民俗风情型发展模式还包括对当地传统村落和历史遗址的保护和利用。通过修复和保护这些文化遗产，既保留了乡村地区的历史记忆，又为游客提供了学习和探索的场所。这样的做法不仅有助于传承和弘扬当地文化，还能增强游客的文化体验。

实施民俗风情型发展模式时，需要注意保持文化活动的真实性和地方特色，避免过度商业化和文化的刻板印象，确保文化展示的真实性和多样性。要求旅游开发者和当地社区紧密合作，共同打造富有当地特色且贴近真实生活的旅游体验。

二、农场庄园型发展模式

农场庄园型发展模式的核心在于利用农业资源和乡村环境，为游客提供一种休闲、体验与学习相结合的旅游方式。在这种模式下，旅游活动通常围绕农场或庄园展开，使游客能够亲身体验农业生产、乡村生活和自然环境。

在农场庄园型发展模式下，游客有机会直接参与到各种农业活动中，如种植、收割、养殖和乳制品加工等。这不仅为游客提供了与自然亲密接触的机会，也让他们了解食物来源和农业生产的过程。除了农业体验活动，许多农场和庄园还提供其他休闲和娱乐服务，如乡村骑行、徒步旅行、野餐和露营等。这些活动不仅增加了旅游产品的多样性，还为游客提供了放松身心的机会。农场庄园型模式注重环境的保护和可持续发展。许多农场和庄园采用有机耕作、生态农业等可持续的农业实践，减少对环境的负面影响。同时，这种模式也有助于促进当地经济的发展，为农村地区创造新的就业机会。农场庄园型发展模式还可以与当地的文化和历史相结合，通过展示地区的历史背景、建筑特色和传统文化，为游客提供更加丰富和深刻的旅游体验。

三、景区依托型发展模式

景区依托型发展模式侧重于以特定区域内的自然景观或文化遗产为主要的旅游吸引力。这种模式的核心在于通过精心规划和开发，将乡村地区的自然美景或文化特色转化为吸引游客的资源。在景区依托型发展模式下，最关键的部分是对当地自然和文化资源的科学规划和合理利用。

在开发过程中，需要重视对这些资源的保护，确保旅游活动不会对环境或文化遗产造成破坏。为了使景区更具吸引力，通常需要投资建设相关的基础设施，如旅游接待中心、停车场、休息区和清洁卫生设施。此外，为了提升游客体验，还要开发一系列的旅游产品和服务，如导览服务、文化体验活动和主题旅游路线等。景区依托型模式对于当地文化的展示和传承也非常重要。其不仅包括对传统建筑的保护和修复，还包括对当地传统艺术、手工艺、节庆活动的展示。通过让游客深入体验当地的文化和生活方式，可以增强他们对旅游目的地的认同感和满意度。这种模式也鼓励营运者与当地社区居民的合作。当地居民可以通过参与旅游服务、销售当地产品或提供文化体验活动，直接从旅游发展中受益。这种参与不仅有助于提升旅游体验的真实性，也能促进当地经济的发展。例如，黄山翡翠居依托著名景区黄山的知名度、景观、环境等，充分利用当地的休闲农业与乡村旅游资源，着眼"游、购、娱、食、住、行"六大旅游产业要素，采取多种多样的形式，为游客提供具有价格优势、凸显当地特色的产品与服务。

四、度假休闲型发展模式

度假休闲型发展模式通过提供从日常忙碌生活中逃离的机会，吸引大量寻求放松和休闲体验的游客。这种模式将乡村的自然美景、宁静氛围与各种休闲娱乐活动相结合，创造了一种独特的旅游体验。度假休闲型发展模式注重为游客提供一个舒适和放松的环境，其中包括高品质的住宿设施、丰富多样的休闲活动，以及高水准的客户服务。这些旅游项目往往位于风景秀丽的乡村地区，如靠近山脉、湖泊或者其他自然景观的地方，能够让游客充分享受大自然的美丽和宁静。

度假休闲型旅游项目通常包括特色度假村、乡村俱乐部或者生态旅游村。一般配备了各种休闲设施，如游泳池、SPA 中心、健身房、高尔夫球场等，还可能提供各种户外活动，如徒步旅行、骑马、钓鱼、鸟类观察等。这些活动不仅能够满足游客对休闲娱乐的需求，还能够给他们提供与自然互动的机会。除了休闲娱乐活动，这种模式下的旅游项目还重视提供高品质的餐饮服务。很多度假村和乡村俱乐部提供由当地新鲜食材制作的美食，有的还提供有机食品或特色乡村美食，让游客在享受美食的同时，能体验当地的饮食文化。度假休闲型发展模式的挑战主要在于如何平衡商业发展和环境保护的关系，以及如何确保所提供的旅游体验既独特又能持续吸引游客。应对这些挑战的策略包括采用可持续的经营方式、不断创新旅游产品和服务，以及与当地社区合作，确保旅游活动能够为当地经济带来积极影响。

五、特色产业带动型模式

特色产业带动型模式在乡村旅游中是一种以当地特色产业为核心，推动旅游发展的策略。这种模式利用乡村地区独有的自然资源、文化遗产或特色产品吸引游客，同时带动当地经济增长。这类产业通常包括传统农业、手工艺品制作、地方美食制作和其他特色服务或产品。特色产业带动型模式的主要特点是将乡村地区的传统产业与现代旅游需求相结合，创造独特的旅游体验。这种模式不仅让游客能够深入了解当地的文化和传统，还能通过实际体验这些产业活动增加旅游的互动性和教育性。例如，浙江安吉重视强调产业布局，突出地域特色。以"中国竹海"、安吉茶园为抓手，发展休闲农业和高山疗养、竹林休憩等旅游项目。这种模式通过可持续地开发和利用当地资源，维护乡村地区的生态平衡和文化多样性，同时为当地居民创造经济收益。

六、现代农村展示型模式

现代农村展示型模式是乡村旅游中的一种创新形式，它侧重于展示乡村地区在现代化进程中的变化和成就。这种模式通常涉及向游客展示现代农业技术、农村社区的可持续发展措施，以及乡村地区在生态保护、文化创新和社会发展方面取得的成果。这种模式必须是经济发达、交通便利、知名度较大的农村，如江苏华西村。

现代农村展示型模式的核心在于结合教育和体验，向游客展示如何通过现代科技和创新理念改善农业生产和乡村生活。这种模式下的旅游项目往往包括参观先进的农业设施，如高效节水灌溉系统、智能温室、有机农业示范区，以及使用可再生能源的农村社区。通过这些活动，游客不仅能了解现代农业的发展趋势，还能学习到关于可持续生活和环境保护的知识。现代农村展示型模式也强调展示农村地区在社会和文化方面的创新。例如，展示当地社区如何通过创新方式保存传统文化，如建设文化遗产博物馆、开设传统艺术工作坊或举办文化节庆活动。这些活动有助于加深游客对乡村地区文化深度和多样性的理解。实施这种模式的重点在于创建互动和教育型的旅游环境。例如，可以开设关于现代农业技术的讲座和研讨会，组织学生和家庭参与教育旅行，或者提供亲自体验现代农业技术的机会。这样的活动不仅能吸引对农业和乡村发展感兴趣的游客，也能为当地社区提供教育和交流的平台。

七、旅游小城镇型发展模式

旅游小城镇型发展模式在乡村旅游中越来越受到重视，这种模式主要是指以整个小城镇为旅游发展的单元，通过全面提升小城镇的旅游吸引力来吸引游客。这种模式下，小城镇的自然景观、文化遗产、历史建筑、当地传统和生活方式等都成为吸引游客的要素。

旅游小城镇型发展模式的重点在于保护和利用小城镇独特的历史和文化遗产，同时将其融入现代旅游体验。这意味着小城镇的历史建筑、街道布局、传统手工艺、地方节庆活动以及民俗风情都成为吸引游客的重要元素。为了保持小城镇的原生态和文化真实性，这种模式下的开发需要特别注意保护历史遗迹和文化传统，避免过度商业化。旅游小城镇型模式还强调提升当地居民的生活质量和促进经济繁荣。具体包括发展当地的特色产业，如农产品加工、手工艺品制作、乡村餐饮和特色住宿服务，这些都为当地居民提供了新的收入来源。通过这种方式，旅游发展与当地经济的发展相互促进，形成了可持续的发展模式。在实施旅游小城镇型发展模式时，还需要考虑环境保护和可持续发展的要求。具体包括合理规划旅游活动，以避免对小城镇的自然环境和生态平衡造成负面影响。同时，需要重视当地社区居民的参与和意见，确保旅游项目能够得到当地居民的支持和参与。

本章小结

本章提出了乡村旅游可持续发展的多种策略，包括顶层设计的加强、产业业态的更新、运营主体的充实和发展模式的创新，强调了在快速发展的同时保护乡村文化和环境的重要性。

参考文献

［1］张松婷 . 乡村文化传承与旅游产业创新：理论与实践 [M]. 长春：吉林大学出版社，2021.

［2］顾保国，崔友平 . 文化振兴 夯实乡村振兴的精神基础 [M]. 郑州：中原农民出版社，2019.

［3］许国平 . 供给侧改革背景下湖北欠发达地区旅游业转型升级研究 [M]. 武汉：湖北人民出版社，2018.

［4］刘英 . 创意旅游文化建设与旅游产业的融合 [M]. 沈阳：辽宁大学出版社，2022.

［5］徐虹，焦彦，张柔然 . 乡村旅游文化传承与创新开发研究 [M]. 北京：中国旅游出版社，2021.

［6］邹荣 . 宁夏乡村公共文化服务与旅游 [M]. 银川：阳光出版社，2021.

［7］谭波、陈寿琴、陈静 . 乡村旅游与文化创意产业融合发展研究 [M]. 延吉：延边大学出版社，2022.

［8］怀康 . 乡村振兴视域下的乡村旅游与乡土文化传承研究 [M]. 北京：中国原子能出版社，2021.

［9］耿敬杰 . 旅游产业与文化传承融合发展研究 [M]. 长沙：湖南大学出版社，2022.

［10］王野 . 基于旅游人类学视角的乡村旅游文化建设研究 [M]. 成都：四

川大学出版社，2018.

[11] 崔勇前.新时代乡村旅游发展研究 [M].北京：中国商业出版社，2021.

[12] 谢春山.旅游理论的多维研究 [M].北京：中国旅游出版社，2018.

[13] 张洪，杨杉杉.乡村文化与旅游产业融合发展研究 [J].山东农业工程学院学报，2023，40（5）：8–12.

[14] 汪建初.未来贵州乡村文化旅游振兴图景 [J].贵阳学院学报（社会科学版），2021，16（6）：70–72.

[15] 王晓庆.全域旅游视角下郑州乡村文化旅游产品的开发 [J].旅游纵览，2022（9）：163–165.

[16] 秦会朵.乡村文化旅游发展中的价值失语与价值重构 [J].理论月刊，2023（8）：93–102.

[17] 梁璟.乡村旅游中的乡村文化建设路径探究 [J].旅游纵览，2023（11）：163–165.

[18] 赵怡硕.基于产业融合背景下乡村文化旅游发展策略 [J].村委主任，2023（6）：153–155.

[19] 燕鑫桐.文旅融合背景下乡村文化旅游品牌塑造研究 [J].山东农业工程学院学报，2023，40（6）：54–58.

[20] 李冠源，李冬娜.乡村文化旅游自媒体发展路径探究 [J].台湾农业探索，2023（2）：46–51.

[21] 吕美玉，杨建雯，田睿.乡村文化旅游 IP 形象的情感化设计 [J].工业设计，2023（1）：113–115.

[22] 韩家庆.乡村文化与旅游产业融合发展研究 [J].区域治理，2020（22）：291.

[23] 陈移兵.推动乡村文化建设高质量发展 [J].小康，2023（17）：66–67.

[24] 潘春胜.基于乡村文化的旅游品牌营销策略 [J].乡村科技，2020（20）：8–9.

［25］桑艳艳．挖掘乡村文化旅游价值 激发乡村振兴新活力［J］.山西农经，
　　　2023（5）：152-154.

［26］谭明．乡村旅游与乡村文化振兴耦合协调发展路径分析［J］.智慧农
　　　业导刊，2022，2（22）：80-82.

［27］郭际，易魁，于丽霞．乡村文化与旅游业态的多维耦合互动机制探
　　　索［J］.企业经济，2022，41（11）：134-141.

［28］文华，刘英，陈凯达．乡村文化旅游产业赋能乡村振兴路径研究［J］.
　　　草业科学，2022，39（9）：1968-1978.

［29］王琴．科技振兴背景下乡村文化旅游产品的开发途径［J］.现代园艺，
　　　2022，45（8）：187-189.

［30］汪润，梅运彬．旅游型乡村文化振兴的价值及路径研究［J］.云南农
　　　业大学学报（社会科学），2022，16（6）：9-14.

［31］姚瑶．基于融合背景下的乡村文化与旅游产业协同发展［J］.文化学
　　　刊，2022（2）：21-24.

［32］瞿华，罗静．乡村文化与旅游产业融合：研究回顾与展望［J］.旅游
　　　导刊，2022，6（1）：89-110.

［33］冯娟，赵俊远．乡村文化遗产资源与旅游开发融合发展的路径研
　　　究［J］.河北工程大学学报（社会科学版），2022，39（1）：27-31.

［34］程明会，林秀治．乡村旅游与乡村文化振兴耦合协调发展分析［J］.
　　　台湾农业探索，2022（1）：34-39.

［35］郑鸣皋．乡村旅游开发中乡村文化生态建设研究［J］.文化创新比较
　　　研究，2021，5（31）：9-12.

［36］朱泓．基于产业融合背景下乡村文化旅游发展策略［J］.科技资讯，
　　　2021，19（25）：189-190，198.

［37］包翠荣．休闲农业与乡村文化旅游发展模式初探［J］.中国市场，
　　　2021（22）：47-48.

［38］罗彬彬．乡村文化旅游发展中的政府行为：现状、问题及建议［J］.

品牌研究，2021（15）：129-132，160.

［39］程亚军.乡村振兴背景下乡村文化旅游的困境与路径探析 [J]. 环渤
海经济瞭望，2021（12）：73-75.

［40］孔姿燕.乡村文化与乡村旅游融合发展的探索 [J]. 中国民族博览，
2019（8）：45-46.

［41］边龙.全域旅游背景下的乡村文化旅游发展研究 ——以临洮县为例
[J].旅游纵览，2023（5）：137-139.

［42］高凡.基于乡村文化复兴的旅游经济发展与乡村振兴途径 [J]. 农业
经济，2021（9）：52-53.

［43］谢婷.关于乡村文化旅游景观设计中的地域文化研究 [J]. 黑龙江粮
食，2021（8）：68-69.

［44］王克修，徐芳.推动乡村文化旅游高质量发展的路径探析 [J]. 中国
国情国力，2021（7）：27-30.

［45］张清林.乡村文化振兴的价值诉求和实践方略 [J]. 桂海论丛，
2021，37（2）：108-113.

［46］杨彬，高冰珂.繁荣乡村文化推进乡村振兴的路径研究 [J]. 山西农经，
2023（15）：56-58.

［47］郑优芳.浅谈乡村文化建设与乡村旅游发展 [J]. 文化产业，2018
（24）：3-4.

［48］张鑫，蔡籽焓.冀中非物质文化遗产与乡村文化旅游协同发展研究
[J].农业经济，2023（4）：141-142.

［49］英青措.黄南州乡村文化旅游融合发展现状及对策 [J]. 乡村科技，
2020（13）：8-9.

［50］唐用洋，代宇.乡村文化与旅游产业融合发展研究 [J]. 智能城市，
2018，4（21）：103-104.

［51］刘煦.发展乡村旅游视角下乡村文化建设研究 [J]. 齐鲁师范学院学
报，2023，38（2）：86-91.

［52］李小芳.城镇化背景下乡村文化与旅游耦合发展机制探究［J］.吉林农业科技学院学报，2023，32（2）：19-22，34.

［53］马晓楠，刘珺.江苏乡村文化旅游高质量发展探析［J］.市场周刊，2020（9）：59-62.

［54］陈慧英.乡村文化遗产资源的旅游开发现状及路径研究［J］.旅游纵览，2023（1）：112-114.

［55］白山稳.浅析乡村旅游扶贫与传统乡村文化保护［J］.山西农经，2020（8）：49-50.

［56］崔猛.全域旅游下的乡村文化旅游发展对策探讨［J］.中国民商，2020（5）：5-6，18.

［57］宋朝丽，苏乾飞."前台—后台"理论与乡村文化旅游生态营造［J］.河南牧业经济学院学报，2020，33（5）：1-8.

［58］胡洪斌，柯尊清.乡村文化资源保护与利用的三重维度［J］.理论月刊，2020（10）：99-107.

［59］宋晓青.基于自然教育的浙江乡村文化和旅游公共服务融合发展［J］.现代园艺，2022，45（18）：186-187，190.

［60］詹冬梅.乡村旅游开发中乡村文化生态建设研究［J］.中关村，2022（10）：106-107.

［61］聂峥嵘，唐长菁.乡村振兴背景下北海乡村文化旅游开发模式研究［J］.旅游纵览，2022（11）：139-142.

［62］徐晨，张蕊，张柯妮.文旅融合视角下乡村文化旅游品牌建设的思考——以丽水市景南乡为例［J］.旅游纵览，2022（12）：103-106.

［63］韩双斌.江苏省乡村文化建设与乡村旅游发展耦合机理及水平测度［J］.时代经贸，2022，19（11）：127-132.

［64］赵智慧.服务设计与新时代乡村文化旅游产业的耦合机制研究［J］.建筑与文化，2022（12）：87-89.

［65］韩珊.乡村振兴背景下乡村文化与旅游产业融合发展探讨［J］.旅游

纵览，2022（10）：144-146.

[66] 陈颖，凡非得，陈鑫宇，等.文旅融合背景下湘南地区乡村文化旅游发展探析 [J].现代农业科技，2022（11）：188-191.

[67] 鲁明月.乡村振兴背景下乡村文化旅游的融合模式分析 [J].科教导刊（电子版），2019（28）：247，261.

[68] 陈义杰.乡村文化:乡村旅游的灵魂 [J].新长征（党建版），2018（9）：50-51.

[69] 涂远芬.融合背景下乡村文化与旅游产业协同发展研究 [J].营销界，2019（19）：17-18.

[70] 马秋红.论乡村旅游规划下乡村文化生态建设 [J].山西青年，2019（3）：222.

[71] 王克岭，李婷，张灿.高原特色乡村文化创意旅游研究 [J].社会科学家，2020（10）：65-70.

[72] 嘉丹.乡村旅游发展中乡村文化生态建设的实现路径 [J].农业经济，2019（3）：37-38.

[73] 王冬宜，罗健.基于大数据技术下乡村旅游中的乡村文化生态品牌建设探索 [J].商场现代化，2021（22）：119-121.

[74] 侯永润.乡村振兴战略下社会组织对乡村文化的价值 [J].经济研究导刊，2021（27）：21-23.

[75] 郝利军.乡村文化旅游助力乡村振兴模式探究 ——以菏泽为例 [J].河北画报，2021（12）：119-122.

[76] 周杏会，聂娟，王宏美，等.乡村文化生态和旅游相互影响的作用机理研究 [J].黑龙江粮食，2021（8）：76-77.

[77] 李秀金.当代乡村文化的视觉化生产与治理策略 [J].齐鲁艺苑，2021（3）：101-107.

[78] 李一翔.乡村文化视角下的乡村旅游开发研究 [J].城市建设理论研究（电子版），2018（27）：203.

［79］李静. 浅析乡村文化旅游资源开发与市场营销 [J]. 人文天下，2018（15）：67-71.

［80］赵肖. 乡村文化旅游产品供给侧改革的实现路径 [J]. 农业经济，2018（11）：44-45.

［81］张琰. 对乡村旅游推动乡村文化可持续发展的思考 ——兼论乡村旅游发展的文化动因与文化后果 [J]. 文化学刊，2021（3）：31-34.

［82］苏杭. 旅游凝视理论下乡村文化的变迁及保护 [J]. 黑龙江生态工程职业学院学报，2018，31（6）：25-26，43.

［83］殷沙漫. 浅析乡村旅游发展与乡村文化自觉 [J]. 文化产业，2018（23）：1-4.

［84］刘素平，王晓洋. 全域旅游视角下苏州乡村文化旅游发展路径探析 [J]. 价值工程，2019，38（25）：38-39.

［85］宋杰，陶郁. 基于乡村文化体验的山东省体育休闲旅游研究 [J]. 山东理工大学学报（社会科学版），2018，34（1）：107-112.